A study of Gesell

Silvio Gesell and The Natural Economic Order

ゲゼル研究

シルビオ・ゲゼルと自然的経済秩序

相田慎一
AIDA Shinichi

ぱる出版

Silvio Ges

装幀――工藤強勝＋勝田亜加里

ゲゼル研究／シルビオ・ゲゼルと自然的経済秩序

目次

Ⅲ　ゲゼルの思想

はじめに

本書は、「地域通貨」の思想的源流であると同時に「アナーキズムのマルクス」としても知られるシルビオ・ゲゼル（Silvio Gesell, 1862–1930）に関する二つの講演と四つの論文、そして［補論］のG・ゼンフト著、相田愼一訳「経済理論史における『自由地と自由貨幣による自然的経済秩序』」の翻訳とからなるものである。これらの講演、論文そして翻訳の初出は、以下の通りである。

第一章「カウツキー、民族問題そしてゲゼル」二〇〇五年一一月二六日の社会理論学会研究奨励賞記念講演。この講演内容は、後に『社会理論研究』第七号、二〇〇六年に掲載される。

第二章「今、〝地域通貨〟を考える」二〇〇〇年一〇月四日の八戸市民大学での講演。この講演内容は八戸教育委員会発行の『伝統と未来—平成一二年度八戸市民大学講座講演集』、二〇〇一年に掲載される。

第三章シルビオ・ゲゼル著、相田愼一訳『自由地と自由貨幣による自然的経済秩序』第四版（一九二〇年）、ぱる出版、二〇〇七年の「訳者解説」。

第四章「シルビオ・ゲゼルの貨幣＝利子理論—『自由地と自由貨幣による自然的経済秩序』第四版（一九二〇年）を中心に—」『専修大学北海道短期大学紀要』第三三号、二〇〇〇年。

第五章「S・ゲゼルの『基礎利子』論」奈良産業大学『産業と経済』第一五巻第四号、二〇〇一年。

［補論］G・ゼンフト著、相田愼一訳「経済理論史におけるゲゼルの『自由地と自由貨幣による自然的経済秩

序』」（一九九〇年）『自由経済研究』第三二号、二〇〇八年。
第六章「シルビオ・ゲゼルの反戦平和思想―『自由地、平和の絶対的要求』（一九一七年）を中心に―」『季刊軍縮地球市民』第八号・第九号、二〇〇七年。
第七章「ゲゼルとアナーキズム思想」『ポスト・マルクス研究―多様な対案の探求―』、ぱる出版、二〇〇九年。

これらの講演、論文そして翻訳を本書に掲載するに際しては、十分な研究時間をとれないという筆者の個人的事情のために、加筆と修正を最小限に抑えた。また本書におけるゲゼルの主著『自由地と自由貨幣による自然的経済秩序』からの引用も、同様の理由から、二〇〇七年に刊行した筆者による訳書（ぱる出版）との訳文の統一をあえてはからず、各論稿執筆時の訳文をそのまま掲載した。

シルビオ・ゲゼルの経済理論と思想は、欧米では「異端の経済学」という評価を与えられているにせよ、ケインズ（John Maynard Keynes, 1883–1946）、ハイエク（F.A. Hayek, 1899–1992）、A・フィッシャー（Irving Fisher, 1867–1947）、S・アミン（Samir Amin, 1931– ）などの多数の著名な経済学者たちによって取り上げられ、論じられてきたことからも明らかなように、欧米の経済学史・経済思想史研究では経済学者が知っていなければならないという意味での「経済学の常識」に属しているといってよいだろう。それに対し、わが国では、ケインズ研究者、ハイエク研究者、フィッシャー研究者そしてマルクス研究者を含むほぼすべての経済学者がゲゼルの名前はもとより、彼の経済理論や思想をまったく知らないという状況にあったし、今なおそのような状態にある。そればかりか、筆者は同僚から「なんであんなゲテモノを研究するのか」という非難を受けたことすらある。しかしながら、ゲゼルの経済理論や思想は、欧米の経済学における「常識」であるばかりでなしに、「アナーキズムの経済学」を志向した点で、マルクス経済学を相対化させる貴重な視点をも提供するものとなっている。こうした点を考慮すれば、ゲゼルの経済理論や思想を早急にわが国に紹介する必要があることは、だれもが了解されよう。このような問題意識から、筆者は、二〇〇〇年のNHK衛星放送番組「エンデの遺言」でゲゼルを知って以来、今日に至るまでゲゼルの著作を読み、彼の経済理論や思想をほとんど独力で研究してきたといってよい。そしてそのささやかな研究成果が、上記の講演、論文そして翻訳にほかならない。

これらのささやかな研究成果は、全一八巻の『シルビオ・ゲゼル全集』（一九八八―一九九八年）に集約される彼の経済理論や思想の全体像を示すにはなお不十分な内容である。それにもかかわらず、これらのささやかな研究成果をまとめて、『ゲゼル研究／シルビオ・ゲゼルと自然的経済秩序』という一冊の研究書として刊行しようとしたのは、このような刊行によってシルビオ・ゲゼルの経済理論や思想の一端が示され、ゲゼル研究自体の広がりとともに、その活性化もまた生まれるのではないかと考えたからである。今後もわが国の経済学史・経済思想史研究を覆う「経済学の非常識」の壁は強固であり続けるだろう。だが、その強固な壁を突破した時、わが国の経済学史・経済思想史研究の「多様な道」もまた大きく拓けてくるものと確信する次第である。

なお、筆者がゲゼルの作品を翻訳したものに、以下のものがある。

1. シルビオ・ゲゼル著、相田愼一訳「貨幣（あるべき貨幣と可能な貨幣）」（一九一一年）『専修大学北海道短期大学紀要』第三三号、二〇〇〇年。
2. シルビオ・ゲゼル著、相田愼一訳「搾取とその原因、そしてそれとの闘争―私の資本理論とマルクスの資本理論との対決―」（一九二二年）相田愼一訳『カウツキー・レンナー・ゲゼル『資本論』の読み方』、ぱる出版、二〇〇六年。
3. シルビオ・ゲゼル著、相田愼一訳『自由地と自由貨幣による自然的経済秩序』第四版（一九二〇年）、ぱる出版、二〇〇七年、全七二四頁。

4．シルビオ・ゲゼル著、相田愼一訳「ゲゼルの国家の漸進的解体論」（一九一九年）『自由経済研究』第三五号、二〇一〇年。

5．シルビオ・ゲゼル著、相田愼一訳「社会国家に架橋するものとしての貨幣改革」（一八九一年）『自由経済研究』第三八号、二〇一三年。

6．シルビオ・ゲゼル著、相田愼一訳「事態の本質—貨幣改革論続編」（一八九一年）『自由経済研究』第三九号（二〇一四年）以降掲載予定。

7．シルビオ・ゲゼル著、相田愼一訳『貨幣の国営化』（一八九二年）、ぱる出版、二〇一四年以降刊行予定。

8．シルビオ・ゲゼル著、相田愼一訳『アルゼンチンの通貨制度—その利点と改善点—』（一八九三年）、ぱる出版、二〇一四年以降刊行予定。

これらの翻訳作品もまた、本書と併せて参照し、ゲゼルの経済理論と作品の理解に役立てていただきたい。

本書の出版に際しては、いつもながらぱる出版にひとかたならぬお世話になった。改めて感謝する次第である。

二〇一三年十一月初旬　鶴川にて

相田　愼一

I 序論

第一章　カウツキー、民族問題そしてゲゼル―私の研究の歩み―

この度は、第一回（二〇〇五年度）社会理論学会研究奨励賞を賜り、ありがとうございます。

最近はマルクス主義思想への関心も失われ、カール・カウツキー（Karl Kautsky, 1854–1938）というマルクス主義者の理論と思想を研究対象とした私の作品など読む人も少ないのではないかと思っていたところ、思いもかけず読んでいただいた上に、評価していただけたことを大変嬉しく思っています。

さて、私は一九九三年に『カウツキー研究――民族と分権――』（昭和堂）を、また二〇〇二年に『言語としての民族――カウツキーと民族問題――』（御茶の水書房）を公刊しましたが、この二つの作品が今回の受賞作品とのことです。ですから、この受賞講演では、受賞作品となったこの二つの作品を中心にこれまでの私の研究の歩みを簡単に振り返ってみることにしたいと思います。

私のカール・カウツキー研究の出発点は、従来の日本におけるマルクス主義研究への強い不満でした。というのも、従来の日本のマルクス主義研究というのは、多くの場合マルクス主義者によるマルクス主義研究であるため、基本的にはマルクス主義はアプリオリに正しいという前提のもとでの研究であったからです。このような研究ではマルクス主義研究の学問的客観性が保証されないのではないか。その意味で、日本のマルクス主義研究はなお学問以前の段階にあるのではないか、こう私は認識しておりました。

そこで、私は、日本のマルクス主義研究を学問として自立化させるにはどうしたらよいのかを考えました。私が辿り着いた結論は、マルクス主義をひとまず「歴史」の中に置き、それを「価値自由」な観点から考察するという「歴史の中のマルクス主義」という考察方法をとることが必要であるということでした。こうして私は、「歴史の中のマルクス主義」という考察方法に基づいてマルクス主義、とりわけカール・カウツキーの研究を始めることになりました。

ところで、このような「歴史の中のマルクス主義」という考察方法に立脚する場合、次のような二つの歴史的問題が生じます。第一の問題は、なぜマルクス主義は最初ヨーロッパの東西の狭間、つまりヨーロッパのマージナルな領域ともいうべきドイツに、もっと狭義に言えば第一次世界大戦前のドイツ社会民主党に受容されたのかという問題です。そして第二の問題は、そのマルクス主義は本来社会主義を資本主義経済の基盤の上に構想しているのですから、マルクス主義は先進的な西ヨーロッパに向かわなければならなかったにもかかわらず、むしろ現実には後進的な東ヨーロッパ、とくにロシアやアジアなどの後進地域に向かったのはどうしてなのかという問題です。

この二つの歴史的問題に取り組んだのが、前記の私の二つの作品なのです。つまり、前者のいわゆる「ドイツにおけるマルクス主義の受容問題」を解こうとしたのが、一九九三年の私の拙著『カウツキー研究』であり、さらに、なぜマルクス主義の発展は西に向かわず、東に向かったのかという後者の「マルクス主義の発展問題」を解こうとしたのが、二〇〇二年の私の著書『言語としての民族』なのです。

まず最初に拙著『カウツキー研究』で扱った「ドイツにおけるマルクス主義の受容問題」に触れてみたいと思います。

この「ドイツにおけるマルクス主義の受容問題」というのは、戦後のドイツ史学界のメイン・テーマのひとつでした。そこで支配的となった見解は、「第二帝制期のドイツ社会民主党が受容したカウツキーのマルクス主義、すなわち『カウツキー主義』はマルクスの革命的理論を客観主義的・宿命論的なものに歪めた」と規定するカール・コルシユ、クルト・ブランディスらの「左翼共産主義者」の見解に全面的に依拠したエーリヒ・マティアスの見解、すなわち「マティアス・テーゼ」でした。

この「マティアス・テーゼ」を簡単に要約すると、次のようになると思います。「カウツキーのマルクス主義というのは主体的実践の契機を欠いたものである。それが第一次世界大戦前のドイツ社会民主党に受容されたのは、意識の上では急進的であったけれども、実践的には改良主義的だった第一次世界大戦前のドイツ社会民主党の構造的矛盾を隠蔽・合理化すると同時に、社会改良主義や共産主義などに分岐していく第一次世界大戦前のドイツ社会民主党の諸潮流を統合する役割を果たした」という、いわゆる「統合理論」としてであったというものです。

こうした「マティアス・テーゼ」に対しては、もちろん、それに批判的見解もあります。その代表的見解は、『社会主義とドイツ社会民主党』（この本は御茶の水書房から一九八三年に訳書が出版されています）という著書を書いたシュタインベルクの見解です。シュタインベルクは、「カウツキーのマルクス主義は、一九一〇年までは『統合理論』ではなかった。むしろ一九一〇年までのカウツキーは社会主義革命を真剣に考えていた革命的なマルクス主義者であった。したがって、『マティアス・テーゼ』は一九一〇年以降のカウツキーの中央派的立場を拡大解釈したものにすぎない」という批判を展開しています。このようなカウツキーのマルクス主義、すなわち「カウツキー主義」の解釈をめぐって「ドイツにおけるマルクス主義の受容問題」が論争されていくことになります。

けれども、ドイツ史学界で展開された「マルクス主義の受容問題」をめぐる論争は、いわゆる理念史的研究に基づくものであり、第一次世界大戦前のドイツ社会民主党へのマルクス主義受容にもっとも大きな役割を果したカウツキーの理論や思想をどう評価するのかという点に重点を置くものであったと特徴づけることができると思います。それに対し私は、そういう理念史的研究では論争の決着がつかないし、また学問的研究としても不十分ではないのか、むしろ「ドイツにおけるマルクス主義の受容問題」は、その歴史的基盤をなすドイツ帝国の社会経済状況の分析やそこで活動したドイツ社会民主党の党員層や支持層の実態分析を踏まえなければならないのではないかと考えました。したがいまして、「ドイツにおけるマルクス主義の受容問題」への私の研究は、ドイツ帝国やドイツ社会民主党の実態分析との関連を重視するものになりました。その結果、次のような見解に辿り着くことになりました。以下簡潔に述べたいと思います。

マルクス主義が受容された第一次世界大戦前のドイツ、すなわちドイツ帝国というのは、大きく見て二つの問題を孕んでいたのではないか。

その一つは、経済的な側面の問題です。先程内田弘先生が明治維新以降の日本は「開発独裁」の形をとっていたことを指摘されましたが、当時のドイツ帝国もそれにかなり似ていた状況にあり、資本主義と封建制度の絡み合いとその矛盾に苦しんでいたと思われます。それは地域的にもあったし、また産業構造的にもありました。

もう一つは、「ドイツ統一」（ドイツ人の国民国家形成）をめぐる政治体制の側面の問題です。その問題は、プロイセンが推進しようとした「小ドイツ主義的集権主義」、つまりオーストリアを排除したドイツ帝国を中央集権的政治体制として作り上げようとする政治的志向とバイエルンなどの西南ドイツの各王国が推進しようとした「大ドイツ主義的分権主義」、つまりオーストリアを含めたドイツ帝国を連邦主義的に作り上げようとする政治的志向の対抗として現れてくることになります。

このようにマルクス主義が受容された当時のドイツ帝国の内部には、大きく見るならば、前述の二つの対抗軸、すなわち〈資本主義と封建制度の対抗軸〉と〈集権主義と分権主義の対抗軸〉という二つの対抗軸がありました。（もちろんそれ以外にも、プロテスタントとカトリックの宗教的対立やポーランド人問題やエルザス・ロートリンゲン問題といった少数民族問題などの数多くの対抗軸がありましたが、やはりドイツ帝国を貫く最大の対抗軸は前述の二つの対抗軸ということになるでしょう。）こうした二つの対抗軸は、当然のことながら第一次世界大戦前のドイツ社会民主党の中にも貫くことになります。

まず第一の〈資本主義と封建制度の対抗軸〉の問題ですが、この問題は第一次世界大戦前のドイツ社会民主党の内部では〈反ユンカー（反プロイセン）・民主化〉路線と〈反資本主義（反独占）・社会主義革命〉路線という二つの改革路線の論争として現れてきます。たとえば、世紀転換期の修正主義論争（一八九七―一九〇三）、マッセン・ストライキ論争（一九一〇―一九一二）、帝国主義論争（一九一〇―一九一七）などが、この路線論争の具体的現れといえるでしょう。この問題については、戦前の日本資本主義論争などを想起すれば容易に理解できることと思われますので、ここではこれ以上触れることはしません。むしろここでは、第一の問題が第二の〈集権主義と分権主義の対抗軸〉の問題と微妙に絡み合う第一次世界大戦前のドイツ社会民主党の党員構成の問題について述べることにしたいと思います。

これまで、世界の労働運動に先駆けてマルクス主義を受容した第一次世界大戦前のドイツ社会民主党は、ドイツ資本主義の発展とともに誕生した「大工業労働者の党」と一般に思われてきました。だが、その党員構成を綿密に分析すると、この党は中世の手工業の伝統を色濃く受け継いだ「手工業職人の党」であることが明らかになりました。たとえば、その党員構成の約八〇％は手工業の出身者で、指物職人、左官職人、仕立職人、錠前工といった職人ないしその親方などです。また第一次世界大戦前のドイツ社会民主党の帝国議会議員候補者の約三五％も、手工業親方の出身者です。まずこの事実が確認されなければなりません。

そういう「手工業者の党」にマルクス主義が受容されたのはどうしてなのか、という問いが当然でてくることになります。つまり、「大工業の労働者」を社会主義革命の主体と見なしたマルクス主義を「手工業者の党」である第一次世界大戦前のドイツ社会民主党がなぜ受容したのか、と。

この問いに対して、私は第一次世界大戦前のドイツ社会民主党を構成する手工業職人を三つの類型に分類して答えることにしました。

第一の類型は、「靴製造職」に典型的に示される職人層です。たとえば、靴職人は比較的親方になりやすい。けれども、親方になったからといって経済的に保障されるかといえばそうではないのです。「子沢山でひもじい靴屋」という諺があるように、この職種の人々は工業労働者よりもさらに貧しかったのです。なぜなら、この時期になると靴自体はすでに工場で作られてしまい、彼らの仕事は補修とか、そして稀にしかないオーダー・メードなどに頼る以外にはなくなっていたからです。したがって、彼らが靴屋として生き残ろうとするかぎり、協同生産組合を目指さざるをえない状況にありました。そこに、マルクス主義がこの協同組合の理念を社会主義社会のあるべき主要な生産形態としたのですから、このような職人層の（一部の）人々がマルクス主義に期待し、それを積極的に受容することになったのは当然のことであると思います。

第二の類型は、「織工職」に典型的に示される職人層です。たとえば、織工職人は織物工場が建てられればほとんど一掃されてしまう存在といえます。彼らが「織工」として生き残ることができるとすれば、工場の中に積極的に入っていって、その中で熟練労働者の地位を得る以外にはほとんどなかったと言っても過言ではありません。ところがこの当時、「工場労働者」になるということは、「賤民」になることにも等しかったのです。それに対し、ドイツでは、手工業職人というのは、当時も現在も経済的には恵まれていないにしても、シュタント（社会的身分）としてはかなり高かったのです。したがって、手工業職人が工場に入るというのは、今でいえば給料の高い風俗産業に就職するようなものと考えていいのかもしれません。給料が高くても、多くの人はきっと抵抗感をもつでしょう。彼ら職人層も同様でした。そういうときに、「革命の主体は工場労働者であり、彼らを組織しなければならない」とするマルクス主義は、工場の門の前で逡巡していた手工業職人には「天の声」のように聞こえたことでしょう。こうして彼らはマルクス主義を受容し、「工場労働者」になった自分に「生きる」意味づけを与えることができるようになったのではないでしょうか。

さらに第三の類型は、「左官職」や「大工職」などに典型的に示される職人層です。これらの職種の職人たちは、この時期親方になる見込みが完全に奪われていました。なぜなら、これらの職種の親方はほとんど世襲的になっているからです。ところが、ドイツでは都市化と工業化が進み、彼らにとって仕事はたえずたくさんある。したがって、賃金も比較的高く、余裕のある生活を送っている。けれども、左官にしても大工にしても、また石工にしても、彼らの仕事にはたえず危険がつきまとい、いつ怪我や事故にあうのかわからないのです。そうしたリスクをなくすために、彼らも、ビスマルク（O.E. Bismarck, 1815–1898）が公務員に与えた社会保障制度を自分たちで作ろうということになるのは、当然のことでしょう。ですが、そのためには、ナショナル・センター規模の労働組合が必要になります。なぜなら、ナショナル・センター規模の大組織でなければ、保険金の支払いにすぐに行き詰まってしまうからです。したがいまして、彼らは労働組合組織はもとよりドイツ社会民主党の集権化をも推し進めなければならないという考えを抱くことになります。

しかし、ドイツ社会民主党や自由労働組合の内部にはこの「集権化の要求」に抵抗する強力な分権主義的勢力が存在していました。いわゆる修正主義論争の中で「改良主義」として登場してくるフォルマル（Georg von Vollmar, 1850–1922）やダーヴィド（Eduard David, 1863–1930）らの、バイエルンなどの西南ドイツの社会民主党組織を拠点とした南ドイツ派、そして自由労働組合よりもはるかに急進的な労働組合自由連合（サンディカリズム的傾向をもつこの組合は社会主義の信条をもっている者ならばだれでも加入できたのですが、その構成員は約一―二万人程度であったといわれています）などの人々です。彼らは、ドイツ帝国の集権化とそれに対応するドイツ社会民主党と自由労働組合の集権化を推進しようとするいわゆる「ベルリン派」、たとえば「マルクス主義の庇護者」であると同時に党首でもあったベーベル（August Bebel, 1840–1913）、改良主義の党指導者アウアー（Ignaz Auer, 1846–1907）そして自由労働組合の総務委員会議長レギーン（Karl Legien, 1861–1920）などの党中央や労働組合指導部の人々に対抗し、分権主義的な「民主的大ドイツ」という構想ばかりか、ドイツ社会民主党の分権化構想をも主張していたのです。かくて、第三類型の職人層が「集権化の要求」を実現するためには、こうした分権主義的抵抗勢力を打破しなければなりません。その際に、こうした人々が分権主義的抵抗勢力を打破するために利用した理論が、「分権化は中世的反動であり、集権化こそ近代的進歩である」とするマルクス主義だったのです。

事実、ドイツ社会民主党のマルクス主義政党化を画するといわれる一八九一年の「エルフルト綱領」のもっとも核心的な理論となったのは、「生産の社会化論」でした。この理論によれば、経済の発展とともに経済はもとより、国家、政治、社会なども必然的に組織化・集権化され、社会は社会主義に近付いていくがゆえに、集権化は進歩的であるのに対し、分権的システムは社会主義を遠ざけるがゆえに、反動的であるというものでした。「ベルリン派」の人々は、こうした理屈を巧みに利用しながら、分権主義的抵抗勢力をひとつずつ潰していったのです。「マルクス主義理論が示しているように、進歩的なのは集権化だけであり、分権化はどんなものであっても反動的である」(ローザ・ルクセンブルクの主張)、と。

一言で言えば、第一次世界大戦前のドイツ社会民主党の中でマルクス主義というのは、第三類型の職人層に典型的に示されるような「集権主義の思想」として受容されたというのが、「ドイツにおけるマルクス主義の受容問題」についての私の結論ということになります。

ただこの問題についてのカウツキーの立場について言えば、彼は自分のマルクス主義が「集権化のイデオロギー」として利用されていくことを暗黙のうちに認めながらも、ドイツ問題の解決を「小ドイツ主義的集権主義」に求めることに対しては慎重に避け続けました。むしろオーストリア出身の人間として彼も心の中では、ドイツ問題の解決は「大ドイツ主義的分権主義」にあると考えていたように思われます。それだからこそ、彼はこのマルクス主義の立場から民族自治あるいは民族自決権を認める民族理論を展開できたのだと、私はそう考えております。したがいまして、「歴史の中のマルクス主義」の中でカウツキーが果たした意義は、彼が「集権主義の思想」とともに「分権主義の思想」を同時に展開したという点にあるというのが、私の拙著『カウツキー研究』のいちおうの結論ということになります。

今まで述べてきました『カウツキー研究』の約一〇年後の二〇〇二年に、私は『言語としての民族』を出しました。この『言語としての民族』という私の拙著は、マルクス主義がなぜ先進的な西に向かわないで、後進的な東に向かったのかという問題を解こうとしたものです。予め結論を先に言うならば、その答えのひとつは、マルクス主義はあらゆる思想傾向や理論の中で民族問題にもっとも早く着手し、民族自決権や民族自治を認める民族理論を展開したからであるというものです。

ところで、マルクス主義を東に向けさせる契機のひとつになったマルクス主義民族理論の形成に最初に着手したのは、カウツキーです。彼は、いちはやく民族というのは同一の言語を語る人々の集団である、つまり言語というものが民族を形成すると規定しました。カウツキーの民族規定はそれほど単純な規定ではありませんが、簡単に言うとそのような内容になります。

ところが、この「言語としての民族」という民族の規定に妥当しない事象も当然あります。たとえば、アイルランド人とイギリス人は同じ英語を喋っている。アメリカ人も喋っている。けれども、彼らは異なった民族意識をもっています。また日本語しか喋れない在日朝鮮人の場合も、彼らは自らを日本人であると意識するかというと、そうではなくて自らを朝鮮民族と意識しています。だから、この規定は、民族の本質をつく重要な規定ではあっても、あらゆる民族に妥当するものとはなりません。

こうした「言語としての民族」というカウツキーの規定を補おうとしたのが、オットー・バウアー（Otto Bauer, 1882–1938）です。彼は、民族の本質のひとつが「言語の共通性」にあるにしても、「運命の共通性」を歴史的基礎にして形成された「文化の共通性」こそが民族の本質であるとする見解を提出します。この規定も民族と文化の関連を提出した点で大きな意義をもっているのですが、文化というものもやはりかなり曖昧なものを残します。たとえば、日本の文化などをつきつめていったら結局中国や朝鮮のものになってしまうと言われています。このように民族を規定することはきわめて困難なことと言わざるをえません。

困難さはそれだけではありません。「言語としての民族」というカウツキーの民族規定には民族問題の解決のために大きな難点が残ります。それは、「言語としての民族」というカウツキーの規定には、民族は「言語の共通性」を保証する「地域の共通性」を必要とするといういわゆる「地域原理」を基礎としていることです。したがいまして、民族は地域（共通の居住地域）を必要とするということになります。ところが、多数の民族が混住しているかつてのオーストリアやユーゴスラヴィアのようなところで、この「地域原理」を追求していくと、現在のボスニア・ヘルツェゴビィナのような民族的少数派を地域から完全に排除しようとする「民族浄化」が起こってしまう。その欠陥を補うものとして、レンナー（Karl Renner, 1870–1950）やバウアーは地域に複数の民族団体が共存することを可能にする「個人原理」（個々人がひとつの地域でそれぞれの民族団体への所属を決める権利）を提起します。そして彼らは単一民族居住地域では「地域原理」を、複数の民族混住地域では「個人原理」をそれぞれ適用することで民族問題を解決しようとするのです。もちろん、それは民族的少数派の「民族自治」や「民族自決権」を認める方向での解決です。その後、カウツキーもまた「地域原理」と「個人原理」の併用論の立場にたつことになります。いずれにしても、カウツキー、バウアー、レンナーらのマルクス主義者は、他の思想潮流に先駆けて民族的少数派の「民族自治」や「民族自決権」を認める民族理論を展開したのです。その歴史的意義は決定的に重要なものといえましょう。

ところが、このマルクス主義の民族理論にはひとつの例外規定がありました。それはユダユ人問題の場合です。確かに全体としてのユダヤ人は「共通の言語」はもちろん、「共通の文化」ももっていません。ですから、カウツキーやバウアーらのマルクス主義者は、ユダヤ人は民族ではないし、ユダヤ人問題の解決も「同化」にあるという主張を行います。けれども、当時の東欧のユダヤ人は、イデイッシュ語とイデイッシュ文化を共有しつつありました。事実、東欧のユダヤ人社会主義者の中からユダヤ人ブンド（この党はカウツキーに結構近い、純粋のマルクス主義政党なのですが）が一八九八年頃から次第に民族化して民族自治要求をだしてきます。他方、シオニスト社会主義労働者党、ユダヤ人社会主義労働者党、ユダヤ人社会民主労働者党などのシオニスト社会主義者政党も誕生し、彼らもユダヤ人ブンドに対抗しながら、カウツキー、バウアーそしてレンナーらのマルクス主義民族理論に依拠しながら東欧ユダヤ人の「民族自治」や「シオニズム的民族自決権」などを要求することになるのです。

私はイディッシュ語ができないものですから、『ゾツィアリスティッシェ・モナートヘフテ』に掲載されたシオニスト社会主義者のドイツ語論文や『ノイエ・ツァイト』に掲載されたユダヤ人ブンドのドイツ語論文でユダヤ人問題をめぐる社会主義者の論争を検討せざるをえませんでした。それでも、そこで分かったのは、カウツキーやバウアーらのマルクス主義民族理論はユダヤ人問題に直面すると機能停止に陥ってしまうということでした。彼らの民族理論に立脚すれば、東欧のユダヤ人が「言語の共通性」や「文化の共通性」をもつならば、民族として認められるべきである。それにもかかわらず、ユダヤ人を除外しているとすれば、それは彼らの民族理論が思想的かつ論理的一貫性をもっていないことを意味するものでしかないと、私は結論づけたのでした。

だが、ここで問題にしたいのは、カウツキーやバウアーらが自らの民族理論との齟齬をきたしても、なぜユダヤ人を民族と認めなかったのかということです。（その点、レンナーは慎重な態度でユダヤ人問題に触れることを回避しているように思われます。）

その理由として、およそ次の三点が指摘できると思います。

第一の理由としては、カウツキーやバウアーらがマルクス主義者としてユダヤ人問題に対するマルクス（Karl Marx, 1818–1883）の「同化」論を忠実に継承したことにあると思います。

第二の理由は、きわめて現実的かつ実践的なものであったと思われます。一九世紀の後半にヨーロッパに登場した社会民主主義運動の理論的活動家層の主力を構成したのは、ユダヤ人でした。彼らは大学を出ても教養知識層に加われないために、社会に対する怨念も人一倍強くもっていました。この点を理解してもらうために、次のように言い換えましょう。当時の教養ユダヤ人の多くは、今日在日朝鮮人の人が大学を出ても就職できないのと同じような状況を抱えていた、と。したがいまして、彼らの多くは必然的に社会民主主義運動の理論的活動家層に吸収されることになりました。だが、ユダヤ人のシオニズム的民族運動が発展していくならば、こうした理論的活動家層の供給源はそっちにとられてしまう。それを阻止したいと考えるのは当然のことでしょう。かくしてカウツキーやバウアーらは、教養ユダヤ人のシオニズムへの流入を阻止するために、ユダヤ人を民族と認めず、彼らの民族自治要求を拒否したのではないでしょうか。こうした現実的・実践的理由も彼らの否定的態度にはたらいていたと私は考えています。

さらに第三の理由は、カウツキーやバウアーらがユダヤ人社会主義運動のシオニズム的民族主義の中に「侵略性」を見たことにあると思います。事実、カウツキーやバウアーは、ユダヤ人問題を扱った彼らの著書の中で、ユダヤ人のシオニズム的民族主義はユダヤ人の民族的居住地城を確保するために、その地域の土着の人々、たとえばパレスチナのアラブ人やアルゼンチンの原住民の土地を奪うものになるということを指摘し、ユダヤ人の民族的要求を拒否しています。

この第三の理由は、今日から見るとかなり重要な論点であると思うのですが、それでもなおイディッシュ語やイディッシュ文化をもつ東欧のユダヤ人に対して、彼らが「東欧のユダヤ人は民族ではなく、カーストである。なぜなら、彼らのイディッシュ語はくずれたドイツ語であり、独自の言語や文化ではないからである」と主張し、東欧ユダヤ人の民族としての可能性やその「民族自治」を認めなかったことは、彼らの民族理論からすると整合性のない論理であったといわざるをえません。ここに、カウツキーやバウアーらのマルクス主義民族理論の限界があったことを指摘する必要があると、私は考えております。(だが、他方ではカウツキーの場合、ユダヤ人ブンドとの友好関係を維持するために、このユダヤ人ブンドが主張した東欧ユダヤ人＝「民族」説の可能性やその「民族自治」を認める視点もまた同時にありました。この点については、私の著書『言語としての民族』の第五章「ユダヤ人問題と社会主義」を参照していただきたい。)

だが、それにもかかわらず、マルクス主義は「民族自治」や「民族自決権」を認める民族理論を他の思想潮流に先駆けて確立することによって、民族自決を要求する東の世界の人々にその影響力を広めることが可能になったというのが、私の著書『言語としての民族』における結論のひとつなのです。

他方、マルクス主義は「民族自治」や「民族自決権」を認める民族理論を確立することによって、階級と民族の関係の問題、つまり階級を優先すべきなのかそれとも民族を優先すべきなのかという問題に苦しむことになります。その際、私自身はマルクスが提起した「階級」というのは実際にはヨーロッパに根強く存在した「身分」のことであり、「階級」という概念はマルクスが作り上げた幻想でしかないと考えております。それでも、マルクス主義者たちは「階級」の存在を信じて、この階級と民族の矛盾に引き裂かれていくというのが、私の著書『言語としての民族』における第二の結論であります。つまり、民族理論の確立によってマルクス主義の東側への発展が可能になったという第一の結論と民族理論の確立によってマルクス主義は階級と民族の矛盾に引き裂れていくことになったというのが、私の拙著『言語としての民族』における結論の両面をなすものなのです。

以上、私は社会理論学会研究奨励賞の対象となった私の二つの拙著を中心に私の研究の歩みを述べてまいりましたが、最後に、私が現在取り組んでいる研究についても簡単に触れておきたいと思います。

もう六～七年前になりますが、偶然ＮＨＫのＢＳ放送を見ていたら「エンデの遺言」という番組をやっておりました。その中でミヒャエル・エンデ（Michal Ende, 1929–1992）という著名な童話作家が、貨幣というものをもっともよく考えた人物としてゲゼルを紹介しました。「え、ゲゼル？　職人か」などと思いましたが、エンデによればこのゲゼルは、地域通貨の思想的源流とのことでした。地域通貨ということに触れたのも、この番組が最初でした。この地域通貨は日本でも最近ブームとなりましたが、私自身は地域が貨幣発行権をもたないかぎり、展望がないとその時にも考えましたし、現在でもなおそう考えております。

したがいまして、私にとってゲゼルが興味を引くのは、彼が地域通貨の思想的源流であったからではなく、彼がアナーキズムの経済学者だったからです。彼は、「資本主義とは利子経済のことである。産業資本家と呼ばれている人々と労働者とは連帯できる。搾取者とは金貸しのことなのだ」という観点から、つまり貨幣に付随する利子の運動という観点から資本主義の仕組みを分析するとともに、マルクスの『資本論』をも批判しております。彼の批判が正しい『資本論』理解によるものかどうかは別にしても、結構いいところをついたものになっています。

たとえば、その一つは、マルクスの社会改革論への批判です。ゲゼルによれば、マルクスが「下部構造が上部構造を規定する」という唯物史観に立脚しているならば、マルクスの社会改革論はなによりもまず経済改革を基礎としなければならないが、政治革命を優先させている。これはマルクス自身の唯物史観の否定になる、と。こう批判します。

またマルクスの賃金論への批判も、興味深いものです。ゲゼルによれば、労働者の賃金は、マルクスの理屈から言えば、先進国になればなるほど下落していかねばならないはずです。なぜなら、「商品の価値は労働の生産性に反比例する」からです。事実、相対的剰余価値論のところでも、マルクスは労働の生産性の上昇とともに必要労働時間の短縮→労働力の価値の下落ということを述べています。したがいまして、マルクスのように労働力の価値によって賃金が規定されるものと考えるならば、労働の生産性の高い先進国では賃金が下がらねばならないはずです。ところが、マルクスも先進国の賃金が高い現実を認めざるをえなくなり、賃金＝「労働力の価値」説の誤りを隠蔽するために、「賃金は文化的・倫理的な要因によって決定される」という曖昧な規定をもちだしてくると、ゲゼルは批判するのです。ゲゼルによれば、「賃金というのは事業家が労働者に貸与する生産手段の費用とそのレントを労働者の労働生産物の販売価格から控除した残余なのだ」ということなのです。それゆえに、搾取は労働力の価値とその使用価値の差から生まれるとするマルクスの搾取論は誤っているという批判を展開することになります。

さらにゲゼルは、マルクスの『資本論』は資本主義経済では平均利潤率が平均利子率を規定すると考えているが、現実にはそのような関係ではなく、平均利子率が平均利潤率を規定する関係にある、つまり「利子経済」が産業資本を支配していると主張し、マルクス『資本論』を批判しております。

こうした『資本論』批判の上に、ゲゼルはマルクスの社会主義構想、すなわち計画経済を基礎とした共産主義体制を批判します。彼によれば、共産主義を目標とするマルクスの社会主義は、「利他心」という人間の非自然的性向に基づくものであるという点で、また共産主義という人類の初期段階に戻る「反動」であるという点で、そして計画経済に必要となる膨大な官僚機構の問題を軽視しているという点で、自由と富裕を求める人類にとっては拒否しなければならない社会主義なのです。それに対し、ゲゼルは、市場経済それ自体は資本主義をもたらすものではないと考え、アダム・スミス型の「利己心」に基づく市場経済を基礎とした「自由主義的社会主義」を構想することになるのです。

こうしたゲゼルについての研究を進める中で、今私はとりあえず二冊の翻訳書の出版を計画しています。まず最初は、マルクスの『資本論』をそれぞれ異なった角度から解説している三つの著書、すなわちマルクス主義正統派カール・カウツキーの著書『マルクスの経済学説』、マルクス主義修正派カール・レンナーの著書『カール・マルクスの経済学説』そしてマルクス批判派シルビオ・ゲゼルの著書『搾取とその原因、そしてそれとの闘争』をひとつの著書の形にして、『資本論の読み方』として出版します。これはすでに最終稿の校正が終わった段階にあります。（この『カウツキー・レンナー・ゲゼル『資本論』の読み方』という私の訳書は、二〇〇六年四月にぱる出版から出版された。）もうひとつの翻訳書は、シルビオ・ゲゼルの主著『自由地と自由貨幣による自然的経済秩序』第四版（一九二〇年）です。これは約八〇〇頁におよぶ膨大なものですが、ようやく最終稿の校正もほぼ終了し、二〇〇六年中には出版できるのではないかと考えております。（このゲゼルの主著『自由地と自由貨幣による自然的経済秩序』も二〇〇七年五月にぱる出版から出版された。）

以上、簡単ではありますが今回の受賞対象となった私の二つの拙著を中心に私の研究の歩みを語ってまいりした。私に与えられた時間もなくなりましたので、これで私の受賞講演を終わりたいと思います。ご静聴どうもありがとうございます。

第二章　今、地域通貨を考える

一　日本での地域通貨

　現在、アメリカやヨーロッパ、そしてオーストラリアなどの世界各地で二、〇〇〇もの地域通貨が流通し始めており、日本でも多数の地域通貨が生まれつつあります。いろいろな意味において日本でもっとも著名な地域通貨は、おそらく自民党の野中幹事長の弟さんが町長を務めておられる京都の園部町の地域通貨ではないでしょうか。朝日新聞によれば、連日のように各地の自治体から見学が殺到しているとのことです。また、私の住んでいる北海道でも地域通貨の試みが始められております。

　たとえば栗山町では「クリン」という地域通貨が試験的に発行されています。この栗山町の地域通貨は、わが国の地域通貨に比較的良く見られる、町役場などの行政機関が主体となって行っている行政主導の地域通貨です。他方、同じ北海道の苫小牧市には民間団体が行っている「ガル」という地域通貨があります。この苫小牧市の民間団体が行っている地域通貨は、ヨーロッパやアメリカの地域通貨に比較的多い「交換リング」、あるいは「レッツＬＥＴＳ」――この「レッツ」というのは、「地域交換取引制度」の略語なのですが――という、要するにお金を使わないで通帳だけで取引をする方式の地域通貨です。日本の地域通貨のほとんどがこの方式の地域通貨を採用しており、この方式の地域通貨が世界の最近の地域通貨の特徴をなしているともいえます。この「交換リング」ないし「レッツ」という方式の地域通貨を理解していただくために、苫小牧の「ガル」のグループからもらってきました「ガルの決まり」の一部を読んでみたいと思います。

「一、新しく入会する人は、五〇〇円の入会金を支払い、『ガル参加者シート』に必要事項を記入し、事務局に提出します。『ガル帳』――これは通帳なのですが――を受け取ったら、すぐに交換行為（取引き）を始められます。最初の交換の時、マイナスになってもプラスになっても構いません。

二、脱会する場合は『ガル帳』（通帳）の残高をゼロに戻して事務局に返却して下さい。それで脱会完了です。プラスが残っている場合、事務局に寄付することもできます。

三、事務局スタッフへの報酬はガルで支払われます。用紙、印刷、電話などの実費は円で精算します。

四、交換行為は原則として参加者個人個人の責任で行います。交換行為の中で発生する問題はできるだけ当事者同士で話し合って解決して下さい。問題がリング全体に共通する場合は、事務局に連絡し問題を共有しましょう。

五、一か月ごとに『ガル・フレンド』ミーティングを開き、問題点を話し合います。その際に参加者シートを提出し、それを元に『リスト』を更新します。全員の残高確認をし、事務局は記録します。必ず全体の総和はゼロになります。

六、マイナスやプラスが過度に遍在しないように皆で気を配りましょう。マイナスの上限目安は、当面マイナス五、〇〇〇ガルとします。ただし、中古車などの高価な物品を売買する場合は事務局に相談した上で、この上限を越えることができます。

七、欲しいモノやサービスがリストにない場合、それを提供できる人をこの交換リング『ガル』に誘いましょう。その人にとっても新しい経済システムに参加できるきっかけとなります。」

こうした苫小牧市の地域通貨「ガルの決まり」からもわかりますように、今や世界の地域通貨の大きな流れとなっております「交換リング」または「レッツ」という方式は、紙幣を使わないで通帳口座に記入して取引をするというやり方の地域通貨なのです。

それに対し、紙幣を使った地域通貨は日本にはありません。アメリカやカナダなどにはあります。アメリカのイサカ市の「イサカ・アワー」やカナダのトロント市の「トロント・マネー」などが、そうです。アメリカやカナダでは、日本ほど中央銀行の紙幣発行の独占権が厳格に適用されないという事情が、こうした紙幣型の地域通貨を可能にしていると思われます。

ところで、最近の地域通貨ブームは一九九〇年代に始まっているのですが、この一九九〇年代に始まる最近の地域通貨ブームは、第二次の地域通貨ブームであります。第一次の地域通貨ブームは、一九三〇年代の大不況期でした。一九九〇年代に始まる第二次の地域通貨ブームを一九三〇年代の第一次のそれと比較しますと、その大きな特徴は地域通貨を導入する目的がきわめて多様化している点にあると思います。たとえば、町おこしのために地域通貨を入れてみようとしたり、あるいは、できるだけ多くの方にボランティアに参加して欲しいという願いから地域通貨を導入しているところもあります。さらに、エコロジー、環境にやさしい貨幣ということでこれをやってみようという人たちもいます。このように一九九〇年代に始まる第二次地域通貨ブームでは地域通貨を導入する目的が多様化しているのに対して、一九三〇年代の第一次地域通貨ブームの時には、不況対策一本槍でした。それだけ一九三〇年代の大不況が深刻なものだったということでもありますが、私は、最近の地域通貨に見られる目的の多様化ということは、きわめて健全な状態であると思います。地域通貨は必ずしも不況対策用である必要はなく、それぞれの目的のために使えばいいわけです。

さて、この地域通貨ですが、一昨年配られました地域振興券ではないかと言われる方があります。確かに地域通貨にしても地域振興券にしてもモノやサービスを買うという点では同じなのですが、地域通貨というのは一回で終わらないで繰り返し地域の中に循環していくのに対し、地域振興券は一回使ってしまえばそれで終わりとなります。もうひとつ大事なことは、地域通貨というのは融資できますが、地域振興券はいくら集めても融資することができません。ですから、地域通貨と地域振興券は、その機能の点で根本的に異なったものと考えるべきではないでしょうか。

二　一九三〇年代の不況対策

一九三〇年代の大不況期の第一次地域通貨ブームを振り返りますと、一九三〇年代の大不況というのは、一九二九年にアメリカのウォール街という株の取引所で大暴落が生じます。そして、世界中で銀行が次々に倒産し、銀行から融資を受けていた優良企業が次々と連鎖倒産しました。そして町には失業者があふれるという状態でした。こういう状況の中で、もちろん不況の克服策が真剣に模索され、おおまかにいえば次の三つの不況対策が出てまいりました。

第一の不況対策は、日本やドイツがとった不況対策であり、いわゆる「大帝国」を建設することによって不況あるいは失業者の問題を解決しようというやり方です。しかし、「大帝国」というのは植民地などを奪い合うわけですから、当然大国どうしの喧嘩あるいは貿易摩擦などが生じて、結局は皆さんがすでにご存知の世界戦争という悲惨な事態が生まれてしまいました。

それに対し、第二番目の不況対策は、アメリカの「ニュー・ディール政策」と呼ばれるものです。つまり、公共事業をどんどんやって失業者を公共事業に吸収していくというやり方です。――ちょっと難しい言葉ですが――ケインズの有効需要創出政策というものです。要するに、公共事業で景気を回復させようとするやり方です。この不況対策を、アメリカをまねて日本も戦後行ってきたわけです。このやり方は「大帝国」を建設するよりもはるかに温和で犠牲も少ないというメリットがあるのですが、こうした公共事業に必要な財源は、税収あるいは国債という税金です。したがいまして、公共事業をやりすぎてしまうと財政赤字という一種の不治の病にかかってしまいます。事実、現在公共事業をどうやって削減するのかという大きな問題、言い方をかえますと財政再建の問題が、われわれの現在直面している問題になっております。このようにこの平和的な不況対策も大きな限界があるということが、現在ではわかっているのです。

第一番目と第二番目の不況対策が国家的レヴェルの不況対策でしたが、一九三〇年代の大不況は今の不況とは比べものにならないほど深刻なものでしたから、地域独自でも不況対策をやる必要がありました。その中でもとりわけ注目されたのが、地域通貨導入の試みでした。この地域通貨導入の試みが第三番目の不況対策として登場してきたのです。オーストリアのヴェルグルという小さな町で一九三二年に導入された地域通貨「自由貨幣」を例にとりながら、この第三番目の不況対策をこれからお話ししたいと思います。

三　ヴェルグルの実験

私は、去年の夏休みにオーストリアのヴェルグルという小さな町に行ってまいりました。オーストリアのヴェルグルという町は、夏の音楽祭や映画「サウンド・オブ・ミュージック」で有名なザルツブルクと、冬のオリンピックを二度開催したことで知られるインスブルックのほぼ中間に位置しております。ヴェルグルの駅から歩いて五分のところに小さな町役場があり、町役場に面した道路の向かい側に地域通貨「自由貨幣」を導入した当時の町長ミカエル・ウンターグッゲンベルガーさんを讃える小さな記念碑がありました。

その記念碑の一番上に、町長ウンターグッゲンベルガーさんの肖像、真ん中にミカエル・ウンターグッゲンベルガーさんの名前と町長在任期間の一九三一年から一九三四年という字句が刻まれ、一番下に「自由貨幣の実験、ヴェルグル」と書かれておりました。

この地域通貨「自由貨幣」を導入した町長ウンターグッゲンベルガーさんは鉄道工夫出身のオーストリア社会民主

党員でした。それ以外に、彼のご子孫がオーストリアの古都グラーツに在住されておられるということしか今のところわかっておりません。

ウンターグッゲンベルガーさんが町長に選出された一九三二年当時、ヴェルグルの町は人口五、〇〇〇人程度で、失業者が約一〇〇〇人もいたそうです。また町の税金も、だいぶ滞納されていたと言われております。

町長に選出されたウンターグッゲンベルガーさんは、地元の銀行から三二、〇〇〇シリングを借り入れ、これを担保に地域通貨「自由貨幣」を発行しました。一シリング、五シリング、一〇シリングの三種類の「自由貨幣」でした。この地域通貨「自由貨幣」の裏面には、(1)この「自由貨幣」は、シルビオ・ゲゼルの、時間とともに「減価していく貨幣」というアイデアに依拠したものであること、(2)この「自由貨幣」導入の目的は、地域の失業と不況の克服にあるということ、この二点が明記されていました。

このヴェルグルの地域通貨「自由貨幣」の大きな特徴は、月ごとにその額面が一パーセントずつ減価していくために、つまり、一か月間保持し続けるとその紙幣の額面の一パーセントが減価するために、その紙幣を額面通り使用するには、その減価分のスタンプ(印紙)を町役場や銀行で購入し、それを紙幣に貼らなければならないという点にありました。

この地域通貨「自由貨幣」を保持し続けると、貨幣の額面価格が減り続けます。したがって、この地域通貨「自由貨幣」を手にしたら、すぐ手放そうとするでしょう。次々に人の手に渡り、次々に手放すということは、次々に売買を行うことを意味します。ですから、この地域通貨「自由貨幣」は「快速な貨幣」となって、景気を良くする貨幣になります。

町は、この「自由貨幣」を使って失業対策を行いました。失業者を大量に雇用して、橋を建てたり道路を整備したりしました。そしてこの地域通貨「自由貨幣」が、賃金として支払われました。

この地域通貨「自由貨幣」は保持し続けますと減価していきますから、この通貨を手にした人は、すぐお店に行ってモノやサービスを買います。それもできるだけ一か月分のモノやサービスを買うようになります。また、店屋さんにしましても、この通貨で自分たち家族が必要なモノやサービスをすぐに購入し、税金を支払います。こうしてヴェルグルの町ではモノやサービスの流れが快速になり、景気が上向き、約一、〇〇〇人もいた失業者もいなくなりました。もちろん町役場に収められる税金も完納に近い状態になりました。ヴェルグルの地域通貨は、地域の不況対策として成功したのです。この事実に、世界中の人々が注目し、いろいろな人々がヴェルグルの実験を視察にやってまいりました。ジャーナリストもやってきて、ヴェルグルの町の警察官や税務署の人そして商工会議所の会頭などのいろいろな人にインタビューをしているのですが、だれもが、この通貨はいい、素晴らしいと証言しているのです。

　このヴェルグルの実験の輝かしい成果を見て、オーストリア各地の不況に悩んでいる地域も、地域通貨を導入しようとしますが、こうした動きをオーストリア政府と中央銀行は、中央銀行の貨幣発行権の独占を侵害するものとみなし、裁判所に提訴して地域通貨の発行を法律で禁止しました。そのために、ヴェルグルの地域通貨の実験はたった一年ちょっとで終焉を迎えることになってしまいました。この時期に導入されたヨーロッパ各地の地域通貨も、ことごとく自国の中央政府や中央銀行の反対に遭遇し、ヴェルグルの「自由貨幣」と同じく短命に終わりました。

　このように一九三〇年代の地域通貨は、自国の中央政府や中央銀行の反対に遭遇したためにことごとく短命に終わりましたが、地域の不況対策としては見事に試験に合格したのでした。ですから、ヨーロッパでのこうした地域通貨の実験が学者やジャーナリストなどによってアメリカやカナダなどに紹介され、それが、一九九〇年代に始まる現在の第二次地域通貨ブームへとつながっていくことになるわけです。

　以上のように一九三〇年代の第一次地域通貨ブームの大きな特徴は、シルビオ・ゲゼルの貨幣についての考え方、とりわけ時間とともに「減価していく貨幣」という彼のアイデアを不況対策としての地域通貨に応用した点にあると思います。ですから、地域通貨を本当の意味で知るには、この第一次地域通貨ブームにアイデアを提供したシルビオ・ゲゼルとはどのような人物であり、どのような思想をもっていたのかを理解しなければなりません。このシルビオ・ゲゼルについてのお話が、今日の私の講演の本論ということになります。

四　シルビオ・ゲゼルについて

（一）「忘れられた思想家」シルビオ・ゲゼル

第一次地域通貨ブームにアイデアを与えたシルビオ・ゲゼルという人物は、今日ではほとんど知られていません。「忘れられた思想家」であるといえるでしょう。日本のいかなる辞典にもその名前はまったく載っておりません。では外国の辞典に載っているかというと、イギリスで発行されているかなり詳細な経済学者の人名辞典に「異端の経済学者」として載っているだけで、その一冊以外には見当たりませんでした。それほどシルビオ・ゲゼルは「忘れられた思想家」になっているのです。

この「忘れられた思想家」が近年日本で知られるようになったのは、『モモ』とか『はてしない物語』といった童話やファンタジーを書いたことで知られているミヒャエル・エンデという童話作家が、去年（一九九九年）の五月四日のNHKのBS放送のテレビ番組「エンデの遺言」の中で、「現代社会はお金の病にかかっている。根源からお金を問うことなしには、人類は地球での生存が不可能になる事態が到来するだろう」と述べて、お金の問題を根源的に考えた人物としてシルビオ・ゲゼルを紹介したからです。このテレビ番組によって、私たちはシルビオ・ゲゼルという奇特な思想家を初めて知ることになったのです。私もその一人です。そのテレビ番組を見ましてから、私はシルビオ・ゲゼルを調べました。その結果わかったのは、われわれ現代人にとっては「忘れられた思想家」であっても、同時代のすぐれた人々にとってシルビオ・ゲゼルは決して「忘れられた思想家」ではなかったということです。

たとえば、二〇世紀最高の経済学者と言われるケインズは、主著『雇用・利子および貨幣の一般理論』という、経済学を学ぶ場合には必ず読まなければならない著書において数ページにわたってこのシルビオ・ゲゼルの経済理論を好意的に論じ、その中で「後世の人々はマルクスよりもシルビオ・ゲゼルの方からより多くのことを学ぶであろう」ときわめて高く評価しているのです。

皆さんご存じのノーベル物理学賞の受賞者アインシュタインも自伝の中で、「私はシルビオ・ゲゼルの光り輝く文体に熱中していた」と書いております。

戦前の日本でも、僅かながら研究されておりました。当時の京都大学の経済学教授であった柴田敬という人が批判的にではありますが、『理論経済学』（一九三五－六年）という自分の著書の中でこのシルビオ・ゲゼルの貨幣・利子理論を研究しております。また、私が小樽商科大学の図書館から借りたシルビオ・ゲゼルの英訳本には小樽商大の先生による日本語での走り書きがありました。このように戦前では、シルビオ・ゲゼルは細々とではありますが、知られていたのです。

それが戦後になって、全く「忘れられた思想家」になってしまいました。どうしてなのでしょうか。その理由として、次の三つのことが考えられます。

第一は、単純な理由なのですが、シルビオ・ゲゼルのドイツ語というのがとても難しいのです。ドイツ語にも方言があり、ゲゼルのドイツ語は、そのスイス方言やベルギー方言が含まれており、またスペイン語流の使い方もあるのです。そればかりではありません。ゲゼルのドイツ語には、当時の日常語や隠語がふんだんに使用されてもいるのです。日本ではドイツ語のスイス方言やベルギー方言はもとより、当時の日常語や隠語に関する辞書というものがありません。学校で普通習うのは標準ドイツ語です。ですから、訳そうにも訳せないところが、必ずといってよいほどでてきます。そのために、シルビオ・ゲゼルの本は、今だにほとんど日本語に翻訳されておりません。こうした事情からも、シルビオ・ゲゼルが日本ではほとんど知られないままに来ているのも、当然のことであるのかもしれません。

第二の理由として、戦後左右のイデオロギー的な対立がとくに激化していたという状況を指摘することができると思います。このような状況の中で中庸や平和的・自然的改革を唱えるシルビオ・ゲゼルの考え方は、あまり両陣営から問題にされることがありませんでした。特にマルクス経済学者はシルビオ・ゲゼルの経済学を完全に無視しました。また、近代経済学の学者はあまり思想的なことを知りませんから、シルビオ・ゲゼルという人物にさほどの関心を寄せることがありませんでした。こうした戦後の事態もまた、ゲゼルを「忘れられた思想家」にしたのです。

第三の理由として指摘できるのは、シルビオ・ゲゼルが正規の学問を受けていない、いわば独学の人であったという点です。アカデミズムは独学の人を軽視したり、過小評価する傾向にあります。そしてアカデミズムというのは、物事を理解するための方法論を教えるわけで、さほど頭が良くない人でもその方法論にしたがっていけばある程度物事を理解できるようになるのです。しかし、その方法論にしたがわない独学の人というのは独自の発想で豊かにやっていくものですから、アカデミズムの方法論では理解不可能ということになります。そのために、ゲゼルというのはとんでもないことを言っている人だということで済ましてきたように思われます。この点も、ゲゼルを「忘れられた思想家」にしたのではないでしょうか。

ゲゼルが戦後「忘れられた思想家」になってしまったのは、このような三つの理由があると、私は考えております。

(二) シルビオ・ゲゼルの人生

シルビオ・ゲゼルは、一八六二年に今のベルギーの領土のサン・ビドというところで生まれました。父親はドイツ人官吏であり、母親はワロン人で小学校の教師でした。ベルギーの民族は、ワロン人とフラマン人という二つの民族から成り立っているのですが、フランス語を話すベルギー人をワロン人、オランダ語を話すベルギー人をフラマン人と言います。ゲゼルは、九人兄弟のうちの七番目に生まれ、大学を出ておりません。ギムナジウムという大学進学のための中高等学校に進学しますが、九人も兄弟がいますから学費が出るかどうかわからない。そこで、自活することの方が大切だということでギムナジウムを中退し、郵便局に勤めます。しかし、そこを三ヶ月で辞め、一番上のお兄さんがベルリンで歯科用の医療器具の販売をしていたので、そこへ勤めたりしました。一八八七年、二五歳の時に単身アルゼンチンに渡航し、その地で歯科用医療器具を販売し、やがて成功します。ダンボール製造会社を買収したり、アルゼンチンの小さな島をいくつか買ったりするほど大きな財産を築いたといわれております。ところが、ゲゼルは一九〇〇年、三八歳の時にアルゼンチンでの実業家生活をリタイアし、ヨーロッパに帰ってきます。そして、スイスに広大な農地を買って、農業をやるかたわら研究にいそしむという私たちにとってはうらやましいような晴耕雨読の生活をしていくのです。

このスイス時代というのは、彼にとってのいわば「大学院時代」だったのではないでしょうか。アダム・スミスやリカードゥ（David Ricardo, 1772–1823）などの経済学関連の本、あるいはダーウィン（C.R. Darwin, 1809–82）やニーチェ（F.W. Nietzsche, 1844–1900）など森羅万象のものを読み研究したと言われています。その際、彼の研究の中心になったのが貨幣や利子についての研究でした。一九一六年の時に——この年にはすでに第一次世界大戦が始まっていますが、彼は主著『自由地と自由貨幣による自然的経済秩序』を出版し、各界から絶賛を浴びることになります。そして社会民主党員の中にもシルビオ・ゲゼルは素晴らしいという人が出てまいります。ですから、一九一九年にドイツのバイエルンでレーテ共和国という革命政府が誕生した時、この革命政府から大蔵大臣への就任を要請され、ゲゼルは受諾します。ところが、そのバイエルン・レーテ共和国はシルビオ・ゲゼルが大蔵大臣に就いてからわずか一週間後に共産主義者や中央政府によって潰されてしまいます。シルビオ・ゲゼルも共産主義者の一味だろうということで投獄され、軍事裁判にかけられますが、最終的には無罪放免になりました。

その後、ゲゼルは彼の信奉者たちがおこした「自由地・自由貨幣運動」に尽力し、一九三〇年ベルリンのエデンで死去しました。享年六八歳でした。

ゲゼルという人物は、きわめて温和な、計数に明るい有能な人物でした。もし彼が実業家として一生を終えたならば、おそらく巨万の富を築いたことでしょう。しかし、彼は実業家に甘んじることなく、世直しを目論む思想家となりました。そのために、すでに述べましたような波乱万丈の生涯を歩むことになったわけです。

(三) シルビオ・ゲゼルの思想

シルビオ・ゲゼルは、現行の貨幣は人類に不幸をもたらす「悪い貨幣」であると考えます。貨幣に良いも悪いもあるのだろうかと皆さんは思われるかもしれませんが、実はあるのです。それを説明するためにシルビオ・ゲゼルは、「純金一〇〇パーセントの金貨」、「純銀五〇パーセントの銀貨」、「偽造の疑いのある貨幣」という三つの貨幣を登場させて説明します。もし、この三つの貨幣を同時にもらった場合、普通は「偽造の疑いのある貨幣」を最初に使うはずです。自分がババを引くのはいやだからです。次々に手放すということは、次々に売ったり買ったりすることで、景気を良くするということです。ところが、「純金一〇〇パーセントの金貨」はなかなか使われませんから、あまり売ったり買ったりすることをしない貨幣ということになります。この場合、経済全体から見ると一番良い貨幣は「偽造の疑いのある貨幣」で、逆に一番悪い貨幣は手元に残しておくような「純金一〇〇パーセントの貨幣」なのです。

つまり、ゲゼルにとって「良い貨幣」とは、この例における「偽造の疑いのある貨幣」のように、貯め込まれることなく、絶えず商品やサービスの売買を行う貨幣、しかもできるだけ「快速な貨幣」なのです。また「悪い貨幣」とは、この例における「純金一〇〇パーセントの貨幣」のように、貯め込まれ、商品やサービスの売買をあまり行わない「鈍足の貨幣」なのです。現行の貨幣は、「純金一〇〇パーセントの金貨」のように貯め込まれても減価しないために、あまり売買を行わない「鈍足の貨幣」、つまり「悪い貨幣」であるとゲゼルは考えるのです。

さらにゲゼルは、現行の貨幣が「悪い貨幣」である第二の理由を指摘します。それは、現行の貨幣が利子と不可分の関係にあるからです。現行の貨幣を借りる場合、利子を支払わなければなりません。逆にいえば、現行の貨幣を貸す場合には、利子を要求することができます。ゲゼルはこうした利子、とりわけ複利が人類を苦しめてきたと考えます。

たとえば、一千万円を住宅金融公庫から利子率五パーセントで借りると、一〇年返済の場合には合計一、六二八万円返済します。二〇年返済の場合には二、六五三万円、借りた金額の二・六倍を返済しなければなりません。さらに三〇年返済の場合には四、三二一万円、借りた金額の四・三倍を返済しなければなりません。さらに五〇年返済の場合にはどうなるでしょうか。一千万円借りても、一億一、四六七万円も返済しなければならないのです。このように、利子、とくに複利というのは、最初緩やかな曲線を描き、途中で急激な上昇曲線を描き、一定の時点を過ぎると垂直な線を描いて、天文学的数字で増加していくことになります。

普通お金を借りるのは、お金がないからです。こうしたお金の借り手の多くは、なかなか返すことができません。その間に時間が経過してしまったら、その返済金額は天文学的数字になって、もはや返済は絶望的になります。こうして借り手の多くは、借りた時からすでに破産を運命づけられているといえます。それに対し、貸し手にとっては時間の経過とともに莫大な富が保証されることになります。ですから、利子、とくに複利というのは、人類を富者と貧者に分裂させ、人類の多くに不幸をもたらしているとゲゼルは考えるのです。

また、利子は時間が経過しますと雪だるまのように膨れあがりますので、できるだけ早く返済することを心掛けなければなりません。そのために、私たちに必要不可欠な有限な自然資源をいとも簡単に破壊ないし枯渇させてしまいます。その事実を説明するために、ゲゼルやその支持者たちはよく次のようなロシアのバイカル湖の漁民の例を持ち出します。簡単に紹介しましょう。

まだ貨幣経済を知らなかったバイカル湖の漁民たちは、自分たちが必要な量だけ魚を捕っていました。当然魚は稚魚を生んだりしますから、バイカル湖には無尽蔵に魚がいたのです。ところが、貨幣経済が入ってきてバイカル湖の一部の漁民がローンで大型船あるいは大量捕獲の漁法や冷凍設備を購入したのです。そうすると、先程言いましたように利子というのは時間がたちますと膨れあがってしまいますので、早くローンを返済するために可能なかぎり多くの魚を捕獲し、販売しなければなりません。どんどんバイカル湖の魚を取り始めました。これを見た対岸の漁民たちも、やはりローンでより大型の船、あるいはより大量捕獲できる漁法を購入してより多くの魚を捕獲するようになったのです。つまり魚取りゲームが始まりました。その結果、バイカル湖には魚がいなくなってしまったのです。魚がいなくなればローンは返せず、大型船も冷凍設備も必要なくなってしまいます。その結果、漁民たちは莫大な負債を抱えて、バイカル湖を離れざるをえなくなりました。元の木阿弥です。

このように、利子というものは、私たちが生きるのに不可欠な有限な自然資源をいとも簡単に破壊ないし枯渇させる点で、恐ろしいものだというのが、シルビオ・ゲゼルやその支持者たちの引き出す結論なのです。

ですから、「良い貨幣」とは、貯めこまれないですぐ使われる貨幣（「快速な貨幣」）、そして利子のつかない貨幣、この二つの条件を充たす貨幣ということになります。この二つの条件を充たす貨幣が、時間とともに「減価していく貨幣」であると、ゲゼルは考えました。こういう貨幣であれば、この貨幣を手に入れた人はすぐ使います。つまり「快速な貨幣」になります。また、こうした貨幣を持ち続けますと減価していきますから、必要以上にこのお金を持っている人は、利子はいらないですからどうぞ借りて下さいということに結局はなります。このように時間とともに「減価していく貨幣」であれば、人類に不幸をもたらすことがなく、逆に人類を幸福にしてくれるだろうと、ゲゼルは考えたのです。

こうした時間とともに「減価していく貨幣」というシルビオ・ゲゼルのアイデアを地域の不況対策としての地域通貨に利用したのが、第一次地域通貨ブームの大きな特徴だったのです。それに対して、最近の地域通貨ブームには、ゲゼルの時間とともに「減価していく貨幣」という視点が欠落しているように思われますので、私はあえてこの点を述べた次第であります。

五　シルビオ・ゲゼルと日本の思想家

最後に私の話のまとめとして、次のことを指摘したいと思います。それは、シルビオ・ゲゼルと日本の思想家との関連についてです。日本にも、シルビオ・ゲゼルと同じように貨幣を考えた思想家がおりました。三浦梅園（1723-1789）という江戸時代の思想家です。彼も、お金はきちんと売買だけしていればいい、利子のつく貨幣はよくないと主張しました。その点で、三浦梅園はシルビオ・ゲゼルにきわめて近い思想家であったと思います。三浦梅園は江戸時代の一七八九年に死んだ人ですから、シルビオ・ゲゼルよりも先にこうした貨幣についての考えを発表したのです。三浦梅園という人はとても偉い人です。

けれども、私は、シルビオ・ゲゼルは三浦梅園よりも、この八戸にゆかりの深い安藤昌益（1703-1762）により近いのではないかと考えております。その理由は、四つあります。

第一に、ともに優れた思想を作り上げながらも、「忘れられた思想家」になったことです。それと同時に、両者とも優れた発見者を得ることによって蘇ったことです。シルビオ・ゲゼルの場合にはミヒャエル・エンデという優れた二〇世紀の思想家であり、安藤昌益の場合には一高の校長、あるいは京都大学の総長を歴任して、日本人に独創性というのははたしてあるのだろうかという課題に一生を捧げた狩野亨吉（1865-1942）という明治を代表する知識人です。両者とも時代を見る優れた思想家であったことです。

第二に、――今日は時間の都合で触れませんでしたが――シルビオ・ゲゼルと安藤昌益の思想の根幹には「人間にとって自然的である」ということが、最高の理想とされていることです。ゲゼルの場合には「自然的経済秩序」であり、安藤昌益の場合には「自然真営道」です。「自然的」ということが、両者の思想の基礎になっているということは、きわめて重要なことであるように思われます。

第三に、両者とも汗水たらして働くことを尊重し、いわゆる投機や働かずに儲ける不労所得というものを憎んでいることです。不労所得を手にする人というのは、経済学の言葉で言うと「不生産的階級」と言うのですが、そういう人を両者とも憎んだのです。シルビオ・ゲゼルの場合は、安楽椅子に座って利子を手に入れる貨幣資本家やレントナーたちであり、安藤昌益の場合には主として武士階級であったわけです。不労所得を憎む点で、両者は共通しております。

第四に、両者とも世直しということを考えていたと思うのですが、無理やりやる人為的な世直しを否定していることです。自分一代で世直しができなくとも、あせらずじっと耐え抜き、何世代かかろうとも世直しが「自然に」成就するまで待たなければならない。人為的世直しは世直し以前の社会よりも悪くなる。こう両者は考えていました。この点でゲゼルは、人為的世直しをしようとする共産主義者を徹底的に批判し、安藤昌益もいかなる一揆にも加担しませんでした。その結果、両者とも歴史の闇の地下水脈の中に消えていきました。人為的世直しと自然的世直しのどちらが人類に幸福をもたらすのかは、今ではすでに歴史によって審判が下されていると思います。

今日このように私がシルビオ・ゲゼルのお話を安藤昌益ゆかりの八戸でできたことは、偶然とはいえ、大変意義深いことだと考えております。混迷と危機の時代にあって、「自然的」ということを根幹に据えたシルビオ・ゲゼルや安藤昌益の思想から学ぶことがなお多いのではないかという私の問題提起をもって、私の話を終わりたいと思います。長い時間ご静聴ありがとうございました。

第三章　シルビオ・ゲゼル研究の現段階

シルビオ・ゲゼル著『自由地と自由貨幣による自然的経済秩序』第四版（Silvio Gesell, Die natürliche Wirtschaftsordnung durch Freiland und Freigeld. 4. Auflage, Berlin 1920.）を読む場合、まず最初に注意しなければならないのは、この著作が「反マルクス主義的社会主義」の立場に立脚して書かれているという点である。その点を、ジョン・メイナード・ケインズ（John Maynard Keynes, 1883–1946）は一九三六年に出版した彼の主著『雇用・利子および貨幣の一般理論』（John Maynard Keynes, The General Theory of Employment, Interest and Money. 1936. 邦訳、J・M・ケインズ著『普及版　雇用・利子および貨幣の一般理論』、東洋経済新報社、一九九五年）の中でシルビオ・ゲゼル（Silvio Gesell, 1862–1930）の生涯と著作を概括的に紹介しつつ、次のように述べている。

「ゲゼルはブエノスアイレスで成功したドイツの商人であった。彼はアルゼンチンにおいてとくに激しかった八〇年代後期の恐慌が動機となって、貨幣問題の研究を始め、処女作『社会国家に架橋するものとしての貨幣制度の改革』を一八九一年ブエノスアイレスで出版した。貨幣に関する彼の基本的な考え方を同年に『事態の本質』という表題でブエノスアイレスで出版して以降、彼は、生活に追われない人のみに許された、著作と試験的農業という二つの最も楽しい仕事に余生を捧げることのできる裕福な人として、一九〇六年にスイスに隠遁するまで、数多くの著作と小冊子を相次いで出版した。

彼の代表的著作の第一部は、『貨幣改革と土地改革による労働全収益権の実現』という表題で一九〇六年スイスのレゾート・ジュネヴィーにおいて出版され、第二部は一九一一年ベルリンにおいて『貨幣と利子の新理論』という表題で出版された。両者は合冊されて『自由地と自由貨幣による自然的経済秩序』という表題で戦争中（一九一六年）ベルリンとスイスで出版され、彼の生存中に六版を重ねた。その英訳（フィリップ・パイ氏によって翻訳）は、『自然的経済秩序』と名づけられている。一九一九年四月ゲゼルはバイエルンにおける短命であったレーテ共和国に大蔵大臣として加わったが、後に軍法会議にかけられた。晩年の一〇年はベルリンとスイスで送り、自由地・自由貨幣運動の宣伝に努めた。ゲゼルは、以前ヘンリー・ジョージに集まっていた半宗教的な熱狂を自分の方にひきつけ、世界中に数千人もの信奉者をもつ崇拝され敬愛された予言者となった。スイス・ドイツ自由地・自由貨幣同盟および多くの国のそれに類似した諸団体の最初の国際会議は、一九二三年バーゼルで開かれた。……ピュチ博士はイギリスにおける運動の指導者であるが、現在運動の主力となっている合衆国では、学究的経済学者の中ではただ一人、アーヴィング・フィッシャー教授がその運動の意義を認めた。

ゲゼルの信奉者たちは、かれに予言者的装いを与えたけれども、彼の主著は冷静な、科学的な言葉によって書かれている。……この著書の目的は全体としては反マルクス主義的社会主義の建設と見ることができよう。それは自由放任主義に対する一つの反動ではあるが、その拠って立つ理論的基礎が、古典派の仮説ではなくてその否認の上に立ち、競争の廃止ではなくてその解放の上に立っている点において、マルクスの基礎とはまったく異なったものである。将来の人々はマルクスの精神よりもこのゲゼルの精神からより多くのものを学ぶであろうと私は信ずるものである。」（邦訳、三五四－三五五頁）

このようなケインズの紹介からもわかるように、ゲゼルの著書『自由地と自由貨幣による自然的経済秩序』（以下、ＮＷＯと略す）は「反マルクス主義的社会主義」の立場に立脚して書かれている点に、その最大の特徴があるといってよい。

したがって、このゲゼルの著書ＮＷＯは、マルクス（Karl Marx, 1818–83）の『資本論』体系と思想的内容の点ではもとより、理論的内容の点でも大きく異なっている。とりわけ重要と思われる相違点は、次の三点である。

まず最初の相違点は、「資本主義」についての両者の理解の相違である。ゲゼルもマルクスも「資本主義」が搾取や貧困そして階級への分裂をもたらすと認識し、その廃絶をともに主張する。だが、マルクスが「資本主義」の基本的原理を「産業資本主義」に求め、その搾取も本源的には「生産過程」における産業資本家と労働者の関係から生まれると考えるのに対し、ゲゼルは「資本主義」の基本原理を「利子経済」に求め、その搾取も本源的には「流通過程」における貨幣所有者と商品生産者（事業家と労働者）の関係から生まれると考えるのである。

第二の相違点は、社会主義思想と「個人的自由主義」の関係への両者の姿勢の相違である。筆者の知るかぎり、マルクスの「科学的社会主義」は、「歴史的必然性」を強調するあまり、「個人的自由主義」と真剣に向き合うことがなかったといってよいだろう。むしろその後のマルクス主義者たちの革命理論は、マルクスの「科学的社会主義」が「プロレタリアートの独裁」や「個人的自由の極端な制限」にいたるものであったことを示しているように思われる。それに対し、ゲゼルの社会主義思想は、たとえ過渡期であろうともいかなる場合にあっても「個人的自由」を無条件に擁護しなければならないと考える社会主義思想、つまり「自由主義的な社会主義思想」だった。この点を、ゲゼルの協力者のひとりだったベネディクト・ウーレマイルはある回想記の中で次のように述べている。

「ゲゼルは、当然のことながら個人主義者として、さらには自由主義の支持者として特徴づけることができる。個人の全面的自由こそが彼の最高の理想であると同時に、彼の社会主義思想とその意欲とを規定していたのである。」（Benedikt Uhlemayr, Persönlichkeit und Lebenswerke des Begründer der Freiwirtschaftslehre, in:H. Blüher, Silvio Gesell. Zeitgenössische Stimmen zum Werk und Lebensbild eines Pioniers.Nürnberg 1960, S. 50.）

こうしたゲゼルの社会主義思想は、マックス・シュティルナー（Max Stirner, 1806–56）以来の「個人的自由主義」（この自由主義はヨーロッパの各地に存在した伝統的な、地域共同体に根ざす草の根の「自由主義」を基礎としつつ、その上に近代的な「個人主義」を受容したものと思われる）を基礎とするものであった点で、組織や規律を重視するマルクスやマルクス主義者のそれの対局に位置していたということができるのではないだろうか。

第三の相違点は、「資本主義」を廃絶した後の未来の経済制度についての両者の構想の相違である。マルクスやマルクス主義者たちは、「市場経済」は必然的に「資本主義」をもたらすという観点から「市場経済」を全面的に否定し、「中央集権的な計画経済」という「国家経済」の確立を目指す。それに対し、ゲゼルとその支持者たちは、マルクス主義者たちが目指すような「国家経済」の道を拒否する。なぜなら、「国家経済」はどんな形態のものであれ、経済的効率性と自己責任の原則を蝕む「官僚制化」とそれにともなう「市民の全般的隷属化」(個人的自由の抑圧)とをもたらすからである。他方、彼らは「市場経済」については次のように考える。「市場経済」が「資本主義的な変質を遂げた場合」には搾取と貧困をもたらすけれども、「市場経済」そのものは「富裕」と「個人的自由」を促進する、と。したがって、「資本主義」を廃絶した後の社会主義的経済体制は「アダム・スミスや新古典派経済学が依拠する資本主義的に改造された市場経済」でもなければ、また「カール・マルクスやそのエピゴーネンが依拠する中央集権的計画経済(国家経済)」でもなく、「資本主義なしの市場経済」(Werner Onken, Zum Geleit, in:Silvio Gesell Gesammelte Werke, Bd. 1. Gauke Verlag, 1988 S. 9.)(ゲゼル自身はこのような経済制度のことを「自由経済社会」あるいは「自然的経済秩序」とよんでいる)、すなわち「資本主義でもなく共産主義でもない」第三の道でなければならないというのが、ゲゼルとその支持者たちの未来構想ということになる。

このようにゲゼルの著書NWOは、「資本主義でもなく共産主義でもない」第三の道を志向する「反マルクス主義的社会主義」の立場に依拠して書かれているということ、この点を確認した上で、以下、「一、シルビオ・ゲゼルの生涯と主要著作」、「二、NWO各版の異同問題——ドイツ語版第四版を訳出した理由について」そして「三、シルビオ・ゲゼル研究文献の概要」を述べることにしたい。

一　シルビオ・ゲゼルの生涯と主要著作

シルビオ・ゲゼルは、一八六二年三月一七日ドイツ帝国のマルメディ郡のサン・ビド（現在はベルギー領）で税務署勤務のドイツ人の父親とワロン人の母親との間の第七番目の子供として生まれた。国民学校の卒業後、彼はギムナジウムに進学したが、家庭の事情のために中退し、郵便局職員となった。その後彼は、商店員見習い、スペインのマラガでの駐在員勤務、一年間のプロイセン軍での兵役義務などを経て、一八八七年二五歳の時に「歯科用器具、衛生器具、子供用品を扱うクレジット販売の商人としてブエノスアイレスに渡航した。……そして彼は商売でまもなく成功し、九〇年代中頃にはダンボール箱製造工場をも手に入れたのであった。」（Gerhard Senft, Weder Kapitalismus noch Kommunismus. Silvio Gesell und das libertäre Modell der Freiwirtschaft. Berlin 1990, S. 32.）

このゲゼルのアルゼンチン時代は、一八九〇年代の末まで続いた。この時期のゲゼルの活動を特徴づけるのは、彼が実業家生活を送るかたわら、彼の事業運営に多大な影響を及ぼすことになったアルゼンチンの経済危機＝通貨危機に関心をもち、その打開策を論じた六冊の著作を自費出版したことである。『社会国家に架橋するものとしての貨幣制度の改革』（Silvio Gesell, Die Reformation im Münzwesen als Brücke zum sozialen Staat. Buenos Aires 1891.）、『事態の本質――貨幣改革論続編――』（Silvio Gesell, Nervus rerum–Fortsetzung zur Reformation im Münzwesen. Buenos Aires 1891.）、『貨幣の国営化』（Silvio Gesell, Die Verstaatlichung des Geld. Buenos Aires 1892.）、『アルゼンチンの通貨制度』（Silvio Gesell, El sistema monetario argentino sus ventajas y su perfeccionamiento. Buenos Aires 1893.）、『現代交通の必要に合致する貨幣とその管理』（Silvio Gesell, Die Anpassung des Geld und seiner Verwaltung an die Bedürfnisse des modernen Verkehrs. Buenos Aires 1897.）、『チリとアルゼンチンの衝突の経済的基礎』（Silvio Gesell, La razon económia del desacuerdo chileno-argentino. Buenos Aires 1898.）が、そうした六つ

の著作にほかならない。ゲルハルト・ゼンフトは、このアルゼンチン時代に書かれた六つのゲゼルの著作について次のように述べている。

「ゲゼルは、経済生活の日々の経験を動機として国民経済の諸問題にもまったくの独学で取り組み始めた。……一八九〇年から一九〇〇年までの時期に、ゲゼルは六冊の著書――そのうちの二冊はスペイン語で書かれ、部分的にはアルゼンチン経済の諸問題をその内容とするものだった――を公刊した。それらの著作でのゲゼルの主要な関心は、すでに社会問題とそれに関連するかぎりでの貨幣制度に向けられていた。またそこでは、富の不平等な分配ならびに経済危機や失業によって引き起こされた大衆の貧困――それは、ゲゼルが生涯を通じて取り組む中心的主題となった――もすでに検討されていた。だが、この最初の出版の試みは、まったく注目されることがなかったといってよい。」(Ebenda, S. 32.)

このように社会的影響力をまったくもたなかったにもかかわらず、アルゼンチン時代に書かれたこの六つの初期著作は、その後のゲゼルの理論的発展にとって重要な意味をもつものとなる。なぜなら、これらの著作の中でその後の彼の「自由貨幣」(時間とともに減価していく貨幣)論の原型となるような「錆びる銀行券」構想がすでに先駆的に提示されていたからである。この点を、シルビオ・ゲゼル全集の編集者ヴェルナー・オンケンは「シルビオ・ゲゼル全集第一巻への編集者序文」の中で次のように指摘している。

「アルゼンチン経済を論じた際に、ゲゼルはまったく偶然に、人間を支配する貨幣権力のひとつの原因を探り当て、貨幣を市場の支配者からその奉仕者に改造するひとつの道を発見したのだった。

ゲゼルの考えによれば、自然の中の万物は、生成と消滅という規則的変化が永遠に遂行される秩序原理にしたがっている。だが、貨幣だけがこの秩序原理を免れ、すべての生ある存在のダイナミズムの外部にいる。(かくて、一般的交換手段としての貨幣は交換財や交換対象としてのサービスよりも流動性や保存能力をもつために、交換財やサービスの所有者は、交換手段としての貨幣を利用する場合、この貨幣に利子を支払わなければならないことになる。）このような貨幣の優越的な地位を廃絶するには、貨幣にも自然を模倣させせなければならない、つまり、個々の紙幣は『錆びる』べきであるというのが、ゲゼルの提案となる。……かくしてシルビオ・ゲゼルは、……自然の中に存在するあらゆる生命の基礎的な秩序原理を発見し、貨幣制度をそれに合致したものに改造することを勧告したのであった。……『社会国家に架橋するものとしての貨幣制度の改革』、『事態の本質』、『貨幣の国営化』などの初期の著作は、このような観点から生まれたものであった。」（Werner Onken, Zum Geleit, in:Silvio Gesell Gesammelte Werke, Bd. 1, S. 8f.）

こうしたオンケンの指摘からもわかるように、彼の主著NWOの理論的中枢をなす「自由貨幣」論は、一八九〇年代のアルゼンチン時代における彼の着想、すなわち「貨幣にも生成と消滅という自然法則を適用する」という着想から生まれたものであった。

この六つの初期著作の自費出版後、ゲゼルはますます自らの研究に没頭するようになり、ついにはアルゼンチンでの実業家生活からリタイアしてしまった。そして一九〇〇年に彼は家族とともにヨーロッパに帰還した後、スイスのレゾート・ジュネヴィーに農場を購入し、家畜飼育や養蜂などを中心とした農業経営を営みながら、プルードン（Pierre Joseph Proudhon, 1809–65）、ヘンリー・ジョージ（Henry George, 1839–97）、アダム・スミス（Adam Smith, 1723–90）、カール・マルクスなどの諸著作の研究に本格的に取り組むことになったのである。このスイスにおけるゲゼルの「晴耕雨読」の時代は、一九〇七年にアルゼンチンに再び渡航するまで続くことになる。

このスイス時代のゲゼルについては、とりわけ次の四点が指摘されなければならない。

まず第一に指摘されなければならないのは、彼が一九〇二年に『貨幣改革』（一九〇四年以降『貨幣＝土地改革』というタイトルに改題）という雑誌を創刊し、その雑誌のために社会改革や貨幣改革にかんする多数の論文を執筆したということである。このことは、スイス時代の彼がアルゼンチン時代のような単なる政策提言者という枠を越えて、社会改革や貨幣改革などの実践活動を視野に入れた理論家になったことを意味しているといえよう。事実、スイス時代以降彼は、社会民主主義運動に対抗する彼の実践団体「フィジオクラート同盟」や「自由地＝自由貨幣同盟」などの形成と発展に尽力することとなるのである。

第二に指摘しなければならないのは、先述した彼の雑誌のタイトルが一九〇四年に『貨幣改革』から『貨幣＝土地改革』に改題されたことに端的に示されるように、このスイス時代に彼の経済改革論が「貨幣＝通貨制度の改革」論から「通貨制度の改革と土地の社会化」論という「二重の改革論」へと転換したということである。このような「二重の改革論」への転換は、彼がこの時期にヘンリー・ジョージの土地改革論の影響を間接的に受けたことによるものであった。この点を、ゼンフトは次のように述べている。

「シルビオ・ゲゼルの土地改革イデーは、近代的土地改革運動の創始者のひとりであるヘンリー・ジョージの影響を間接的に受けたものである。ゲゼルは、土地所有と結び付いた特権は社会的貧困の原因のひとつであると考えた。それゆえに、彼は、貨幣改革と同時に実行される土地の社会化綱領によってこのような特権の廃絶を要求したのである。」(Gerhard Senft, ebenda, S. 33.)

かくしてスイス時代以降、彼の経済改革論は「通貨制度の改革と土地の社会化」という「二重の改革論」として展開されることになる。この点は彼の主著NWOにおいてももちろん貫かれることになる。

第三に指摘されなければならないのは、このスイス時代に彼はゲオルク・ブルーメンタール（Georg Blumenthal, ?～1929）と知り合い、彼の影響を受けてマックス・シュティルナーやグスタフ・ランダウアー（Gustav Landauer, 1870–1919）に代表されるような「自由主義的社会主義者 freiheitlich Sozialist」に親近感を抱くようになったということである。その点を、ゼンフトは次のように述べている。

「このスイス時代に重要な出会いがあった。それは、ゲオルク・ブルーメンタールとの出会いがあったからである。『ブルーメンタールは、国民経済学の諸問題や自由主義的社会主義者たち freiheitliche Sozialisten の諸文献、たとえば哲学者マックス・シュティルナーの著作に取り組むとともに、国民経済学者ベネディクト・フリートレダー、文化哲学者でありアナキストだったグスタフ・ランダウアー、文筆家ブルーノ・ヴィレそしてドイツ自由派の詩人ヘンリー・マッケイなどと交流していた自由主義的社会主義者だった。』(Siegbert Wolf, Silvio Gesell. Münden, S. 17.)。かくしてゲゼルはこのブルーメンタールの影響を受けて自由主義的社会主義に親近感を抱くようになったのである。それゆえ、シルビオ・ゲゼルと自由主義的社会主義の陣営の間を初めて架橋したという特別な功績は、ゲオルク・ブルーメンタールが受け取るべきなのである。」(Gerhard Senft, ebenda, S. 33.)

このようにブルーメンタールの影響のもとに「自由主義的社会主義者」に親近感を抱くようになったゲゼルは、以降多くの人々から「アナーキストの〈マルクス〉」とよばれ、彼の主著NWOも「アナーキズムの〈『資本論』〉」という評価を与えられることになる。

最後に指摘されなければならないのは、彼がこのスイス時代の一九〇六年に、主著NWOの原型のひとつとなる『貨幣改革と土地改革による労働全収益権の実現』(Silvio Gesell, Die Verwirklichung des Rechtes auf den vollen Arbeitsertrag durch die Geld-und Bodenreform. (Zugleich eine Erledigung der Interessen-Politik und der Volkswirtschafts-Wissenschaft). Genevey/Leipzig 1906.) というタイトルの著書を執筆・公刊したということである。NWO各版の異同問題を詳細に検討したヴィリー・ヘスは、この著書の意義を次のように述べている。

「シルビオ・ゲゼルが一九〇六年に自費出版した著書『貨幣改革と土地改革による労働全収益権の実現』は、NWOの実質的な初版と見なすべきものである。なぜなら、この著書で賃金問題や価格問題、土地改革や貨幣改革そして利子の自由経済理論などの関連が初めて総括的に展開されたからである。」

したがって、彼の主著NWOを考察する場合、もうひとつの原型となる一九一一年の彼の著書『貨幣と利子の新理論』(Silvio Gesell, Die neue Lehre von Geld und Zins. Eine Zusammenfassung, Läuterung und Vervollständigung früherer Schriften Verfassers. Berlin 1911.) とともに、この一九〇六年の彼の著書『貨幣改革と土地改革による労働全収益権の実現』を無視することができないのである。その関連については、次の「二、NWO各版の異同問題――

ドイツ語版第四版を訳出した理由について」で触れるつもりなので、ここではこの点の指摘にとどめたい。

以上の簡単な説明からもわかるように、一九〇〇年以来のスイス時代は、ゲゼルにとって理論的にも思想的にも実り豊かな時期となった。だが、この第一次スイス時代ともよぶべき時期は一九〇七年に突然終焉を迎えることとなった。なぜなら、彼は、一九〇七年に事業上の問題からアルゼンチンに再び渡航しなければならなくなったからである。かくして彼は一九〇七年から一九一一年までブエノスアイレスに滞在することとなった。

一九一一年に再びヨーロッパに戻ったゲゼルは、「自由主義的社会主義者」グスタフ・ランダウアーや国民経済学者フランツ・オッペンハイマー（Franz Oppenheimer, 1864–1943）らとともに果樹栽培コンミューン・エデンの運営に尽力するためにベルリンのエデン・オラニエンブルクに居を移す一方で、他方ではブルーメンタールとともに雑誌『フィジオクラート』を創刊し、自らの「自由経済理論」と「自由主義的社会主義思想」の普及活動に乗り出したのである。

この時期のゲゼルの理論的活動の中で特記しなければならないのは、一九一一年の彼の著書『貨幣と利子の新理論』の出版であるだろう。「著者の初期著作の総括、純化そして完成」という副題の付いたこの著書は、一九〇六年の著書『貨幣改革と土地改革による労働全収益権の実現』と合冊されて彼の主著NWO初版（一九一六年）を構成するものとなるからである。『貨幣改革と土地改革による労働全収益権の実現』（一九〇六年）、『貨幣と利子の新理論』そしてNWO初版という三つの著書の内容上の関連については、次節で触れるつもりである。

その後、一九一四年の第一次世界大戦の勃発にともないゲゼルの雑誌『フィジオクラート』は発禁処分となったために、ゲゼルは一九一五年にベルリンのエデンからスイスのレゾート・ジュネヴィーの自分の農場に帰った。そして彼は再び経済学の研究に没頭した。その成果が、一九一六年発行の、「『労働全収益権の実現』と『貨幣と利子の新理論』の第二版」という副題の付いた彼の主著NWO初版の上梓なのである。

当初この著書への反響は、グスタフ・ランダウアーやエルンスト・ニーキィッシュ（Ernst Niekisch, 1889–1967）

らの「自由主義的社会主義の陣営」を除けばそれほど芳しいものではなかった。なぜなら、この著書に対してアカデミズムは「完全な沈黙」を貫いたし、またマルクス主義者やその影響下にある社会民主党も「現実離れした空想的な経済救済策」などと嘲笑するかまたは「黙殺」したからである。たとえば、ＳＰＤの修正主義者コンラッド・シュミット（Conrad Schmidt, 1863–1932）は、一九一七年と一九二〇年に『ゾツィアリスティッシェ・モナートヘフテ』に「ＮＷＯへの批評」（Conrad Schmidt, Rezensionen der NWO, in:Sozialistische Monatshefte. Jg. 1917, S. 214 und Jg. 1920, S. 546–547.）を書き、その中でゲゼルの「自由貨幣」提案を「滑稽な夢想家のユートピア的世界解決」と嘲笑した。またＳＰＤの正統派マルクス主義者カール・カウツキー（Karl Kutsky, 1854–1938）も、ゲゼルの自由経済理論についての評価を人から問われた際に、それを「全くのお笑い種の理論」（Gerhard Senft, ebenda, S. 173.）と酷評したのであった。

それにもかかわらず、ＮＷＯがランダウアーやニーキィッシュらの少数の「自由主義的社会主義者」や自由主義者たちに「アナーキズムの『資本論』」として熱狂的に受け入れられたことが、ゲゼルを第一次世界大戦後の政治的激動の渦の中に引きずり込むこととなった。なぜなら、一九一九年四月に樹立されたバイエルン・レーテ共和国の指導的メンバーだったランダウアーやエルンスト・ニーキィッシュ、エーリヒ・ミューザム（Erich Mühsam, 1878–1934）らの「自由主義的社会主義者」たちが、ゲゼルをこのバイエルン・レーテ共和国の大蔵大臣に任命したからであった。だが、バイエルン・レーテ共和国は短命に終り、ゲゼルの大蔵大臣としての活動もわずか七日間で終焉を迎えることになる。

この七日間の大蔵大臣の在任中に、ゲゼルは二つの布告を公表した。そのひとつは、「ドイツ帝国銀行の誤った政策のために破滅的混乱に陥っているドイツ通貨をなによりもまずミュンヘンで再生させる」（Ebenda, S. 34.）という目的で公表した一九一九年四月九日の布告「通貨制度にかんする啓蒙のために」（Rolf Engert, Silvio Gesell in München 1919. Gauke Verlag. 1986. S. 21f.）である。そしてもうひとつは、危機に瀕したバイエルン・レーテ共和国を防衛するための一九一九年四月一四日の布告「行動綱領」(Ebenda, S. 31.)である。この二つの布告は、大蔵大臣ゲゼルがバイエルンでどのような経済改革を行おうとしたのか、またそれに臨もうとしたゲゼルの経済思想がどのようなものだったのかを明瞭かつ端的に示す点できわめて重要なものと思われるので、以下その二つの布告の全文を引用することにしよう。

まず一九一九年四月九日の布告「通貨制度にかんする啓蒙のために」は、次のような内容のものだった。

「通貨制度にかんする啓蒙のために

国民経済、つまり生産と販売を攪乱なしに進行させるために、ならびにあらゆる支払契約を確実なものにするために決定的意義を有するのは、通貨制度問題の解決である。

まず最初に述べなければならないのは、通貨制度の目的意識的制御こそが全般的物価水準の完全な制御にいたる唯一の道であるということである。今や、そのことがわれわれの国民経済にとって何を意味するのかを論じなければならない。

一、賃金と物価が同じ比率にある場合、この両者のそれぞれが高い水準にあろうがまた低い水準にあろうが、そのことは労働者にとってどうでもよいことである。

二、だが、物価水準の高低は公的債務の返済にとって無関係たりえない。なぜなら、物価が騰貴すればするほど、債務の返済はそれだけいっそう容易になるからである。

三、だが、物価の騰貴は、今後われわれの社会経済のもとでなされるだろう労働者の貯蓄——これまで、労働者はまったく貯蓄できなかったが——によって限界づけられる。その際、物価騰貴が継続するならば、労働者の貯蓄はかなり目減りすることになるだろう。だが、われわれは労働者の貯蓄を目減りさせてはならない。

四、他方、われわれは物価の下落を最初から回避しなければならない。なぜなら、物価の下落は、最良の形態で社会化された国民経済を確実かつ絶望的に圧殺することになるだろうからである。そうなった場合、物価下落と失業をともなう恐慌がたえまなく進行することになるだろう。そして現在でも『戦勝』国や中立国ではもとより、資源の豊富な国々でも恐慌と失業が発生しているのであるから、それらは相互に作用を及ぼしながらわれわれの国民経済を奈落の底にひきずり込むものとなるだろう。

五、したがって、われわれはいかなる場合でも今日の物価水準を下落させるべきでないばかりか、賃金を漸次的に物価水準にまで引き上げなければならない。農業と工業が固定的な物価ないし最初はいくらか騰貴するような物価に基づいて計算できるようになると確信するや、こうした賃金の引上げが可能になる。その時、農業と工業は高賃金を支払うことができるだろう。……反対に、物価が下落するならば、社会国家は自壊してしまうだろう。

六、物価水準の不変性への信頼が強まれば強まるほど、それだけいっそう経済全体は確実かつスムーズに進行することになるだろう。したがって、支払流通の維持を促進するかぎりでの、いっそうの物価騰貴を行う権限を通貨当局に委譲しなければならない。かくして支払流通が確実になればなるほど、通貨は絶対通貨になる義務をもつことになる。

七、絶対通貨は唯一自由貨幣によって達成可能になるということ、また自由貨幣は国民経済全体を著しく強化するということ、最後に自由貨幣が長期間流通する場合には、利子率が自動的に下落するのに反比例するかたちで賃金が騰貴するということ、こうした理由から自由貨幣だけがレーテ共和国が考慮するに値する貨幣となる。（この自由貨幣と絶対通貨にかんするあらゆる細目については、「自由地＝自由貨幣同盟」の内容豊かな文献を参照されたい。）われわれは、こうした自由貨幣の導入によって資本主義が完全に廃絶され、その復活が絶対不可能になるという確実な事実を強調したい。われわれは、分業のために貨幣の使用を放棄できないけれども、いかなる場合でもこれまでの資本主義的貨幣を廃絶しなければならない。もしこの資本主義的貨幣を廃絶できなければ、いたる所でわれわれの計画は挫礁してしまうだろう。
自由貨幣の為替相場への影響については、それについての特別な通告を出すまでわれわれの見解を留保する。」

また一九一九年四月一四日の布告「行動綱領」は、次のような内容のものだった。

「行動綱領
すべての諸政党の労働者と農民は団結して、ミュンヘンとその人民を挑発する資本主義に反対せよ！
諸君は次の行動綱領の点で一致している。
一、次の諸課題を達成するための財源としての全般的な財産税の導入
（a）戦争被害者の公正な救済保障
（b）すべての失業者と窮乏人民の救済保障
（c）遺族の救済保障
（d）大土地所有の分割ならびに農村と都市のプロレタリアートのための住宅建設
（e）前述の住宅用の役畜と労働手段の調達
（f）すべての邦国債務と市町村債務の返済
二、国民経済の根本的改革による資本主義の廃絶
（a）自由貨幣による全利子経済の自然的廃絶
（b）自由貨幣による地代の母親保護手当への転換。母親が地代取得者に取って代わるのだ！

労働者諸君！　われわれの国民経済を構築し、われわれが望む諸結果を達成するには、国民経済が完全に稼働することを必要とする。だが、労働者と怠け者、搾取者と被搾取者への不道徳的かつ自然の摂理に反する二分割を永遠になくすという大望を労働者が抱かないかぎり、労働が開始されることはないだろう。もし労働が開始さ

れないならば、われわれは完全な破滅への道を一直線に進むことになるだろう。
この行動綱領に基づいて団結するならば、状況はわれわれにとって有利に好転するだろう。

ゲゼル」

この二つの布告は、（1）資本主義を「利子経済」とみなす観点、（2）好景気の原因を物価騰貴に、そして不景気の原因を物価下落に求める景気循環論、（3）物価と貨幣価格の固定化を目指す「絶対通貨」論、（4）適切な通貨政策を遂行するための管理通貨論、（5）土地の社会化とそれにともなう地代の母親保護手当てへの転換論、（6）「自由貨幣」の導入論、（7）資本と利子の廃絶に必要なのは「ストライキ」ではなく「労働」による「資本の過剰」であるという「資本と利子の廃絶」論などを基礎理論としながら、土地改革（土地の社会化）と貨幣改革（「自由貨幣」改革）による「資本主義の廃絶」を目指す点で、基本的にＮＷＯの構想と一致するものである。それゆえに、この二つの布告は、ゲゼルが自らの主著ＮＷＯで展開した構想をバイエルンで実現しようとしたものということができるだろう。

だが、その試みは、バイエルン・レーテ共和国が短命に終わったために座礁した。そしてゲゼル自身もドイツ中央政府によって反乱罪で起訴され、軍事裁判にかけられたけれども、最終的に無罪となり釈放されることとなった。

これ以降一九三〇年の死去まで、ゲゼルはドイツにとどまり、熱心に執筆活動を行いながら、ヨーロッパ各地に誕生した「自由経済運動」（「自由地＝自由貨幣同盟」）の育成とその発展に尽力することになる。この期間の彼の活動を特徴づけるのは、次の三点であるだろう。

第一は、彼の指導のもとに一九二三年にドイツ、オーストリア、スイス、フランスそしてイギリスの代議員を招集してバーゼルで第一回「国際自由経済会議」を開催したことである。この事実は、ゲゼルが指導する「自由経済運動」が国際的規模をもつ運動に発展したことを意味するものである。このような背景のもとに、一九三〇年代初頭のゲゼル主義者による「地域通貨」の実験がヨーロッパ各地で試みられることになるのである。

第二は、この時期のゲゼルが「社会民主党との対話」を望んだことである。その点を、ゼンフトは次のように述べている。

「一九二〇年代に入るとゲゼルとその支持者たちは、社会民主党との対話を始めた。それは、とりわけ二つの考えによるものであった。第一に社会民主党は遅かれ早かれ自分たちの構想の実現に際して限界に突き当たるだろうという確信からであった。また第二に、自由経済主義者の内部に、自らの改革イデーの実現には十分な大衆的基盤を必要とするという明晰な思考が生れたからでもあった。その際、彼らは社会民主党との対話について次のように主張した。『社会民主党綱領に対するわれわれの攻撃は、この党を分裂させることを目的とするものではない。われわれはそのような分裂を不幸なものと見なす。われわれが望むのは、社会民主党にわれわれの資本理論への態度決定を迫ることである。なぜなら、われわれの資本理論が一度彼らの議論の対象になるならば、社会民主党の分裂ではなく、この党の新たな強化が行われるからである』、と。」(Gerhard Senft, ebenda, S. 34f.)

このような試みのひとつが、一九二二年三月三〇日付けのゲゼルのカール・カウツキー宛ての手紙である。ゲゼルは、その手紙の中で次のように書いた。

「プロレタリアートの搾取とあらゆる特権と闘っている敬愛する同志へ。……私はこの機会を利用して、あなたに私のプロレタリア綱領のひとつの見本を贈呈するとともに、最近出版された拙著『自然的経済秩序』第五版をも同封いたします。私の目標は、すべての社会主義者が考えるものと同じです。つまり搾取なき経済です。それにいたる私の道程は、マルクス主義者の道程とはまったく正反対のものです。ベルリンからシャルロッテンベルクにはモスクワやシベリアを経由しても行けますように、二つの道程は、いずれにしましても同じ目標に到達することができます。その際、とりわけ最短かつもっとも確実な道程はどちらであるのかだけが問題となるにすぎません。

マルクスと同様に私も、自らの研究を貨幣と資本の性質についての研究から始めております。マルクスは、貨幣をひとつの独立的な資本としての性質をもっていることを否認しますが、私はある論拠から貨幣の資本としての性質を承認いたします。このように両者の研究の出発点は同じなのですが、両者の研究は北極と南極ほどに異なっているのです。」（Silvio Gesell Gesammelte Werke, Bd. 18, Gauke Verlag, 1997, S. 248–249.）

だが、こうしたゲゼルによるカウツキーをはじめとする「社会民主党との対話」の試みは、ゼンフトが述べているように「ほとんど成果をもたらすことなく終わったのである。」（Ebenda, S. 35.）

第三は、ゲゼルの思想が晩年にいたってよりいっそうアナーキズムに傾斜したことである。とりわけ一九二七年に出版された彼の最後の著書『国家の漸進的解体』（Silvio Gesell, Der Abgebaute Staat. Leben und Treiben in einem gesetz-und sittenlosen hochstrebenden Kulturvolk. Berlin 1927.）は、「自由経済運動」の最終目標が「国家の廃絶」と「自主連合」という「アナーキズム的理想」にあることを明らかにするものだった。ゼンフトは、その点を次のように述べている。

「ゲゼルは、晩年再び自らの政治的立場を『左傾』させたように思われる。彼は、一九二七年に論争書『国家の漸進的解体』を執筆し、ユートピアのかたちをとって国家の廃止と『自主連合』の導入を決議した帝国議会を描いた。この彼の最後の著作でとくに注意を引くのは、彼がアナーキスト・クロポトキンの立場に全面的に依拠していることであるだろう。だが、そこからゲゼルが晩年に夢想家になったという結論を引き出すべきではない。」

（Gerhard Senft, ebenda, S. 35.）

かくしてゲゼルは、今日まで「アナーキストの〈マルクス〉」としての毀誉褒貶をうけることになるのである。

だが、『国家の漸進的解体』を出版した三年後の一九三〇年三月一一日、ゲゼルはベルリンのエデンで肺炎に罹り死去するにいたった。享年六八歳であった。この「余りに早い死」のためにゲゼルは、一九三一年以降バイエルンのシュヴァーネンキルヘンやチロルのヴェルグルで実施された、彼の理論に全面的に依拠する「自由貨幣」（「地域通貨」）の実験とその成功をついに体験できなかったのである。

ところで、バイエルン・レーテ共和国の大蔵大臣就任から一九三〇年の彼の死去までの期間、すなわちゲゼルの生涯における後期の彼の主要な著作には、以下のものがある。『人民支配導入後の国家の漸進的縮小（解体）』（Silvio Gesell, Der Abbau des Staates nach Einfürung der Volksherrschaft. Denkschrift an die zu Weimar versammelten Nationalräte. Berlin 1919.［相田愼一訳「ゲゼルの国家の漸進的解体論」『自由経済研究』第三五号、二〇一〇年］）、ＮＷＯ第四版（一九二〇年）、『共和国防衛演説』（Silvio Gesell, Verteidigungsrede. Erfurt/Bern 1920.）、『帝国通貨局』（Silvio Gesell, Das Reichswährungsamt. Berlin 1920.）、『国際通貨同盟』（Silvio Gesell, Internationale Valuta-Assoziation. 1920.）、『積極的通貨政策』（Silvio Gesell, Aktive Währungspolitik. Erfurt 1921.）、『ドイツ労働組合のための覚書き』（Silvio Gesell, Denkschrift für Deutschen Gewerkschaften. Potsdam 1922.）、「搾取とその原因、そしてそれとの闘争」（Silvio Gesell, Die Ausbeutung, ihre Ursachen und ihre Bekämpfung. Potsdam 1922.［相田愼一訳「搾取とその原因、そしてそれとの闘争」『自由経済研究』第二八号、二〇〇四年］）、『唖然とする社会民主党員』（Silvio Gesell, Der verblüffte Sozialdemokrat. Eine erste Einführung in die Freigeldwelt. Erfurt/Bern 1922.）、『国家の漸進的解体』（一九二七年）などがそれである。こうした後期ゲゼルの主要な著作を特徴づけているのは、ＮＷＯの論理を補完するものとしての国際通貨政策論、マルクス主義・ソ連共産党への原理的批判そして「アナーキズム的理想」の展開、この三点に要約することができるように思われる。

なお、以上のシルビオ・ゲゼルの人物と生涯、そして彼の思想や著作、さらには彼の主宰した「自由経済運動」の歴史などについては、Ｈ・ブリューエル編集の『シルビオ・ゲゼル―あるパイオニアの著作と伝記への同時代人の声』（H. Blüher, Silvio Gesell. Zeitgenössische Stimmen zum Werk und Lebensbild eines Pioniers. Nürnberg 1960.）やヴェルナー・オンケン著『ゲゼルと自然的経済秩序』（Werner Onken, Silvio Gesell und die Natürliche Wirtschaftsordnung. Gauke Verlag. 1999.）、ギュンター・バルチ著『シルビオ・ゲゼルのＮＷＯ運動―一八九一―一九九二／九三年』(Günter Bartsch, Die NWO-Bewegung Silvio Gesells. Geschichtlicher Grundriss 1891–1992/93. Gauke Verlag 1994.) などが詳しいので、読者はぜひともこれらの著作を参照していただきたい。

二　ＮＷＯ各版の異同問題──ＮＷＯ第四版（一九二〇年）を訳出した理由について

すでに述べたようにシルビオ・ゲゼルの主著ＮＷＯ初版は、一九一六年五月に二つの先行する著作「『労働全収益権の実現』と『貨幣と利子の新理論』の第二版」という副題を付けられてスイスのレゾート・ジュネヴィーで出版された。それはもちろんゲゼルの母語であるドイツ語で書かれていた。それ以来、ＮＷＯのドイツ語版は、今日にいたるまで多数の版が出版されている。またＮＷＯは、英語、フランス語、スペイン語などにも翻訳されている。こうしたＮＷＯ各版を［Ⅰ］先行する著書、［Ⅱ］ゲゼル生前のＮＷＯ各版、［Ⅲ］ゲゼル死後のＮＷＯ各版に分類してその発行年の一覧表を作成するならば、以下のようになるだろう。

先行する二つの著書とＮＷＯ各版の発行年の一覧表

［Ⅰ］先行する二つの著書

一、一九〇六年　『貨幣改革と土地改革による労働全収益権の実現』（レゾート・ジュネヴィー／ライプツィヒで発行）

二、一九一一年　『貨幣と利子の新理論』（ベルリンで出版）

［Ⅱ］ゲゼル生前のＮＷＯ各版

三、一九一六年五月　ＮＷＯドイツ語版初版（レゾート・ジュネヴィーで出版）（「『労働全収益権の実現』と『貨幣と利子の新理論』の第二版」という副題が付けられ

ている）

四、一九一六年一一月　NWOドイツ語版第二版（レゾート・ジュネヴィーで出版）（副題は初版と同じ）

五、一九一八年　NWOドイツ語版第三版

六、一九二〇年　（初版と第二版にあった副題が削除される）NWOドイツ語版第四版（ベルリンで出版）

七、一九二二年　NWOドイツ語版第五版（カウツキーに贈呈した版）

八、一九二三年　NWOドイツ語版第六版

九、一九二九年　NWO英語版初版（ベルリンで出版）（フィリップ・パイとの共同作品）

［Ⅲ］ゲゼル死後のNWO各版

一〇、一九三一年　NWOドイツ語版第七版（フリードリヒ・ランドマンとハンス・ティムの編集）

一一、一九三四年　NWO英語版第二版（ヒューゴ・ファックの翻訳と編集によってサン・アントニ／テキサスで出版）

一二、一九三六－七年　NWOスペイン語版（ゲゼルの息子エルネストの翻訳と編集によって三分冊でブエノス・アイレスで出版）

一三、一九三七年　NWOドイツ語版第八版（フリッツ・シュヴァルツの編集でスイスで出版）

一四、一九四八年　NWOフランス語版（ブリュッセルの商人フェリックス・スヴィーネの翻訳と編集でベルン、パリ、ブリュッセルで発売）

一五、一九四九年　NWOドイツ語版第九版（カール・ヴォルカーの編集でニュールンベルクで出版）

一六、一九五〇年　ＮＷＯドイツ語要約版初版（リューデンシャイドのロゴス出版社から出版）

一七、一九五八年　ＮＷＯ英語版第三版（フィリップ・パイの翻訳と編集でロンドンのピーター・オーウェン・リミテッド社から出版）

一八、一九八四年　ＮＷＯドイツ語版第一〇版（第九版の復刻版、ドイツのツィンマーマン出版社から出版）

一九、一九八六年　ＮＷＯドイツ語要約版第二版（リヒャルド・バッツとヴォルター・ハンケの編集）

二〇、一九九一年　シルビオ・ゲゼル全集第九巻と第一一巻（ＮＷＯ第二版と第四版がそれぞれ収録）

この一覧表が示すように、ＮＷＯには今日多数の異なった版がある。しかもゲゼルの生前ですらドイツ語で六版も出版されているのであるから、ＮＷＯを日本語に翻訳する場合、少なくともゲゼル自身が出版したＮＷＯ各版の異同関係やそうした各版の中でどの版を重視すべきかといった問題が生じてくるだろう。したがって、ここではＮＷＯ各版の異同関係を検討しているヴェルナー・オンケン「シルビオ・ゲゼル全集第九巻への編集者序文」（Werner Onken, Zur Geleit, in:Silvio Gesell Gesammelte Werke, Bd. 9, Gauke Verlag, 1991.）、同「シルビオ・ゲゼル全集第一一巻への編集者序文」（Werner Onken, Zur Geleit, in:Silvio Gesell Gesammelte Werke, Bd. 11, Gauke Verlag, 1991.）、ヴィリー・ヘス「『自然的経済秩序』の変遷過程、その先行著作と様々な版」（Willy Hess, Der Werdegang der <Natürlichen Wirtschaftsordnung>, ihre Vorläufer und ihre verschiedenen Auflagen, in:Silvio Gesell Gesammelte Werke, Bd. 9. Gauke Verlag, 1991.）、同「ＮＷＯの第三版から第九版までの変遷」（Willy Hess, Die Wandlungen der 3. -9. Auflage der NWO, in:Silvio Gesell Gesammelte Werke, Bd. 11. Gauke Verlag, 1991.）などの研究に拠りながら、これらの問題に言及することにしたい。

ＮＷＯ各版の異同関係においてまず最初に問題となるのは、「『労働全収益権の実現』と『貨幣と利子の新理論』の第二版」という副題の付いたNWOドイツ語版初版とこの先行する二つの著作との関連である。ヴェルナー・オンケンはこの両者の関係を次のように理解する。

「ゲゼルの『自然的経済秩序』初版は、『労働全収益権の実現』（一九〇六年）と『貨幣と利子の新理論』（一九一一年）の第二版という副題が付けられているが、……この二つの著作は多数の加筆と修正が加えられているという事実を鑑みれば、それは文字通りの再版というよりも、その先行する二つの著作とはまったく別個の新著作と見なさなければならない。」（Werner Onken, ebenda Bd. 9, S. 7.）

このようにNWOドイツ語版初版を「その先行する二つの著作とはまったく別個の新著作」と見なすオンケンの見解は、すでに引用したヴィリー・ヘスの見解、すなわち先行する二つの著作、とりわけ一九〇六年の著作を「NWOの本来の初版」と見なす見解と微妙に対立する。この二つの見解のどちらがより正しいのだろうか。その問題に答えるために、われわれはさしあたり先行する二つの著作とNWOドイツ語版初版の目次とを比較対照してみることにしよう。

先行する二つの著作のひとつである一九〇六年の著作『貨幣改革と土地改革による労働全収益権の実現』の目次は、以下のような内容になっている。

Ｉ．一九〇六年の著作『貨幣改革と土地改革による労働全収益権の実現』の目次

序文

第一部　土地改革あるいは不労所得の最初の、そしてもっとも重要な要素である私的土地地代の廃絶

第1章　土地地代理論

第2章　自由地の労働収益の影響

第3章　農業土地地代とそれの全般的賃金法則との関連

B. 貨幣改革の理論

第1章　貨幣はなぜ紙から作ることができるのか
第2章　貨幣の確実性
第3章　紙幣の保証
第4章　貨幣はどのような価格を達成すべきか
第5章　貨幣価格はどのようにして数学的正確さをもって算出することができるのか
第6章　算出された貨幣価格はいかにして長期間固定的に保持されるのか
第7章　貨幣の品質を評価する基準
第8章　金本位制度への手短な批判
第9章　いわゆる価値と金本位制度
第10章　なぜ数量説は貨幣に対して無力なのか
第11章　貨幣改革の利子理論
第12章　総利子を構成する諸要素
第13章　純粋の資本利子、その不動の大きさ
第14章　本書の表題の中で約束されたものの実現

また先行する二つの著作の他方である一九一一年の著作『貨幣と利子の新理論―著者の初期著作の総括、純化そして完成』の目次は、次のような内容になっている。

II. 一九一一年の著作『貨幣と利子の新理論―著者の初期著作の総括、純化そして完成』の目次

それに対し、一九一六年五月に出版されたＮＷＯドイツ語版初版の目次は、次のようになっている。

Ⅲ．ＮＷＯ初版の目次

第2章　地代による労働収益の削減
第3章　貨物運賃率に依存する賃金と地代
第4章　文化状態が賃金と地代に与える影響
第5章　自由地という概念のより正確な規定
第6章　「第三級の自由地」という概念
第7章　第三級の自由地が土地地代と賃金に与える影響
第8章　技術が賃金と地代に与える影響
第9章　科学が賃金と地代に与える影響
第10章　賃金と地代への法律的干渉
第11章　関税、賃金、地代
第12章　最高賃金にいたるまでの全賃金表の基礎となるのは自由地農民の労働収益である
第13章　資本利子が賃金と地代に与える影響
第14章　これまでの研究結果の概要
第15章　原材料供給地や建設地の地代と賃金の一般法則との関連
第16章　賃金法則の最初の全体的概要
第17章　自由地運動
第18章　土地国有化の財政
第19章　土地国有化の目的
第20章　自由地の運営
第21章　土地国有化の諸作用

この三冊の著書の目次を比較対照してわかるのは、ＮＷＯドイツ語版初版の基本的内容構成が先行する二つの著作のそれを合体したものになっているということである。たとえば、NWOドイツ語版初版の第一部「自由地」は『労働全収益権の実現』の第一部「土地改革」に、NWOドイツ語版初版の第二部「理想的な貨幣」は『労働全収益権の実現』の第二部「貨幣改革」の「A．実践における貨幣改革」ないし『貨幣と利子の新理論』の第二部「貨幣理論」の「B．理想的な貨幣と可能な貨幣」に、NWOドイツ語版初版の第三部「現存の貨幣」は『労働全収益権の実現』の第二部「貨幣改革」の「B．貨幣改革の理論」の第1章から第10章ないし『貨幣と利子の新理論』の第一部「貨幣理論」の「A．現存の貨幣」に、そしてNWOドイツ語版初版の第四部「利子の新理論」は『労働全収益権の実現』の第二部「貨幣改革」の「B．貨幣改革の理論」の第11章から第14章ないし『貨幣と利子の新理論』の第二部「価値信仰解体後の利子理論」に、それぞれ対応するものとなっている。

だが、他方、NWOドイツ語版初版では先行する二つの著作の内容に大幅な加筆と削除が加えられ、この両者の各部の章別構成が完全に一致していないということもまた事実である。とりわけ（1）『労働全収益権の実現』では二部構成（実質的には三部構成）がとられていたのに対し、NWOドイツ語版初版では四部構成がとられていること、（2）NWOドイツ語版初版では第一部の「自由地」論とロビンソン物語が大幅に拡充されていること、（3）先行する二つの著作で使用されていた「改革貨幣」がNWOドイツ語版初版では「自由貨幣」という用語に変化したこと、こうした三つの主要な相異点を指摘できるだろう。だが、それらの相異点は、先行する二つの著作を合体したというNWOドイツ語版初版の基本的内容とその構成を破壊するほどの大きな変更を示すものになっていない。それゆえに、われわれは、こうした相異点を考慮したとしても、先行する二つの著作を「NWOの本来の初版」と理解するヴィリー・ヘスの見解をより正しいものと考えざるをえないのである。

次に問題となるのは、NWOドイツ語版初版（一九一六年五月）とドイツ語版第二版（一九一六年一一月）との関連である。この両者の関連をまとめるならば、次のようになるだろう。NWOドイツ語版第二版は、ゲゼルの協力者パウルス・クリューヘル（Paulus Klüpfel, 1876–1918）の「第二版序文」と巻末補遺に掲載されたテオフィール・クリステンの論説「土地の節約、人手の節約、土地地代と賃金」（Theophil Christen, Sparland, Sparhand, Grundrente und Lohn.）、さらにピエール・ジョゼフ・プルードンへの献辞などが加えられていることを別にすれば、ドイツ語版初版の四部構成や章別構成はもとより、その内容もそのまま継承している、と。したがって、ＮＷＯドイツ語版初版と第二版の間に異同問題の生じる余地はほとんどないのである。

それに対し、一九一八年に出版されたＮＷＯドイツ語版第三版は、ドイツ語版初版やドイツ語版第二版とその内容や構成の点で大きく異なったものとなっている。その相異点をまとめるならば、次のような七点に整理できるだろう。（1）ＮＷＯドイツ語版第三版の構成が「第一部　自由地、第二部　金属貨幣―現存の貨幣―、第三部　自由貨幣―理想的な貨幣―、第四部　自由貨幣理論、利子理論あるいは資本理論」となっていることからも明らかなように、その構成はドイツ語版初版とドイツ語版第二版と同様に四部構成をとっているけれども、第二部と第三部の順序が逆になったこと、（2）ドイツ語版第三版ではドイツ語版初版とドイツ語版第二版にあった「『労働全収益権の実現』と『貨幣と利子の新理論』の第二版」という副題が削除されたこと、（3）ドイツ語版第三版では人名索引と事項索引が新たに付け加えられたこと、（4）ドイツ語版第三版では第一部第1章「目的と方法」が新たに付け加えられたこと、（5）ドイツ語版第三版ではドイツ語版初版とドイツ語版第二版の第一部第19章「土地国有化の目的」ならびに第二部第4章「自由貨幣と対外貿易」が完全に削除されたこと、（6）パウルス・クリューヘルの「第二版序文」と巻末補遺のテオフィール・クリステン論文も削除されたこと、（7）ドイツ語版第三版ではゲゼルの二つの講演「自由地、平和の絶対的要求」と「金と平和？」が第一部第22章と第二部の最後の部分にそれぞれ加えられたこと、この七点である。したがって、ドイツ語版第二版にもほとんどそのまま継承されたドイツ語版初版の内容と構成は、このドイツ語版第三版で最初の大きな変更を加えられるにいたったのである。

だが、このドイツ語版第三版は最終稿とはならなかった。なぜなら、一九二〇年に出版されたドイツ語版第四版でこのドイツ語版第三版の内容と構成に再び大幅な変更が加えられたからである。その中でも特記しなければならないのは、ドイツ語版第三版の第一部「自由地」が二つに分けられ、これまでの四部構成に代わって「第一部　財の分配」、「第二部　自由地」、「第三部　現行の貨幣―金属貨幣と紙幣」、「第四部　自由貨幣―理想的な貨幣」、「第五部　自由貨幣の利子理論あるいは資本理論」という五部構成に変更されるとともに、本文の内容や注に大幅な加筆と修正が加えられたことである。これ以降ゲゼル自身によって出版されたNWO各版、すなわち一九二二年に出版されたドイツ語版第五版、一九二三年に出版されたドイツ語版第六版そして一九二九年に出版された英語版初版――この英語版初版ではゲゼルの二つの講演「自由地、平和の絶対的要求」と「金と平和？」が削除されている――も、このドイツ語版第四版の五部構成とその内容をほとんどそのまま継承することになるのである。こうしたNWOドイツ語版第四版（一九二〇年）のもつ意義を、ヴェルナー・オンケンは次のように述べている。

「シルビオ・ゲゼルは、『自然的経済秩序』の第四版でもう一度大幅に改訂した。そしてこの稿本は、一九二二年と一九二三年に出版された第五版と第六版でも変更されずに継承された。彼の死後出版された各版は、他人の手による章別編成の変更や加筆を含んでいる。したがって、『自然的経済秩序』第四版がゲゼル自身によって変更された最後の稿本ということになる。」（Werner Onken, ebenda Bd. 11, S. 7.）

オンケンがいうようにNWOドイツ語版第四版は「ゲゼル自身によって変更された最後の稿本」であり、ゲゼル死後の、ドイツ語版第七版以降の各版は「他人の手による章別編成や加筆を含んでいる」ならば、NWO各版の中でわれわれがもっとも重視しなければならない版は、一九二〇年に出版されたドイツ語版第四版ということになるだろう。このことが、NWOの訳出に際して私がドイツ語版第四版を底本とした理由なのである。

なお、「NWO第四版を訳出した理由」という本節の課題に直接関係のない、ゲゼル死後のドイツ語版第七版以降の各版の異同問題については、前記のオンケンやヘスの研究を参照されたい。

三　シルビオ・ゲゼル研究文献の概要

最後に、読者の今後の研究の一助とするために、筆者がこれまでに収集したシルビオ・ゲゼルと彼の主著ＮＷＯとにかんする研究文献の概要を紹介することにしよう。なおその紹介は、第二次世界大戦前の時期とそれ以後の時期とに区分して行うこととする。

シルビオ・ゲゼルと彼の主著ＮＷＯにかんする研究は、彼の主著ＮＷＯドイツ語版初版（一九一六年）の発行とともに始まったといってよい。その多くは、ゲゼルの主著ＮＷＯを読んでその信奉者になった人々である。こうしたゲゼル信奉者たちが第二次世界大戦前の時期に書いた文献には、以下のようなものがある。

一、Dr. C. Lauer, Silvio Gesell's Sozialisierung der Geldwirtschaft. 1919.
二、Otto Weissleder, Die beiden Grundfehler unserer Wirtschaftsordnung und ihre Beseitigung durch die Freiwirtschaft. Berlin 1919.
三、Dr. Müller, Die Geldwährung, in:FFF.
四、Jean Barral, Von Proudhon zu Silvio Gesell, in:Freiland-Freigeld Blätter. Nr. 28.
五、Freiland-Freigeld, Dokumente der ersten Finanzära Gesell.
六、Philip Pye, Gesell's Monetary and Social Reform Free-Economy. Switzland 1920.
七、Rolf Engert, Die Freiwirtschaft–ein praktischer Ausdruck der Steinerschen Philosophie. Erfurt 1921.
八、Dr. P. Stanisc, Marx oder Gesell. Ein Mahnruf an Karl Kautsky und die deutschen Sozialistenführer. Beograd 1924.

九、M. D. Hoffmann, Marx-Lenin-Gesell. Thüringen 1926.
一〇、Heinrich Ridecker, Gesundung des sozialen Organismus. Bern 1926.
一一、Dr. B. Uhlemayer, Silvio Gesell. Zeitgenössische Stimmen zum Werk und Lebensbild eines Pioniers. Nürnberg/Bern/Leipzig 1931.
一二、Rolf Engert, Silvio Gesell als Person. Leipzig 1933.
一三、Werner Zimmermann, Sozialismus in Freiheit. Nürnberg 1933.

こうしたゲゼル信奉者たちの文献に共通するのは、「自由主義的社会主義」の立場からゲゼル理論を擁護する姿勢であるといってよいだろう。だが、そのような姿勢にもかかわらず、そこにはゲゼル主義とマルクス主義の関連に対する微妙な相違があった。マルクス主義との対決と批判を強調する「マルクスかゲゼルか」派を代表するのはスタニシックである。彼は一九二四年の論説「マルクスかゲゼルか」の中でゲゼル主義の立場に立脚して次のようにマルクスを批判した。

「マルクスとエンゲルスが搾取の力、すなわち剰余価値が工場という生産領域において創造されると考えたことは、誤りであった。そのために、資本主義に対する六〇年間に及ぶ犠牲にみちた社会主義者の闘争も無力に終わったのである。」(Stanisc, ebenda, S. 13.)

それに対し、マルクス主義との共通性とそれとの提携を強調する「マルクスとゲゼル」派を代表するのはホフマンである。彼は一九二六年に出版した『マルクス、レーニン、ゲゼル』という小冊子の中でマルクス、レーニンそしてゲゼルを「プロレタリアートの三大指導者」とみなした上で、この三者の関係を次のように位置づけた。

「マルクスは科学的社会主義の問題を提起した。だが、彼はそれを解決することなく、プロレタリアートに弁証法的唯物論という革命的武器を与えた。

レーニンは資本主義国家のマスクを取り去り、階級闘争の戦略を作り出すことによって、プロレタリアートの権力獲得にかんする問題の社会的側面を解決した。

ゲゼルは資本主義の分析を完成させて、プロレタリアートに対し資本主義の廃絶と階級なき自由な社会の建設への道を可能とさせる手段を示した。」(Hoffmann, ebenda, S. 9.)

一方のスタニシックと他方のホフマンに代表されるマルクス主義に対する姿勢の微妙な相違も、ゲゼル主義者の内部に深刻な亀裂をもたらすことがなかった。なぜなら、世界最初のマルクス主義国家ソ連のスターリン主義的現実が次第に判明するにしたがって、ゲゼル主義者たちの多くが「反マルクス主義の姿勢」をとるようになったからである。以上の、第二次世界大戦前の時期のゲゼル信奉者たちの研究文献を全体的に見るならば、ゲゼルの理論と思想を無条件に正しいとする立場を前提としたイデオロギー的レヴェルの研究であったように思われる。

他方、ゲゼル信奉者の文献の増加とともにゲゼル主義の理論的影響力が強まるにしたがい、マルクス主義者のゲゼル批判もまた行われることになった。こうしたマルクス主義者のゲゼル批判文献には、以下のものがある。

一、Conrad Schmidt, Rezensionen der NWO, in:Sozialistische Monatshefte, Jg. 1917, und Jg. 1920.

二、ゼー・アトラス「資本主義における信用の役割と信用膨脹の限界」（一九二八年）河野重弘訳『貨幣及信用理論—マルクス主義と貨幣及信用理論の諸問題』、共生閣、一九三一年。

たとえば、マルクス主義者ゼー・アトラスは、彼の論文「資本主義における信用の役割と信用膨脹の限界」の中でゲゼル主義を次のように批判している。

「ゲゼル主義は一般にブルジョアジーとの直接的闘争の一切を否定し、また労働組合や社会民主党が実行する柔軟な形態の経済闘争さへも否定する。……ゲゼル主義は、今までプロレタリアートに提供されたエセ社会主義的

教養のうち最も右翼的な最も反動的な教養である。」(邦訳、二七七頁)

マルクス主義者のゲゼル主義批判の多くは、このようにゲゼル理論をイデオロギー的に断罪するか、すでに見たような修正主義者コンラッド・シュミットの見解のように、ゲゼル理論を予め「夢想家のユートピア的世界解決」と見なし、科学的に検討するに値しないものと否定的に評価するかのどちらかであった。その点で、第二次世界大戦前の時期のマルクス主義者のゲゼル批判文献も、ゲゼル信奉者たちの文献と同様に科学的レヴェルの研究になおいたっていないイデオロギー的レヴェルの研究にすぎなかったといえるだろう。

ゲゼル信奉者たちを除いて、ゲゼル理論を取り上げたのはマルクス主義者だけではなかった。アカデミズムも、第二次世界大戦前の時期に少数ながらゲゼル理論を取り上げ、検討している。そうしたものには、以下のものがある。

一、Irving Fisher, Auf dem Wege zum Freigeld. Hamburg 1925.
二、Prof. Dr. Sveistrup, Die Freiwirtschaftslehre als Wissenschaft, Weisung und Technik. Nürnberg/Leipzig 1931.
三、Irving Fisher, Stamp Scrip. USA 1933.
四、柴田敬『理論経済学』(上)弘文堂、一九三五年。
五、Heinrich Färber, Die Irrlehre Silvio Gesells. Wien 1936.
六、ケインズ『雇用・利子および貨幣の一般理論』、一九三六年。
七、シャルル・リスト著、天沼紳一郎訳『貨幣信用学説史』、実業の日本社、一九四三年。

こうした研究の中で注目に値するのは、日本の研究者柴田敬が一九三〇年代に英語版に基づいてであれ、シルビオ・ゲゼルのNWOを批判的かつ学問的に検討していることであるだろう。やや長文であるが、その全文を引用してみよう。

「貨幣の一方的作用性の不当活用に、貨幣の経済的攪乱作用に帰しつつ、その不当活用を貨幣の優越性に帰したのは、ゲゼル、その他である。ゲゼルによれば、『……貨幣は不当なる特権を与えられている。この不当なる特権は、専ら、在来の形態の貨幣がその他の商品に比して一つの点において著しく優越しているという事実に、すなわち、それが不滅性を有しているという事実に、由来するのである。我々の労働の生産物は、それを貯蔵し管理するためには、著しい費用を要する。のみならず、かかる費用をかけて見たところで、それは、労働の生産物の漸次に腐朽していくのを、長引かせるだけであって、取り去ることはできない。貨幣の所有者は、貨幣素材（貴金属または紙）の性質そのものによって、かかる損失を被らずにすむようにされている。したがって、取引に際しては、資本家（貨幣所有者—原著者）はつねに時期を待つことができるのに、商品所有者はつねにせき立てられている。したがって、もし価格についての交渉がまとまらない時には、その結果生ずる損失は不可避的に商品所有者の負担に帰する……。この事情に資本家がつけ込み、商品所有者……を圧迫し、その生産物を真実価格以下に売らせる。』（Silvio Gesell:The Natural Economic Order, A Plan to secure an uninterrupted Exchange of the Products of Labour, free from bureaucratic Interference, Usury and Exploitation, Translated …by Philip Pye M. A. 1929, P. 216）

すなわち、彼によれば、貨幣が退蔵される傾向を有すること（すなわち、貨幣の一方的作用性の否定的活用）が経済を攪乱するのである。そこでいわく、『（現在の形態の貨幣は、その有する右の特権のゆえに）交換手段としては役に立たなくなっている。……現在の形態の貨幣は、商品を吸引するどころかかえって排斥している。……金はわれわれの商品の性質と一致しない。……我々の商品は腐敗し、腐朽し、破損し、錆びる（が、金はそんな欠点をもたない）。もし貨幣が、（商品と同様に）好まれざるものであり、損を生ぜしめるものであるならば、その時にはじめて、貨幣は、敏速に安全に安価に交換を実現しえるものとなるであろう。何となれば、かかる貨幣は、いかなる理由からも、また、何人によっても、商品以上に好まれはしないであろうから』（ibid., PP. 212–213）、と。彼は、そこで自由貨幣なるものを提案している。『自由貨幣は、その額面価値の、一千分の一を毎週、換言すれば、約五分を年々、失い、その損失はそれの所有者の負担に帰するものである。すなわち、自由貨幣の所有者は、それを額面価値で用うるためには、上述の割合で小額の切手をそれに貼付しなければならないのである。』（ibid. p. 216）この説は、深く吟味するまでもなく、きわめて簡単なる誤謬に基づくものである。いかにも貨幣退蔵は経済を攪乱する。けれども、貨幣は、つねに退蔵の傾向をもつわけではない。ある時には退蔵の傾向をもつが他の時にはかえってその反対に放出の傾向をもつ。かくして動揺するところにこそ、貨幣の特殊の経済攪乱作用が営まれるのである。（ゲゼルの説については、なお二つの注意を要する。すなわち、一、彼は、決して退蔵のみを問題にしているわけではなく、結局通貨量を問題にしているのであって、『一般物価水準を安定せしめるように、貨幣流通量を増減する』（ibid., p. 221）ことにしている。けだし、一般物価水準を安定せしめるように貨幣流通量を増減することが、もしつねに可能であるならば、彼のごとく貨幣の特権を問題にする必要は存しない。二、彼は、自由貨幣によって利子が取り去られえるものと考えている（p. 219）のであるが、貸付利率を零にしたところで、自然利潤率（したがって、自然利子率、ないし、準自然利子率）がそれによって零にされることは決してないし、したがって、貸付利率を零にすることは物価の安定を期することと相容れない。）」

（840–841頁）

またシャルル・リストは『貨幣信用学説史』の中でゲゼルを次のように描いている。

「三年前に、フランスの内閣首相は恐慌対策として『腐朽していく貨幣』を提案した。この説はシルビオ・ゲゼルというドイツ人から借りたものであって、このゲゼルなる人物は、貨幣を所持することに課税し、かくて人々をして貨幣を手放しめ、ひいては利率を零にまで引下げる必要のあることを主張して、有名になりかつ少数の賛同者を獲た男である。なおこの新装したプルードンの説は、最近ケインズなる人物を味方に獲得するという妙な

幸運に巡り合った。」（邦訳、四六一－四六二頁）

このように第二次世界大戦前の時期のアカデミズムでは、ゲゼル理論に好意的な姿勢をとったケインズやアービング・フィッシャーを除くならば、概ね柴田敬のように自らの科学的立場からゲゼル理論に批判的な姿勢をとるか、完全に無視するかのどちらかであったように思われる。

次に、第二次世界大戦後から現在にいたるまでの時期の、シルビオ・ゲゼルと彼の主著ＮＷＯにかんする研究文献を紹介することにしよう。この時期のゲゼル信奉者たちの研究文献には以下のものがある。

一、Ernst Schoemann, Karl Marx/Das Kapital. Schweiz 1952.

Inhalt

Ⅰ. Das Marx'sche Kapital

Ⅱ. Kritische Stimmen zum "Kapital"

A. Zur Einführung

B. Thomas G. Masaryk

C. Karl Kautsky

D. Silvio Gesell

二、Karl Walker, Gesell, Keynes und die moderne Nationalökonomie. Nürnberg 1973.

三、Felix G. Binn, Konsequenter Monetarismus. Hamburg 1976.

四、Felix G. Binn, Grenzen der Marktwirtschaft. Hamburg 1976.

五、Dieter Suhr, Geld ohne Mehrwert. Frankfurt a. M. 1983.

六、Rolf Engert, Silvio Gesell in München 1919. Gauke Verlag, 1986.

七、Dieter Suhr, Befreiung der Marktwirtschaft vom Kapitalismus. St. Vith 1987.
八、Dieter Suhr, Alterndes Geld. Schaffhausen 1988.
九、Günter Bartsch, Silvio Gesell. "Marx" der Anarchisten ?. Berlin 1989.
一〇、Gerhard Senft, Weder Kapitalismus noch Kommunismus. Silvio Gesell und das libertäre Modell der Freiwirtschaft. Berlin 1990.
一一、Werner Onken, Silvio Gesells Leben und Werk in der europäischen Geistgeschichte, in:Silvio Gesell. Zwei Texte zur Geschichte der Freiwirtschaft. Gauke Verlag, 1992.
一二、Günter Bartsch, Die NWO-Bewegung Silvio Gesells. Gauke Verlag 1994.
一三、Werner Onken, Silvio Gesell und die Natürliche Wirtschaftsordnung. Gauke Verlag 1999.
一四、Werner Onken und Günter Bartsch, Natürliche Wirtschaftsordnung unter dem Hakenkreuz. Gauke Verlag, 1997.
一五、『自由経済研究』第一—三八号、ぱる出版、一九九五年–現在。
一六、森野栄一「補完通貨と貨幣利子批判の論理」『情況』二〇〇〇年三月号。
一七、『エンデの遺言—根源からお金を問うこと—』、ＮＨＫ出版、二〇〇〇年。

以上のようなこの時期のゲゼル信奉者たちの研究を特徴づけるのは、次の五点である。（１）第二次世界大戦前の時期のゲゼル研究文献は多くの場合小冊子にすぎなかったが、第二次世界大戦後の時期のそれは多々浩瀚な著作として公表されている。（２）第二次世界大戦前の時期のゲゼル研究文献のほとんどが実践的観点に立ったイデオロギー的な内容のものであったが、第二次世界大戦後のそれは実践的視点が強いにしても、学問的かつ科学的な研究を尊重する姿勢へと変化している。（３）第二次世界大戦前の時期のゲゼル研究文献にはマルクス主義との提携を模索する

「マルクスとゲゼル」という志向も含まれていたが、第二次世界大戦後の時期のそれはマルクス主義への批判的姿勢を一貫してとる「マルクスかゲゼルか」という志向で貫かれている。（4）第二次世界大戦後の時期のゲゼル研究文献には、「ゲゼル理論と環境問題」への問題関心が強く作用している。事実、ゲゼル理論は、一九八〇年代に結成された緑の党の環境政策を基礎づける経済理論の役割を演じたといわれる。（5）第二次世界大戦後の時期のゲゼル研究文献には、「地域通貨」の思想的源流としてのゲゼルという視点が暗黙の前提になっている。以上の点を一言でいうならば、第二次世界大戦後のゲゼル信奉者たちの研究文献は質量ともに充実したばかりでなしに、その問題関心も環境問題や地域問題など多岐にわたっているということであるだろう

その際、この時期のゲゼル信奉者たちの学問的かつ科学的研究の頂点に位置するのは、一九九〇年に出版されたゲルハルト・ゼンフトの浩瀚な著書『資本主義でもなく共産主義でもなく』（一九九〇年）であるだろう。「プロローグ」、「第一部　自由経済の起点」、「第二部　自由経済の理論と綱領」そして「第三部　自由経済運動の歴史的発展」という三部構成をとるこのゼンフトの著書は、ゲゼルの自由経済理論を「資本主義と共産主義の間の第三の道」を志向する理論とした上で、このゲゼル理論をアダム・スミスから現代のマネタリストにいたるまでの経済学史と社会思想史の文脈の中で詳細に検討しようとするものである。そこでの結論を要約するならば、次のようになるだろう。「自由経済理論、すなわち『自然的経済秩序』は、部分的にはアダム・スミスとリカードゥからオーウェンを経てタッカーとケインズにいたるまでのイギリスとアメリカの著書に由来し、また部分的にはドイツ自由主義の貧弱な遺産（マックス・シュティルナー）に由来する」（S. 68.）とともに、学説史的には、「マルクスとケインズの間を媒介する中間的位置」（S. 152.）を占めるものである、と。こうした結論自体はある意味で妥当なものであり、それほどユニークなものではないだろう。だが、こうした結論を演繹する際の一連の分析、とりわけ第一部第3章「哲学的基礎」におけるマックス・シュティルナーとゲゼルとの関連についての分析、第二部第6章「経済理論史における『自然的経済秩序』」におけるゲゼル理論と古典派理論、マルクス理論、限界効用学派、新古典派、ケインズ理論、マネタリ

ズムとの関連についての分析などは、われわれにとって興味ある分析であるというばかりでなしに、学問的かつ科学的にもきわめて水準の高い分析でもあるという点で、われわれはゲゼル信奉者たちの研究水準が第二次世界大戦後質量ともに飛躍的に高まったことの証拠を見るのである。

それに対し、第二次世界大戦後の時期のゲゼルと彼の主著NWOにかんするマルクス主義者の研究文献は、訳者の知るかぎり皆無である。こうしたマルクス主義者の無関心という状況と比較するならば、アカデミズムは第二次世界大戦後もゲゼルと彼の主著NWOへの問題関心をなおもち続けている点で、異なっている。その研究文献には少数ながら以下のようなものがある。

一、Irving Fisher, Feste Währung. Heidelberg 1948.
二、ハイエク著・川口慎二訳『貨幣発行自由化論（一九七六年）』、東洋経済新報社、一九八八年。
三、Waltraud Schelkle, Motiv ökonomischer Geldkritik, in:Waltraud Schelkle, Rätsel Geld. Marburg 1995.
四、相田愼一「シルビオ・ゲゼルの貨幣＝利子理論―『自由地および自由貨幣による自然的経済秩序』第四版（一九二〇年）を中心に―」『専修大学北海道短期大学紀要』第三三号、二〇〇〇年。
五、相田愼一「今、〈地域通貨〉を考える」八戸市市民大学『伝統と未来』平成一二年度、二〇〇一年。
六、相田愼一「S・ゲゼルの『基礎利子』論」奈良産業大学『産業と経営』第一五巻第四号、二〇〇一年。
七、結城剛志「S・ゲゼルの資本理論」同『労働証券論の歴史的位相―貨幣と市場をめぐるヴィジョン―』、日本評論社、二〇一三年。

ゲゼル理論にできるだけ内在した研究方法をとろうとする相田論文や結城論文を別にすれば、今日のアカデミズムが抱くゲゼル理論への平均的見解を示すのは、ヴァルトラウド・シェルクレの論文「経済学的貨幣批判」（一九九五年）における次のような主張であるだろう。

「メジャー・ダグラス、ウィリアム・フォスター、ジョン・ホブスンあるいはシルビオ・ゲゼルのような異端派あるいは『貨幣論的変種』は、『レッセ・フェールはそれ事態貨幣を中立化させないがゆえに、貨幣を中立化させるには根本的な改革が必要になる』と主張する。……彼らの著書は、『過少消費理論の貨幣論的変種』というタイトルで総括される。……とりわけシルビオ・ゲゼルの理論は、概念と改革における長い受容史をもち、最近では一九九〇年代初頭の『地域通貨の実験』の思想的基礎となっている。……またゲゼルの利子論的命題は、ケインズ利子論の流動性選好理論にきわめて近い関係にあるということを示している。」(S. 12f.)

要するに、ゲゼル理論はケインズ利子論との親近性があるという点で検討に値いするにしても、アカデミズムの観点からは依然として「異端の学説」にすぎないというのが、今日のアカデミズムが抱くゲゼル理論への平均的見解にほかならない。

以上の第二次世界大戦後のシルビオ・ゲゼルと彼の主著NWOにかんする研究文献が示すのは、ゲゼル信奉者たちの学問的、科学的研究の蓄積、マルクス主義者のゲゼル理論への無関心そしてアカデミズムの「異端」視というゲゼル研究の現状であるだろう。だが、二一世紀における「地域通貨」の普及と隆盛とともにその思想的源流であるゲゼルの理論と思想への関心が国民の中に高まるにともなって、ゲゼル理論に対するマルクス主義者の無関心やアカデミズムの「異端」視が克服され、本格的なゲゼル研究もまた生まれることになるだろう。

Ⅱ

ゲゼルの経済理論と貨幣理論

第四章　シルビオ・ゲゼルの貨幣＝利子理論
――『自由地と自由貨幣による自然的経済秩序』第四版（一九二〇年）を中心に――

はじめに

太古に貨幣が誕生して以来、貨幣は絶えず批判に晒されてきた。その多くは、道徳的ないし宗教的観点からの批判か、「社会的共同性」を擁護する観点からの批判であった。「高利」、「拝金主義」、「シャイロック的人間」、「人間疎外」などの言葉は、そのような貨幣批判の歴史から生まれたものである。

「近代」とともに誕生した経済学の歴史も、貨幣の効用を高く評価しながらも、絶えず貨幣を批判する方向性を孕んでいた。アダム・スミス（Adam Smith,1723-90）らの古典派経済学の「反マーカンティリズム」の立場も、そのような経済学による貨幣批判の方向性を示すものといえるだろう。だが、他方でアダム・スミスらの古典派経済学は、経済理論の中で価値判断から自由な「貨幣」理解をも提示した。「貨幣は、労働（＝商品価値）の名目上の価格であり」[1]、「貨幣は、現実を覆うひとつの『ヴェール』にすぎない」[2]という主張が、それである。つまり、アダム・スミスらの古典派経済学の人々は、「貨幣は、財と労働の世界に対して本来『中立的』である」[3]という貨幣＝「中立性」論を自らの経済理論の基礎に据えたのであった。

このような貨幣＝「中立性」論の立場をとる点では、カール・マルクス（Karl Marx, 1818–83）も、アダム・スミスらの古典派経済学の「貨幣」理解と共通していた。古典派経済学の「価値」論の「批判的」継承の上に自己の「経済学批判」体系を確立したマルクスも、古典派経済学の「貨幣」理解をほぼ全面的に受容し、「貨幣は、諸商品が交換過程そのものにおいて形成する、諸商品の交換価値の結晶であり[4]」、「貨幣は、商品の一般的等価物である[5]」と主張した。マルクスにとっても「資本としての貨幣」と区別される「貨幣としての貨幣」は、「商品価値の『ヴェール』にすぎない」と理解されていたのであった。そのかぎりで、マルクスも、「貨幣は商品や労働の世界に対して『中立的』である」という貨幣＝「中立性」論に立脚していたということができるだろう。

だが、二〇世紀初頭から第一次世界大戦の勃発に至る時期に、こうした古典派経済学やマルクス経済学の貨幣＝「中立性」論に異議申立てを行う強力な潮流が登場した。ホブソン（John Atkinson Hobson, 1858–1940）、メジャー・ダグラス（Major C.H.Douglas, 1879–1952）、シルビオ・ゲゼル（Silvio Gesell, 1862–1930）らの、いわゆる「異端の経済学者[6]」と呼ばれる人々である。彼らは、現実の貨幣は、古典派経済学やマルクス経済学が主張するように少しも「中立的」でなく、財と労働に対して「特権的権力」の地位を占めているとする観点からの貨幣批判を展開すると同時に、貨幣を「中立化」させるための各種の貨幣改革を提言した。

彼らが「市場の力、すなわちレッセ・フェールそのものは、貨幣を中立化させせない[7]」と主張した背景には、二〇世紀初頭から第二次世界大戦の勃発に至るまでの時期の世界経済体制と世界通貨体制の動揺、とりわけ基軸通貨のポンドからドルへの移行、金本位制度の崩壊、前代未聞の大量失業、ハイパー・インフレーション、銀行倒産、取引所崩落などの通貨制度の極度の不安定化をもたらした一連の事態があったということが、まずもって指摘されねばならないだろう。その点で、彼らの貨幣批判と貨幣改革は、「時代の所産」としての一面を色濃く持つものである。それにもかかわらず、ケインズ（John Maynard Keynes, 1883–1946）が、彼の主著『雇用・利子および貨幣の一般理論[8]』

（一九三六年）の中で、彼らの貨幣批判と貨幣改革論には「深い洞察の閃きが含まれている」[9]と評価したように、彼らの経済理論には、「貨幣や利子とは何か」、「経済システムにおける通貨制度の意義とは何か」、「金本位制度の本質とは何か」、「いかなる通貨制度が求められるべきか」といった経済学上の理論的諸問題への示唆が数多く見られるのも、また事実なのである。とりわけ、ヘッジ・ファンドや貨幣投機といった「貨幣の暴走」のために世界の通貨制度の基礎が揺らぎ始めている現在、彼らの貨幣批判と貨幣改革論を考察することは、「貨幣の暴走」を許さない新たな通貨制度の確立を考える際の、貴重な視座を与えてくれるものになるだろう。

本稿は、このような観点から、近年「地域通貨」ないし「エコ・マネー」[10]の思想的源流として注目を集めるようになっているシルビオ・ゲゼルの貨幣＝利子理論を、彼の主著『自由地と自由貨幣による自然的経済秩序』第四版[11]（一九二〇年）を中心に検討しようとするものである。ここでゲゼルを取り上げたのは、第一に、最近の「地域通貨」ブームに伴って彼への関心が高まっているにもかかわらず、彼の貨幣＝利子理論は、わが国では森野栄一氏による紹介[12]を別にすれば、ほとんど知られていない状況にあること、第二に、マルクスの貨幣＝利子理論の批判をもその主要な課題としている彼の貨幣＝利子理論は、マルクス『資本論』体系をいかに理論的に克服するのかという筆者の理論的問題関心に合致するものになっていること、こうした理由などによる。

一　ゲゼルの貨幣批判の論理

ゲゼルの貨幣批判の理論的前提となるのは、「発展した分業の下では、交換手段としての貨幣が不可欠になる」[13]という認識である。彼は、それを次のようにいう。

「分業の生産物は、自己消費、すなわち生産者が直接自己消費する財ではなく、生産者にとって商品、すなわち交換手段 Tauschmittel としてのみ有益になる財である。……すべての者は、自からが生産した財を販売しなければならない。……したがって、商品は貨幣と引き換えに販売されなければならない。つまり、商品のストック量に等しい貨幣に対する強制的な需要が存在する。このような交換手段としての貨幣の使用は、分業がすべての者にとって有利であるのと同様に、すべての者にとって不可欠なものになる。自分が生産した労働生産物をほとんど自ら消費する小農民を例外とすれば、すべての市民は、無条件に自らの生産物を貨幣と引き換えに販売するという経済的強制の下におかれている。分業の規模が物々交換 Tauschhandel を排除するようになるや、貨幣は分業の前提条件になる。[14]」

こうした古典派以来の「交換手段としての貨幣の不可欠性」という貨幣認識を理論的前提に、ゲゼルの貨幣批判が展開される。

ゲゼルの貨幣批判の出発点は、「その素材 Stoff が内的『価値 Wert』を持たない紙幣の流通は不可能である」と主張するマルクス派その他の金本位制論者の不換紙幣流通不可能論に反論することである。紙幣本位制論者ゲゼルによれば、このようなマルクス派その他の金本位制論者の不換紙幣流通不可能論が理論的に依拠するのは、「価値」論である。たとえば、マルクスは、『資本論』の中で「商品体の使用価値を度外視するならば、そこに残るのは、労働生産物というひとつの特性だけである[15]」という抽象化の論理によって「価値」を演繹している。だが、マルクスの「価値」のように「実体から乖離したひとつの特性」などは、「たえず素材の上を漂いながら、シューベルトの歌曲の中の魔王のように、想像しがたく、近寄りがたい存在であり続けている。[16]」このように、ゲゼルにとって「価値」は「ひとつの抽象の所産」であり、「科学的に不確かなもの」でしかない。したがって、「価値という抽象の上に構築された科学は、この抽象を完成させることができるだけであって、不妊であるということを運命づけられている。[17]」こうゲゼルは、「価値」論の「非科学性」を指摘する。

マルクス派その他の金本位制論者の不換紙幣流通不可能論が「価値」論のような「非科学的理論」に依拠するものであるかぎり、「貨幣が交換手段として奉仕するためには、貨幣は『内的価値』を持たなければならない[18]」という彼らの主張もまた、科学的根拠のない主張といわざるをえない。こうした「価値」論批判が、マルクス派その他の金本位制論者の不換紙幣流通不可能論へのゲゼルの反論の第一歩である。

更にその反論の第二歩は、「われわれの時代の世界中の商品交換は、ほとんど不換紙幣によって行われ、一部だけが金との兌換可能な銀行券によって行われているにすぎない[19]」という事実の指摘である。ゲゼルによれば、この事実は、「世界各国で流通している今日の紙幣は、金 Gold の『価値』に裏付けられている」と主張するマルクス派その他の金本位制論者の不換紙幣流通不可能論に対する確実な反証を示すものなのである。

そればかりか、この事実は、「交換手段としての貨幣」を「保証」するものがマルクス派その他の金本位制論者の主張するような貨幣の「素材的価値」ではなく、直接的には国家や法律による「保証」であり、より本質的には「貨幣への需要」を喚起する「分業」であるということを示すものである。彼は、この点を次のように述べている。ややや長文であるが、引用しよう。

「貨幣を保証し、貨幣への経済的需要を保証するのは、貨幣の素材ではなく、交換手段としての貨幣の機能である。結局のところ、貨幣は、分業によって人間世界にもたらされる無尽蔵ともいうべき富によって保証される。分業以外に、貨幣への保証は、どこにも存在していない。分業は、間断なく流れる商品の流れを生む。そしてそのことは、貨幣がどのような素材から作られようとも、そのこととは関係なしに、交換手段、すなわち貨幣への間断のない需要を生むということなのである。貨幣が金―銀―紙から作られているのかどうかという問題は、商品の供給に、したがって、貨幣の保証に影響を与えるものではない。なぜなら、貨幣の品質がどうであれ、分業の生産物は貨幣と引き換えに供給されなければならないからである。つまり、農民が自らのジャガ芋と引き換えに金貨あるいは紙幣を得るのかどうかということは、彼が市場に持ち込むジャガ芋の量に影響を与えないのである。彼は、いかなる場合でも、自分に不用なあらゆる物を市場にもたらさなければならないのである。帝国銀行に一〇トンの金あるいは一〇〇トンの金が蓄蔵されているのかどうかということは、商品の供給に、すなわち、交換手段への需要にいかなる影響も与えないのである。つまり、この貨幣への需要が（商品一般と同様に）貨幣への本来的保証となるのである。それゆえに、貨幣の保証は、貨幣の素材とは関係がない事柄なのである。

商品、貨幣への需要、貨幣の保証というのは、同一の事象に対する三つの異なった表現なのである。たとえば、鉄道株を保証するものは、何か。それは、レールや鉄道用築堤にあるのか。この保証は、毎日の鉄道輸送が提供する財の量にあるという事実を、皆が知っている。鉄道株を保証するのは、分業なのである。そして同じことは、貨幣についてもいえるのである。[20]」

したがって、分業に基づく商品の供給、つまり貨幣への需要が存在するかぎり、「紙幣と金貨は、すべての市民にとって代替可能な存在になる[21]」ということ、つまり、「貨幣はセルロース（紙）からも作ることができる」ということ、これが、マルクス派その他の金本位制論者の不換紙幣流通不可能論に対する紙幣本位制論者ゲゼルの反論の結語なのである。

ゲゼルの貨幣批判の基軸的論理は、こうした反論の上に展開される。それは、伝統的な貨幣（金属貨幣）を継承した現行の貨幣制度が商品や労働に対して「中立的」ではなく、「特権的な権力的地位」を占めているという批判である。彼はいう。「古代からそのままわれわれが継承した形態の貨幣は、いかなる『等価物 Aquivalent』でもなく、G—W—G'定式にしたがって流通する以外にはない存在である。[22]」そればかりか、この「伝統的な貨幣」は、必然的に「商品所有者を貨幣所有者に従属させ」、「生産者に堪え難いほどの圧力を及ぼす貨幣権力 Geldmacht[23]」にほかならない、と。

伝統的なわれわれの貨幣は、どうして商品や労働に対して「特権的な権力地位」を占めるのだろうか。ゲゼルは、このような「貨幣権力」が必然的に形成される主要な根拠を、「商品（供給）と貨幣（需要）の物理的性格の相違」に求めている。

彼は、まず商品（供給）の性格を次のようにいう。

「供給を構成する商品は腐る。商品は重量や品質を低下させる。破損、錆、腐敗、雨、暑さ、冷気、風、稲妻、埃、鼠、虫、蝿、蜘蛛、火、霰、地震、病気、災難、洪水そして泥棒は、商品の品質や量を絶えず駄目にしていく。多くの商品は、数日後あるいは数か月後には、このような攻撃に耐えることができなくなる。そして商品の中のもっとも重要な、もっとも不可欠なもの、すなわち食料と衣類は、このような敵にもっとも抵抗力のないものである。(24)」

彼によれば、商品の性質は、時間とともに「減価する」という性質を持っている。したがって、もし商品所有者が自己の生産した商品を保持し続けるならば、商品の「減価」という損失を被ることになるだろう。それだけではない。商品所有者は、保管費、店舗や倉庫の賃貸料などの諸費用をも負担しなければならない。それゆえに、商品所有者は、自分にとって有利な「市況 Marktverhaltnisse」が到来するまで待つことができず、絶えず自己の商品を市場に供給することを「強制された状態」にあるというのである。

それに対して、商品と交換されるべき「伝統的な貨幣」（需要）の性質は、商品の「減価する」という性質と根本的に異なるものである。彼は、こうした「伝統的な貨幣」（需要）の性質を次のようにいう。

「需要は、供給のような強制状態から自由である。需要、すなわち貨幣は、世俗的物質の中で例外的地位を占め、自然のあらゆる破壊に抵抗力を有している。……貨幣（金属貨幣や銀行券）は錆びもしなければ、腐りもしない。とくに金は壊れもしなければ、死滅もしない。……貨幣の所有者は、貨幣の特性のために購買することを強制されない。彼は、待つことができる。……貨幣の所有者は、利益の多い機会をじっと待てばいいのである。(25)」

彼によれば、「伝統的な貨幣」の性質は、時間とともに「減価」するということがほとんどない。その保有にしても、商品を保有する場合のように、それほど多くの費用（保管費や賃貸料）を必要としない。したがって、貨幣所有者は、自分にとって有利な「市況 Marktverhaltnisse」が到来するまで待つことができる。つまり、需要は、供給と異なり「市況」を有利に利用することができるという性質を持っているというのである。

以上のような商品と貨幣の物理的性質の相違から生まれる「一方における強制と他方における自由」、すなわち「一方は待つことができず、他方は待つことができる(26)」という相違が、「商品と貨幣の関係」を「不等価」にし、「商品所有者を貨幣所有者に従属させる」「貨幣権力」を必然的に生んでいるというのが、ここでのゲゼルの基本的理解なのである。

その際、このような「貨幣の特権的地位」がゲゼルにとって問題となるのは、貨幣所有者がその「特権的地位」を利用して、交換の際に商品所有者から貨幣使用の報酬として「貢租 Abgabe」(「基礎利子 Urzins」)を徴収するからである。ゲゼルは、こうした貨幣所有者が商品所有者から徴収する「貢租」を「貨幣の使用料」と規定し、次のように述べている。

「供給は、需要、しかも即座の需要を必要とする。そして需要は、供給のこうした窮境ないし強制状態を熟知している。それゆえに、需要は、通例市場から自由に撤退できるという特権のために、特別な給付を要求することができるのである。……したがって、われわれは次のように言うことができる。『今日の貨幣が通例商品の交換を媒介するのは、貢租 Abgabe を徴収することができる場合だけである』、と。市場において商品交換を媒介する貨幣は、通行税を支払った場合にだけ開かれる遮断機の如きものである。それが通行税、利潤、貢租、利子などどのように呼ばれようとも、それらは、商品交換の全般的前提になる。この貢租なしには、いかなる商品交換も不可能となる(27)。」

このゲゼルの「貢租」(「基礎利子」)論の検討は、次章の課題である。ここでは、この「貢租」(「基礎利子」)の徴収を「不可欠の前提」とする現行の貨幣がいかに国民経済の発展に阻害的に作用しているのかが、問題となる。ゲゼルは、この点を次のような論理によって説明している。

「貢租の徴収が需要の自明の前提であるならば、損失が市場に待ち受けている場合には、需要が市場に登場するということはない。供給は、利潤や損失といったことを考慮する余裕なしに、市場に出頭する。それに対し、需要は、貢租を獲得する見込みがなければ、自らの城塞に引き返し、そこで貨幣の出動が有利になるまでじっと待つ。したがって、需要、すなわち商人が商品と引き換えに貨幣を提供することは、市況が損失への十分な代償を与える場合、そして貨幣に貢租を与える場合、この二つの場合にだけ、存在するにすぎない。[28]」それゆえ、「商品の平均価格が騰貴する好景気の時期には、貢租を獲得しようとする商人の期待は通例充される。……けれども、価格が下落している景気の後退期には、この貢租の徴収は疑問となり、……貨幣はストライキを行う。[29]」つまり、現行の貨幣は、「貨幣が市場で不足し、商品価格が下落するや、貨幣は市場から回収されるのに対し、貨幣がすでに市場に溢れ、商品価格が騰貴するや、あらゆる準備金とともに貨幣が市場に殺到する[30]」ように機能するのである。その結果は、一方ではバブルのような価格狂乱とその崩壊、そして他方では販売不振、恐慌、大量失業といった事態の不可避的到来である。それだけではない。「減価しない」という現行の貨幣の物理的性格のために、あらゆる私的準備金の形成と保持が可能になる。そのために、貨幣供給の調節によって「均衡」を回復させようとする国家の通貨政策が、事実上ほとんど不可能な状態となっている。こうした事態もまた、景気変動の振幅を一層激烈かつ制御不可能なものにしているのである、と。

　このようにゲゼルは、「貢租」（「基礎利子」）の徴収を「不可欠の前提」とする現行貨幣の問題点を説明し、「貢租」（「基礎利子」）を徴収する現行の貨幣は、商品や労働に対して「中立的」でないばかりか、「人類に災いをもたらすもの[31]」でしかないと、自らの貨幣批判を結論づけたのである。

　以上のようなゲゼルの貨幣批判の論理を要約するならば、以下のようになるだろう。（1）交換手段としての貨幣は、その「素材の価値」によって保証されるのではなく、直接的には国家と法律によって、より本質的には「分業」によって保証されている、（2）現行の貨幣（需要）は、商品（供給）のように「腐朽」や「減価」することがないために、「有利な市況」が到来するまで「待つ」ことができる、（3）その結果、貨幣は商品や労働に対して「特権的地位」を占めるとともに、貨幣使用の代償として商品所有者から「貢租」（「基礎利子」）を徴収する、（4）この「貢租」（「基礎利子」）を徴収する現行の貨幣は、「貨幣が不足し始めるや、（商品価格が下落し、『基礎利子』の徴収が不可能となるために）貨幣は市場から撤退し、貨幣が過剰になり始めるや、（商品価格が騰貴し、『基礎利子』の徴収が確実になるため）貨幣があらゆる準備金とともに市場に殺到する」ように作用するため、市況に対応した適切な国家の通貨政策を不可能にしている、（５）また現行の貨幣は、その性質上交換手段と蓄蔵手段（「私的準備金」）という二つの役割を果たすために、商品の貨幣需要に見合った国家による貨幣供給の調節ということも、同様に不可能になっている、この五点である。

こうしたゲゼルの貨幣批判の論理は、貨幣を商品の「等価物」と見なし、「中立的な存在」と考えたアダム・スミスらの古典派経済学やマルクスの貨幣理解と決定的に異なるものである。現行の貨幣は、時間とともに「減価することのない」性質のために、商品や労働に対して「非中立的」（「貨幣権力」）であるというのが、それである。こうしたゲゼルの貨幣批判の論理から演繹されるのは、貨幣を「中立化」させるための貨幣改革ということになるだろう。ゲゼルが貨幣を「中立化」させるための貨幣改革をいかに構想したのかを見る前に、彼の貨幣＝利子理論の理論的コアを成す「基礎利子」論について考察することにしよう。

二「基礎利子」論

ゲゼルの貨幣＝利子理論の理論的コアを成すのは、すでに触れたような「基礎利子 Urzins」論である。この「基礎利子」論は、『自由地と自由貨幣による自然的経済秩序』第四版の第五部「自由貨幣、利子＝資本理論」において展開されている。

冒頭、ゲゼルは「市民的経済学者」も「マルクス経済学者」も、利子を「生産手段の私的所有と不可避的に結び付いている付随現象」と理解する点で共通していることを指摘し、次のようにいう。

「市民的経済学者とマルクス経済学者の利子分析は、利子を生産手段の私的所有と不可避的に結び付いている付随現象であるとする点で、共通している。『共産主義や共同所有を拒否し、自由な経済生活を望む人々は、利子に基づいた経済制度（資本主義）を受け入れなければならない。』このようにこれまで利子を研究してきた者は、異口同音に言う。確かに、倫理的観点による利子の評価の点では、両者の見解はかなり大きな対立を示している。社会主義者が、利子を暴力的略奪や不道徳な経済的権力の濫用の結果と見なすのに対して、市民的経済学者は、利子を秩序、勤労、倹約といった経済的徳への報酬と見なす、という対立である。だが、この対立は副次的意義しか持ちえない。この対立をいくら検討しても、『利子とは何か』という問題を明晰にすることができない。そればかりか、この対立は、利子を実際に支払わなければならない者、すなわち無産者（プロレタリア）にとって、どうでもよいことなのである。[32]」

ゲゼルによれば、利子を「生産手段の私的所有と不可避的に結び付いている付随現象」と見なす見解は、利子が「いかなる無産者大衆（プロレタリアート）が存在していないか、かつて存在したことがなかったところでも、認められる[33]」という歴史的事実によってすでに否定されているのである。「利子は、バビロニア人、ヘブライ人、ギリシア人、ローマ人の時代から今日まで伝えられた伝統的な貨幣にその起源を有しており、しかもこの伝統的貨幣の素材や法律的特権によって保護されてきた現象[34]」であるというのが、ゲゼルの利子理解の基本的視座なのである。

こうした基本的視座に基づいて、ゲゼルの「基礎利子」論が展開される。その理論的起点となるのは、「利子は剰余価値 Mehrwert の単なる断片にすぎない[35]」と主張するマルクスの貨幣＝利子理論への批判である。

ゲゼルは、「マルクスの利子論は、市民的経済学者のそれと同じように、誤った軌道を辿っている[36]」と考える。マルクスの貨幣＝利子論の第一の誤りは、「科学的に不確かなもの」である「価値」論に基づいて「貨幣と商品を完全な等価物」と見なした点にある。彼は、それを次のようにいう。

「マルクスも、自らの利子論研究を貨幣から始めている。けれども、……彼は、（『価値論』という）誤った前提から始めたために、通俗的な資本擁護派の利子論研究者と同じように、貨幣と商品を完全な等価物として扱ってしまったのである。[37]」

その結果、「マルクスは、貨幣に非難すべき何ものをも発見しなかった。」(S.325.) そしてマルクスは、「古代バビロニア人、イスラエル人、ギリシア人、ローマ人から受け継いだわれわれの貨幣は、完全無欠な交換手段という役目を今日まで立派に果たしてきた[38]」と考えるのである。マルクスにとって中世における「ローマ法王による利子禁止」――それは、マルクスが仮定するような「貨幣と商品の等価性」が存在していないために、そのような「等価性」を強制的に作り出そうとしたものであった――すらも、「貨幣は完全無欠な交換手段、つまり真の一般的「等価物」である[39]」という彼の信念を動揺させるものでなかった。それゆえに、「マルクスがいかなる特別な貨幣権力といったものを認識することがなかった[40]」のは、当然のことなのである。マルクスが『資本論』の中で、「金と銀は本性上、貨幣なのではなく、貨幣が本性上、金と銀なのであり、その自然的属性と交換の媒介物としてのその機能との間には調和がある」といっているのは、その確たる証拠にほかならない。したがって、マルクスにとって「諸国民が投機家と高利貸しからなる黄金のインターナショナル die goldene Internationale によって搾取されている[41]」という事実は、存在しないのである。マルクスの場合、「権力を握っているのは、金融家でもなければ、取引所貴族でもなく、生産手段の所有者なのである。[42]」このように述べた後で、ゲゼルは、「特別な貨幣権力」を認めないマルクスの貨幣＝利子理論が果たしている客観的役割を次のように批判した。

「金と金本位制度へのこうした賛歌を歌うことによって、マルクスはプロレタリアートの注意を貨幣から完全に逸らしてしまい、無産者階級、すなわちプロレタリアートを投機家、高利貸し、詐欺師たちの直接的な保護下に置いたのであった。それゆえに、今や世界のどこでも、マモンの寺院の守り神が、赤い番犬に置換されるという痛ましい茶番劇が演じられているのである。[43]」

更にゲゼルによれば、マルクスの貨幣＝利子理論の第二の誤りは、「貨幣の資本への転化」論において「交換過程に関する定式(G―W―G')」という「資本の一般的定式」の矛盾を「交換過程以外のところ」にその解決を求めたことである。ゲゼルは、それを次のようにいう。

「きわめて奇妙なのは、マルクスが交換過程に関する自分のG―W―G'定式の中に、彼が主張する等価性との矛盾を発見したにもかかわらず、この矛盾を交換過程の外部の、しかも中間項の長い連鎖の中で立証しようとしていることである。

この『長い連鎖を経過して辿りついた交換過程外の場所』とは、生産過程のことである。この連鎖は、終始一貫して工場の内部である。企業家は、多数の搾取者たちの一人ではなく、唯一の搾取者である。そして搾取されるのは、例外なく賃金労働者階級なのである。[44]」

ゲゼルによれば、マルクスがG―W―G'定式の矛盾の解決を「生産過程」、すなわち労働力の商品化による剰余価値の生産に求めたのは、マルクスが「流通そのものから、貨幣の資本への転化を説明することは不可能である、つまり、商業資本の定式は、等価で交換される場合には不可能になる[45]」と考えていたからであった。だが、ゲゼルはそのようには考えない。彼はいう。

「マルクスがG―W―G'定式の中に発見した矛盾を完璧に解決するためには、そのような連鎖は、むしろ私には不必要なものに思われる。[46]」そればかりでなしに、G―W―G'定式の矛盾の解決を「生産過程」に求めるマルクスの解決は、「貨幣の資本への転化」が「流通部面で行われなければならない」というマルクス自身の設問に答えるものにもなっていないのである。このようにゲゼルは、マルクスの解決を批判する。

ゲゼルにとって、マルクスのG―W―G'定式の矛盾の解決は、なによりもまずその設問通り「交換過程」の中に求められなければならない。そのためには、「古代から受け継いだわれわれの貨幣は、いかなる『等価物』でもなく、G―W―G'定式に従って流通する以外にはない[47]」ということが、まずもって認識される必要がある。こうした認識に立脚するならば、「貨幣の資本としての性格」（G―W―G'の運動）が「交換過程」から生じることの説明は十分可能になるというのが、ここでのゲゼルの主張なのである。

彼は、「交換過程」におけるG'－Gの貨幣差額△gの恒常的な形成を次のような事情から説明している。

一、貨幣は、発展した分業の本質的条件である。

二、伝統的な貨幣（金属貨幣や兌換紙幣）は、ほとんど保管費を必要としないというその物理的特性のために、いつでも随意に市場から撤退することが可能となる。それに対して、交換の媒介者としての貨幣に無条件に依存している商品生産者（労働者）は、商品の保管に関連した、絶えざる減価のために、貨幣への需要を絶えず強いられる。

三、二に見られるような商品と貨幣の物理的性質の相違という特有な事情のために、貨幣所有者は、商品の交換を恣意的に延長させたり、妨害したりすることができる。こうした事態を回避するために、商品所有者は貨幣所有者に「特別な報酬」、すなわち「基礎利子」を支払わなければならない。

四、この商業資本の「特別な報酬」、すなわち「基礎利子」は、数千年来、年間売上高の四―五％を構成している。

このように商品交換の際に「貨幣使用の報酬」として貨幣所有者が商品生産者から徴収する「基礎利子」が、マルクスのG―W―G'定式のG'－Gの差額△gであり、「貨幣の資本への転化」を説明するものだというのである。したがって、ゲゼルにとってマルクスのG―W―G'定式の矛盾は、「生産過程」の中ではなく、その設問通り「交換過程」の中で解決可能ということになる。

ところで、ゲゼルによれば、「基礎利子」は実際には貨幣所有者としての「商人」によって徴収される。「商人」が商品生産者から購入した「仕入価格」と消費者に販売する「販売価格」の差額の中に、商業諸経費や「商業利潤」とともに「基礎利子」が含まれていると、ゲゼルは考えるのである。したがって、その他の条件が不変であるならば、「仕入価格」と「販売価格」の差額が大きければ大きいほど、「基礎利子」は大きいことになる。また貨幣所有者としての「商人」が徴収するこうした「基礎利子」を実際に支払うのは、商品生産者と「必要に迫られて購買する」大多数の消費者（労働者）だというのである。

その際、ゲゼルは、「基礎利子」を「商業利潤 Handelsgewinn」から明確に区別する。彼によれば、「商業利潤」は、「商人が自らの資本利子を控除した後に残る自己の労働収益[48]」のことである。それに対し、「基礎利子」は、「貨幣がその利用の代償として徴収する利用料[49]」のことである。

したがって、両者の関係は、商人の（販売価格－仕入価格）の差額―（「基礎利子」などの利子＋商業諸経費）＝商業利潤（商人の労働収益）ということになる。

こうした「商業利潤」との区別の上にゲゼルは、この「基礎利子」を国王が徴収する関税と対比しつつ、次のように説明している。

「国王は国境の遮断棒の側に立って、国境を遮断し、次のようにいう。『国境を通りたければ、関税を払え』、と。貨幣供与者は、金庫の前に立ち、この金庫の中の交換手段に頼らざるをえない商品の交換を遮断し、次のようにいう。『基礎利子を払え。それは私のものだ』、と。国王も貨幣供与者も、本質的には何も行わない。彼らはただ遮断だけを行い、利子や関税を徴収するにすぎない。したがって、基礎利子は、関税の如き貢租である。両者の相違は、国王がこの貢租によって国家財政を賄うのに対して、貨幣供与者は、基礎利子を自分のものにするという点でしかない。われわれが基礎利子によって支払うものは、取引を妨害しようとする資本家の行動以外の何ものでもないのである[50]。」

このように貨幣が、「財の交換を恣意的に中断させる」ことから「基礎利子」を獲得するとすれば、この貨幣は資本（G―W―G'）そのものである。その意味で、貨幣は、「労働力の商品化」によって資本に転化するのではなく、「商品との関連においては常に資本として現れてきた[51]」と理解すべきだというのである。

以上のことから、ゲゼルは、利子の源泉を「剰余価値」に求めるマルクス利子論は誤っていると結論づける。彼によれば、通例「貨幣利子」とよばれる「基礎利子」は、「交換過程」から直接貨幣所有者が商品所有者から「貨幣の使用料」として徴収するものなのである。彼は、それを次のようにいう。

「貨幣利子（『基礎利子』のこと）は、商品から、したがって、商品と貨幣の交換から直接徴収される。（冒頭で述べたように、マルクスはこの可能性を否定した。）貨幣利子は、労働手段を奪われたプロレタリアートの存在とは全く関係がない。貨幣利子は、すべての労働者が労働手段の所有者になった場合でも、なくならないだろう。そのようになった場合でも、貨幣利子は、労働者の生産物を商人（貨幣所有者）に引き渡す際に、労働者から徴収されるだろう。なぜなら、商人は、直接的損害を被ることなしに、貨幣を保持し続けることによって、すなわち生産物の交換を拒否することによって、労働者に転嫁不可能となる直接的な損害を加えることができるからである。つまり、このような生産物は、例外なしに日々量目や品質の点で減価し、しかもその際、保管や管理のために相当な額の費用を必要とするからなのである。[52]」

だが、ゲゼルによれば、貨幣所有者は「基礎利子」を「際限なく」要求することができない。なぜなら、貨幣もまた「自らの競争相手」を有しているからである。彼がこうした「貨幣の競争相手」として指摘するのは、「自然経済」、「物々交換」そして「手形流通」の三つである。

まず、貨幣の第一の「競争相手」である「自然経済 Urwirtschaft」について見てみよう。彼は、貨幣の「競争相手」としての「自然経済」を次のようにいう。

「世界の人口の四分の三は、今日なお自然経済を営んでいる。どうしてなのか。その理由の一部としては、貨幣によって媒介される財の交換があまりに過重な利子を負担しなければならないからである。このような出費のために、生産者は、自らが活動する個々の生産部門においてはもとより、全体においても商品生産を放棄し、自然経済の下にとどまらざるをえないのである。自然経済か商品経済かという問題は、商品経済が負担する貨幣利子（『基礎利子』）が、どの程度ならば、自然経済の優位に導くのかという経済的問題に依存している。[53]」

したがって、貨幣所有者が「あまりに高い貢租（「基礎利子」）」を商品に要求するならば、「分業の限界効用点を行きつ戻りつしている今日の商品生産部分[54]」は、「自然経済」へと回帰する。その結果、「商品の供給が減少し」（S.329.）、価格騰貴と基礎利子の下落とが生じることになる。

貨幣の第二の「競争相手」は、「自然経済」と同様に「貨幣」を不要とする「物々交換 Tauschhandel」である。それを彼は、次のようにいう。

「貨幣が存在するのは、一般には、物々交換が固有の困難さを抱えていることによっている。その困難さを克服するために、貨幣が生み出された。だが、貨幣が交換の媒介の報償としてあまりに高い報酬を要求するならば、物々交換が、多々再び台頭することになる。とくに、アジアやアフリカの多くの地域におけるように、生産者が場所や時間によって区別されていないところでは、そうなる。商品交換が負担する貨幣利子が重圧的なものになるほど、それだけ一層物々交換は、貨幣経済の強力な競争相手となる。なぜなら、物々交換の方法によって取引される商品は、利子を支払うことなしに、消費者のところに届くからである。[55]」

したがって、「貨幣が物々交換と交代する可能性があるところでは、貨幣は、随意に高い貢租を要求することができないのである。[56]」

以上の「自然経済」や「物々交換」が、「未発展な国々」における貨幣の「有力な競争相手」になるのに対して、貨幣の第三の「競争相手」である「手形流通」は、「発展した商業国」における貨幣の「もっとも有力な競争相手」となる。彼は、この貨幣の第三の「競争相手」である「手形流通」を次のようにいう。

「貨幣利子（『基礎利子』のこと）の要求が法外なほどの高さになるや否や、手形流通も、自然経済や物々交換と同じような方向に作用する。なぜなら、手形と引き換えに交換される商品は、貨幣利子を節約することができるからである。したがって、高い利子は、手形流通の拡大への誘因になる。

もちろん、手形は、貨幣ほど便利でもなければ、安全でもない。手形は、多くの場合貨幣一般に取って代わることができない。そのことは、手形が銀行で貨幣と交換される際に、一定の控除を受けることからも了解することができるだろう。もし手形が至る所で現金に取って代わることができるならば、手形の割引といったことは起こらないだろう。それにもかかわらず、とくに大口の取引の準備金としては、手形は現金に比較してそれほど大きな欠点を持たないのである。したがって、大口の取引の場合には、貨幣利子がわずかでも騰貴するならば、手形が選択されることになる。

貨幣利子の騰貴は、鉄道貨物運賃の騰貴が水上運河輸送の利用に影響を与えるのと同じように、手形流通に影響を与える。利子が騰貴すればするほど、それだけ一層取引において手形がより多く使用され、貨幣が要求する貢租を逃れようとする誘因もまた、大きくなるのである。」[57]

ゲゼルによれば、「手形流通」は、「貨幣利子」が騰貴するのに比例して増加する。そして「手形流通」が増加するのに反比例して、「現金への需要」が減少する。その結果、物価が騰貴する。そして物価の騰貴は、貨幣を市場へと誘因する。なぜなら、いかなる貨幣所有者も、物価の騰貴から生じる貨幣の購買力の損失を免れるには、商品を購入する以外にはないからである。したがって、物価騰貴に伴って、市場に貨幣が溢れ、その結果利子率が低落することになる。つまり、「貨幣は、自らの利子要求を任意に高く引き上げることができないように配慮されており、基礎利子が一定の限界以上に騰貴するならば、この基礎利子を再び引き下げる力が自ずと作用する」[58]というのが、貨幣の「基礎利子」要求を制約する「手形流通」についてのゲゼルの理解なのである。

以上三つの貨幣の「競争相手」についての検討からゲゼルが引き出した結論は、「貨幣は、市場の絶対的支配者ではない。貨幣は、競争相手を考慮しなければならないために、自らの利子要求を随意に引き上げることができない」[59]というものであった。こうした結論の上に、ゲゼルは、「貨幣が商品から徴収する基礎利子は、数千年来の経験が教えるように、年々の全商品販売額の四―五％と見積もられる」[60]と主張したのである。

ゲゼルにとって、この「基礎利子」は倫理的観点からはもとより、経済的観点からも非難されるべきものである。なぜなら、この「基礎利子」を徴収する現行の貨幣は、「人民のプロレタリア化と窮乏化」を必然的に引き起こすからなのである。ゲゼルはその理由として次の三点を指摘している。

第一に、この「基礎利子」を徴収する現行の貨幣の下では、大多数の消費者である人民は、生活に不可欠な商品を購入する際に商品価格を上回る高価格（商品価格＋「基礎利子」）を支払わなければならないからである。第二に、この「基礎利子」を徴収する現行の貨幣の下では、なんらかの理由で物価が低落し、「基礎利子」の徴収が不可能と思われるや、貨幣は市場から一気に撤退するために、販売不振、恐慌そして大量失業が、必然的に惹起されるからである。そのことに加え、現行の貨幣はその性質上蓄蔵しても「減価」しないために、各種の私的準備金が形成され、貨幣供給の増減の調節による国家の適切な通貨政策の実施が、不可能となるからである。第三に、この「基礎利子」を徴収する現行の貨幣は、家屋、工場、船舶といった国民的富裕に不可欠な「物財 Sachgut」（「利子経済 Zinswirtschaft」の下では、いわゆる「実物資本 Realkapital」）の形成を妨害し、その供給を絶えずその需要以下に保つ傾向を有しているからである。彼は、「利子経済」の下での「実物資本（物財）」の供給が「基礎利子」によって規定される事態を次のような論理によって説明している。

現行の貨幣が工場、家屋、船舶、道路、鉄道、橋などの「実物資本（物財）」に投資されるとすれば、それは、この投資から生まれる「実物資本（物財）」が、貨幣所有者が徴収する「基礎利子」と同じ程度ないしそれ以上の「利子ないしレント」を与えることができる場合だけである。つまり、「貨幣が商品から年率五％の基礎利子を徴収することができるならば、家屋も借家人から、船舶も船荷運送業者から、そして工場も労働者から同じ五％の貢租を徴収することができなければならない。」(61) このことが、「実物資本（物財）」への投資の絶対的条件となる。もし「実物資本（物財）」から「基礎利子」以下の「レントないし利子」しか獲得できないならば、貨幣は「実物資本（物財）」に投資されることがないだろう。「利子なしには、貨幣は出動しない」(62) という定理は、家屋、工場、船舶などの「実物資本」への投資にも妥当するのである。したがって、もし現行の貨幣が「実物資本」の形成のために投資されるとすれば、それは、「実物資本」からの「利子ないしレント」が「基礎利子」と同じであるかそれ以上の状態にあること、すなわち「実物資本」の供給がその需要を大幅に下回っている状態にあることを意味する。そして投資の結果、「実物資本」の形成と供給がその需要を上回るような事態が生じるならば、「実物資本」からの「利子ないしレント」は「基礎利子」以下となり、「実物資本（物財）」への貨幣投資は消滅するだろう。他方、家屋、工場、船舶などの「実物資本（物財）」は、「人口の増加」、「大火災」そして「実物資本が晒される自然の破壊作用[63]」などのために、絶えずその供給を減少させる傾向にある。その結果、「実物資本」の供給がその需要を大幅に下回るようになるならば、「実物資本」からの「利子ないしレント」は「基礎利子」と同じ程度ないしそれ以上に騰貴し、「実物資本」への貨幣投資がなされるだろう。このように、いずれにしても「家屋、船舶、工場などの実物資本のレントが、何らかの理由によって基礎利子から一時的に乖離する場合でも、絶えず前者は後者に法則的に回帰するような形態で、基礎利子による規定を受けるのである。」（S.341.）つまり、「基礎利子は、あらゆる実物資本のレントが変動する際の均衡点を成す。」（S.341.）そしてこのことが意味するのは、「基礎利子」を徴収する現行の貨幣の下では、「実物資本の建設が絶えず人為的に制限され、その需要が絶えずその供給を上回った状態が維持される[64]」ということなのである。このようにゲゼルは、「基礎利子」が「実物資本（物財）」の供給を規定する結果、後者の供給不足の状態が常態化すると理解したのである。

以上のことから、「基礎利子」を徴収する現行の貨幣は、「人民のプロレタリア化と窮乏化」を必然的に引き起こす。したがって、「基礎利子」とそれを徴収する現行の貨幣は「経済的に見ても、原罪である[65]」というのが、ここでのゲゼルの主張なのである。

このようなゲゼルの主張の背後には、「基礎利子」を徴収する「資本主義」はいずれ「利子経済」に、すなわち「酸素が空気の不可欠な一部になっているように、基礎利子が今日の経済生活の不可欠な一部になっている。……そこでは、あらゆる物財が結局のところ資本と見なされ、多数の各種の利子を生むと同時に、この物財の購買価格も、資本化された収益に等置される[66]」経済に変質せざるをえないという認識があったように思われる。「利子経済」（貨幣資本）の「実物資本」（産業資本）への浸透とその支配、これが、ゲゼルの「基礎利子」論から演繹される論理的帰結であるといえるだろう。

最後に、ゲゼルは、「基礎利子」と「貸付利子」との相違を強調する。彼によれば、「基礎利子は、貸付利子とはいかなる関係にもない。[67]」彼は、それを次のように述べている。

「基礎利子は、貸付利子とは異なる。……貸付利子は、需給によって決定される。それに対し、基礎利子は、需給によっては決定されない。……基礎利子は、商品生産の外部での商品交換の際に徴収される。基礎利子は、……交換手段としての貨幣の助力を必要とする商品世界全体の共通の負担である。基礎利子は、すべての労働者が自己の労働手段を所有している場合でも、すべての債務が支払われた場合でも、すべての者が現金払いをし、自分の持ち家に居住している場合でも、貸付市場が閉鎖された場合でも、すべての金銭的貸借が禁止された場合でも、そして利子の徴収が教会や法律によって禁止された場合でも、徴収されることになるだろう。[68]」

「貸付利子」が貸付市場の「需給」関係によって決定されるのに対して、「基礎利子」は、貸付市場の「需給」関係によってではなく、商品交換における商品と貨幣の「不等価性」によって規定される。また「貸付利子」の場合「給付と反対給付が時間的に分離している[69]」のに対し、基礎利子の場合「給付と反対給付は時間的に完全に一致している。」最後に、貸付業務は「債権者と債務者の関係を後に残す」のに対して、「基礎利子」を徴収する交換業務は「後に何も残さない。[70]」これらの点で、両者は、同じ「利子」という言葉を使用していても、全く異なった基本概念であるというのが、ここでのゲゼルの理解なのである。

以上のゲゼルの「基礎利子」論をまとめるならば、次のようになるだろう。（1）利子の源泉を「剰余価値」に求めるマルクスの利子論の誤りは、第一に、貨幣を商品の「等価物」と見なしたこと、第二に、G—W—G'定式の矛盾の解決を「交換過程」ではなく、「生産過程」に求めたこと、この二つの誤りに起因している、（2）マルクスのG—W—G'定式のG'－Gの差額△gは、「交換過程」から発生するかぎり、労働力の搾取である「剰余価値」ではなく、「貨幣の使用料」である「基礎利子」にほかならない、（3）この「基礎利子」が、数千年来、年率四—五％という

「一定の率」に固定されているのは、この貨幣には「自然経済」、「物々交換」そして「手形流通」という「競争相手」が存在するからである、（4）「基礎利子」を徴収する現行の貨幣の下では、家屋、工場、船舶などの「実物資本（物財）」の供給不足が常態化され、「基礎利子」はもとより各種の「実物資本のレントないし利子」を支払う国民大衆の「プロレタリア化と窮乏化」が引き起こされる、（5）市場利子率や法定利子率が歴史的に変動を繰り返してきたのは、それらの利子率の中に「基礎利子」とともに、「貸付利子」はもとより、「危険プレミア」や「投機プレミア」といった「本来利子とは無関係な諸要素」[71]が含まれているためである、この五点に整理されるだろう。

ケインズ利子論の「流動性選好理論」と類縁関係にある[72]このようなゲゼルの「基礎利子」論が課題としたのは、商品や労働を支配する「貨幣権力」の問題であった。この「貨幣権力」は、時間が経過しても「不変であるという性質」や「市況」などを利用することによって、商品や労働から「基礎利子」を徴収するばかりでなしに、この「基礎利子」を媒介として「産業の世界」をも支配し、搾取しているというのが、ゲゼルの「基礎利子」論の基本的な含意なのである。このような含意からも明らかなように、ゲゼルは、「資本主義の本質」をマルクスやマックス・ヴェーバー（Max Weber, 1864–1920）のように「産業資本主義」に見るのではなく、「貨幣経済」や「利子経済」による「生産者」支配に見ていたのである。したがって、このゲゼルの「基礎利子」論から帰結するのは、利子やレントなどの「不労所得」を得る「貨幣権力」（レントナー、投機家、高利貸し、金融家など）の支配や搾取からいかに「生産者」（企業家や労働者などの自らの労働収益によって生活している人々）を守るのかというすぐれて実践的な課題ということになる。

ところで、このような「貨幣権力」からいかに「生産者」を守るのかという実践的課題に、ゲゼルはどのように立ち向かったのであろうか。

ゲゼルの方法は、彼と同じ「労働全収益」論の立場からこの実践的課題に立ち向かったプルードン（Pierre Joseph Proudhon, 1809–65）の方法とは正反対のものであった。プルードンは、商品の地位を「貨幣の特権的地位」

にまで引き上げるという方法によって、「生産者」を守ろうとした。それに対し、ゲゼルは、貨幣から「特権的地位」を奪い、貨幣を商品の地位に引き下げることによって、「生産者」を守ろうとする。その際、貨幣から特権を奪うものとして構想されたのが、商品と同じように、時間とともに「減価する貨幣」（ゲゼルは、この「減価する貨幣」を「自由貨幣」ないし「改革貨幣」と呼ぶ）なのである。この「減価する」貨幣の導入を基軸とした彼の貨幣改革論がどのようなものであったのかを、次章で詳しく見ることにしよう。

三　ゲゼルの貨幣改革論

ゲゼルの貨幣改革論は、貨幣改革の目的、実施要綱そして予想される諸結果という三つの部分から構成されているように思われる。したがって、以下、この三つの部分を中心に考察することにしよう。

ゲゼルにとって貨幣改革は、「自然的経済秩序」という「目的」を実現するための「手段」である。したがって、ゲゼルの貨幣改革論に立ち入る前に、まず彼が貨幣改革の目的とした「自然的経済秩序」を簡単に見ておくことにしたい。

ゲゼルは、『自由地と自由貨幣による自然的経済秩序』第三版の序文（一九一八年）において「自然的経済秩序」について次のように述べている。

「われわれが理解する自然的経済秩序とは、人間が自然から与えられた装置を利用して平等に競争を闘い抜くという社会、それゆえに、もっとも有能な者がその秩序の指導権を握ることができるとともに、あらゆる特権が廃棄され、各人が利己心 Eigennutz に基づいて自らの目標に真っ直ぐに向かっていくけれども、経済外的な配慮によって自らの活動力を衰退させることもなく、経済生活の外部において絶えず他者へのボランティアを十分に果たすことのできる社会のことである。(73)」

この引用からも明らかとなるように、ゲゼルの貨幣改革の「目的」である「自然的経済秩序」とは、「利己心 Eigennutz」によって導かれつつも、いかなる「特権の存在」をも許さない「公正な自由競争社会」（市場経済原理）のことである。そこでは、「諸力の自由な活動」と「最大限の経済的効率性」が保証され、「誠実な人間が経済的にもっとも繁栄することができ」、経済生活の外部の社会生活の中で「種保存本能（利他心 Altruismus）」がもっともよく発揮されるような秩序である。このゲゼルの「自然的経済秩序」は、大筋においてはアダム・スミスの「文明社会」像とそれほど異なるものでない。だが、このゲゼルの「自然的経済秩序」がスミスの「文明社会」像と決定的に異なるのは、この「自然的経済秩序」が「公正な自由競争」の秩序であると同時に、「労働全収益権」の支配する秩序でもなければならないという点にある。彼は、それを次のようにいう。

「利己心の上に築かれた自然的経済秩序では、あらゆる者に自己の全労働収益が保証されなければならないし、また自分の自由な判断にしたがってこの労働収益が自由に処分できなければならない[74]。」

したがって、ゲゼルによって「自然的経済秩序」の上に構築されるべきものとされる「自由経済社会」は、「公正な自由競争原理」と「労働全収益権」という二つの経済原理を基礎とした、「個人的自由、独立、自己責任」の原理が支配する社会として構想されているのである。

このような「自然的経済秩序」や「自由経済社会」という「目的」を実現する「手段」のひとつが、ゲゼルの貨幣改革なのである。

こうしたゲゼルの貨幣改革論の理論的起点を成すのは、「貨幣本来の目的と役割とは、何か」という問題である。彼は、その問題に次のような答えを与える。

「貨幣は、交換手段以外の何ものでもない。貨幣は、商品の交換を容易にし、物々交換の孕む困難さを克服するという目的を持つものである。物々交換は、不確実かつ手間のかかる交換であり、しかも経費がかかりすぎる。そして物々交換は、しばしば機能不全の状態に陥りやすい。したがって、物々交換に取って代わろうとする貨幣は、商品の交換を確実かつ迅速に、しかも低廉なものにしなければならない。この点こそが、われわれが貨幣に要求するものなのである。つまり、商品交換の確実性、迅速性、低廉性が、貨幣の品質の良し悪しを決める試金石となる。[75]」

したがって、「良い貨幣、すなわち分業の目的に合致した交換手段[76]」とは、（1）商品の交換を確実にする貨幣であること、（2）商品交換を迅速に行う貨幣であること、（3）商品交換の費用を低廉化する貨幣であること、この三つの条件を充たす貨幣ということになる。

それに対し、ゲゼルは、「伝統的な貨幣」は「生産者に堪え難い圧力を及ぼす貨幣権力」として商品生産者から「基礎利子」を徴収するばかりでなしに、商品交換を不確実にかつ緩慢に、しかもきわめて経費のかかるものにしていると考える。つまり、「基礎利子」を徴収する現行の貨幣は、「市場の扉を開く鍵ではなく、市場の扉を閉める閂になっており[77]」、「交換手段としてはきわめて劣悪なものである[78]」というのである。したがって、現行の貨幣に代えて「商品交換を迅速かつ確実に、しかも廉価に媒介すること」のできる貨幣を置換することが、ゲゼルの貨幣改革の基本的内容となる。

では、「商品交換を迅速かつ確実に、しかも廉価に媒介すること」のできる貨幣とは、どのようなものであるのか。ゲゼルによれば、貨幣が交換手段としての役割を完璧に果たすのは、「貨幣が、商品と同じように腐敗し、減価し、破損し、錆びるといったような素材的特性を持つ[79]」場合、すなわち時間とともに「減価する貨幣」の場合だけである。このような「減価する貨幣」の場合、貨幣所有者は、供給と同じように購買を急がねばならない状態に置かれる。なぜなら、貨幣の保持は損失を招くからである。したがって、「減価する貨幣」の流通とともに、「需要は、あらゆる政治的、経済的あるいは自然的出来事とは無関係に、絶えず規則的に市場に登場する[80]」ことになり、通貨当局の通貨政策によって需給の一致をはかることがきわめて容易となる。このように述べた後で、ゲゼルは、この「減価する貨幣」（「自由貨幣」）の意義を次のように総括している。

「自由貨幣は、これまで呪われてきた貨幣を根絶するのではなく、国民経済についての正しい認識に基づいてこれまでの貨幣を改造するものである。その上、この自由貨幣は、われわれの国民経済の基本原理、すなわちわれわれが冒頭で述べたような利己心を侵害するものにもならないのである。[81]」

次に問題となるのは、このように意義づけられた「減価する貨幣」という「自由貨幣」の導入をいかに実施するのかという実施要綱に関する彼の提言である。こうした彼の提言をまとめるならば、以下のように整理されるだろう。

一、自由貨幣として発行される紙幣は、一マルク、五マルク、一〇マルク、五〇マルク、一〇〇マルク、一〇〇〇マルクの六種類の紙幣である。こうした紙幣の外に、ペニヒ単位の小額印紙紙幣が発行される。

二、自由貨幣は、毎週額面価格の一〇〇〇分の一ずつ、つまり年率五・二％「減価」する。その「減価」分を支払うのは、この自由貨幣をその都度所有する所有者である。この年率五・二％の「減価」の支払いは国庫収入に加えられる。

三、自由貨幣の裏面には、次のような「使用説明書」が書かれている。

①週ごとの減価額を支払うのは、その時々の所有者である。週末は土曜日の午後四時までとする。

②大晦日を過ぎるや、この紙幣が使用不可能になったことが公示される。この古くなった紙幣は、年率五・二％の減価損失額が支払われた後に、国庫機関で新しい紙幣と交換することができる。

③この紙幣を金その他の商品と兌換ないし交換することを、国庫機関は行わない。

④国家は、貨幣発行量を絶えず市場の必要量に調節し、商品の平均価格を固定させることに責任を負う。

⑤国家は、自由貨幣以外の貨幣を受け取らない。これまでの金貨などの重量や純度についての保証を国家は一切行わない。

⑥外国への支払いは、これまでのように為替仲買業者、銀行、取引所などによって媒介される。小額の場合には、

郵便為替が使用される。

四、貨幣改革の導入とともに、帝国銀行（中央銀行）の銀行券の発行という特権が奪われ、帝国通貨局Reichswährungsamtが設立される。この帝国通貨局は、いかなる銀行業務をも行わず、貨幣に対する日々の需要を貨幣の発行や回収によって調節するという任務を専ら担当する。

五、これまでの金属貨幣と自由貨幣との両替ないし交換は、金属貨幣の所有者の自発性に任される。けれども、一定の交換期限後には、国庫や裁判所での金属貨幣による支払いは拒否される。

六、対外貿易の大きな意義を考慮して、固定的な為替相場を実現するための国家間の協調が志向されなければならない。こうした国家間の協調は、最終的には「国際通貨エヴァ」を発行し、統一的な通貨政策を行う「世界通貨同盟International valuta association」の結成に向かわねばならない。(82)

七、輸出入において使用される金は、帝国通貨局によって販売ないし購買される。

以上が、「減価する貨幣」という「自由貨幣」の導入の際の実施要綱に関するゲゼルの提言をまとめたものである。彼の提言は、商人や実業家として経験を積んだ実務家ゲゼルに相応しい具体性に富んだ内容となっている。けれども、彼の提言の中に見られるのは、「国家の通貨政策の調整へのオプティミズム」(83)である。このような国家への期待は、彼の「自由経済社会」構想における「反国家主義的思想」と一定の齟齬を来すものとなっている。

ゲゼルの貨幣改革論の最後の論点は、「減価する貨幣」、すなわち「貨幣流通強制」を付着させた「自由貨幣」の導入によって、どのような諸結果が生じるのかという「予想される諸結果」に関する問題である。

ゲゼルによれば、この「減価する」貨幣の導入から生まれる「もっとも重要な結果」は、次の四点である。第一に、「自由貨幣」の導入とともに「需要が計測可能な問題に転化し、需要が貨幣所有者の意志、気紛れ、利潤渇望、投機から超越した存在になる。(84)」その結果、貨幣は、商品交換に確実性を与えるものとなるだろう。第二に、「自由貨幣」

の導入とともに「需要は、(a)国家によって流通・管理されている通貨量と(b)現在の商業制度によって可能となる貨幣の流通速度によって規定される。[85]」そしてそれに伴って、「自由貨幣」は「快速な貨幣」として商品交換を迅速化するものとなるだろう。第三に、「自由貨幣」の導入とともに「私的貨幣ストックは、自ずと消滅する。[86]」その結果、国家は、貨幣の増発や回収などの適切な通貨政策を実施できる可能性を与えられることになるだろう。第四に、「自由貨幣」の導入とともに貨幣は「特権」を奪われ、「基礎利子」は消滅する。その結果、消費者が購入する商品価格が下落し、商品交換の費用が低廉化するばかりでなしに、家屋、工場、船舶などの「物財」への投資も飛躍的に増加するだろう。その結果、国民の富裕と雇用の保証もまた与えられることになるだろう。

つまり、「自由貨幣」導入の「予想される直接的な諸結果」は、「商品交換が異常なほど確実かつ迅速になり、しかも低廉化する」とともに、国家の適切な通貨政策による全般的価格水準の固定化にともなって全般的販売不振、恐慌、大量失業が消滅するという点にある。だが、ゲゼルによれば「自由貨幣」の導入は、それればかりではなく、最終的に、彼の構想する「自由経済社会」の実現に導くという「社会的結果」をもたらすものになる。彼は、その点を次のように言っている。

「この自由貨幣の素晴らしい実際上の革命的業績は、次の点にある。すなわち、自由貨幣は、失業をなくし、利子収益とは関係なしに物財（実物資本）を創出する結果、利子を資本の過剰の中で水死させ、領主、レントナーそしてプロレタリアといった今日もはや相応しいとは思えない国民構成を瓦解させ、自由かつ独立的な市民階層をその主人公とする社会を作り出す点にある、と。[87]」

まさしく「自由貨幣」の導入というゲゼルの貨幣改革は、「自然的経済秩序」とその上に構築されるべき「自由経済社会」という「目的」を実現するための「手段」ということになるだろう。

以上のようなゲゼルの貨幣改革論をまとめるならば、次のようになる。（1）ゲゼルにとっての貨幣改革論は、「平等な自由競争原理」と「労働全収益権」が支配する「自然的経済秩序」や「自由経済社会」という「目的」を実現するための「手段」である、(2)ゲゼルの貨幣改革論は、商品を貨幣の「特権的地位」に引き上げようとしたプルードンの貨幣改革論とは反対に、貨幣から「特権」を奪い、商品の地位に引き下げようとするものである、(3)ゲゼルの貨幣改革論の核心となるのは、商品と同じように「減価する性質」をもった貨幣、すなわち「自由貨幣」の導入である、(4)この「自由貨幣」は、「商品交換を確実かつ迅速にし、しかも低廉化する」ばかりでなしに、貨幣から「基礎利子」を徴収する権利をも奪い、需給一致の均衡的世界と物財（実物資本）の豊富な供給を保証するとともに、「自然的経済秩序」や「自由経済社会」へと導く、この四点にまとめられるだろう。

このような「減価する貨幣」という「自由貨幣」の導入を中核とするゲゼルの貨幣改革論が、今日、地域の活性化とその不況対策を目的として導入されつつあるいわゆる「地域通貨」ないし「エコ・マネー」の思想的源流と見なされていることは、すでに周知の事実であるだろう。だが、ゲゼルの貨幣改革論は、「国民的」通貨制度それ自体の変革を目指したものであり、多くの場合「国家通貨」との「共存」を求める「地域通貨」改革とは、その位相を異にするものである。まず最初に、この点が確認されなければならない。第二に確認しなければならないのは、ゲゼルの貨幣改革論が、「自然的経済秩序」や「自由経済社会」の実現という社会改革思想を基礎としたものであり、多くの場合その目的を「地域の発展」や不況対策に限定する「地域通貨」改革とは大きく異なっているということである。更に第三に確認しなければならないのは、ゲゼルの貨幣改革論が、土地の所有権の完全な廃棄を目指す「土地改革」論と有機的に関連した改革であるという点でも、「土地改革」をほとんど視野に入れることのない「地域通貨」改革とその位相を異にしているということである。ゲゼルの貨幣改革論を「地域通貨」改革に結び付ける場合、こうした諸点が予め確認されておく必要があるだろう。

更に両者の貨幣改革論の相違として最後に触れなければならないのは、「地域通貨」改革が一九三〇年代以来オーストリアのヴェルグルなどで数多くの「実験」を積み重ねてきたのに対して、「国家的規模の通貨改革」を目指すゲゼルの貨幣改革論は、一度も「実験」がなされていないということである。そのことがどのような意味を持つのかについては、なお今後解明されるべき課題として残されていると、筆者は考えている。

まとめ

われわれは、シルビオ・ゲゼルの貨幣＝利子理論を彼の主著『自由地と自由貨幣による自然的経済秩序』第四版（一九二〇年）に基づきながら、貨幣批判の論理、「基礎利子」論、貨幣改革論というその三つの側面を中心に考察してきた。そこで明らかとなったのは、現行の貨幣は商品や労働に対して「非中立的」になっており、貨幣改革によって「中立化」させなければならないという彼の基本的な立場である。それと同時に、「資本主義の本質」を「貨幣経済」や「利子経済」による「生産資本」の支配と搾取に求め、貨幣資本との闘争を主要な課題と見なすゲゼルの立場が、「資本主義の本質」を産業資本における搾取関係に求め、産業資本との闘争を主要な課題と見なすマルクスの立場と決定的に異なったものになっているということである。こうしたマルクスの立場との相違を、ゲゼル自身、一九二一年三月三〇日付けのカウツキー宛ての手紙の中で次のように述べている。

「私の目標は、あらゆる社会主義者が考えるものと同じです。つまり搾取なき経済です。その目標に至る私の道程は、マルクス主義者の道程とは全く正反対のものであります。ベルリンからシャルロッテンベルクはモスクワやシベリアを通っても到達することができますように、上述した二つの道程は、いずれにしましても同じ目標に到達することができます。その際、問題となるのは、とりわけより短く、より確実な道程はどちらであるのかということだけです。

マルクスと同様に私も、自らの研究を貨幣と資本の性質についての研究から始めております。マルクスが、貨幣をひとつの独立的な資本としての性質をもつことを否認しておりますが、私は、ある論拠から貨幣の資本としての性質を承認いたします。このように両者の研究の出発点は同じでありますが、両者の研究は北極と南極ほどに異なっているのです。(88)」

こうしたマルクスとの相違を強調することもまた、ゲゼルの貨幣＝利子理論を大きく特徴づけるものになっているのである。

（1）アダム・スミス著、大河内一男監訳『国富論』第一巻、中央公論社、一九七六年、五八頁。

（2）Waltrud Schelkle,Motive ökonomischer Geldkritik, in:Waltraud Schelkle,Manfred Nitsch（Hrsg.）,Rätsel Geld. Marburg 1995,S.11.

（3）Ibid.,S.13.

（4）マルクス著、大内力他訳『経済学批判』、岩波文庫、一九五六年、五二―五三頁。

（5）マルクス著、前掲書、五二頁。

（6）Waltraud Schelkle,Motive ökonomischer Geldkritik,S.12.

（7）Ibid.,S.12.

（8）J.M.ケインズ著、塩野谷祐一訳『普及版　雇用・利子および貨幣の一般理論』、東洋経済新報社、一九九五年、三三三―三八六頁。

（9）ケインズ著、前掲書、三五四頁。

（10）「地域通貨」については、河邑厚徳他著『エンデの遺言―根源からお金を問うこと―』、ＮＨＫ出版、二〇〇〇年、『自由経済研究』第一号―三八号、森野栄一監修『だれでもわかる地域通貨入門』、北斗出版、二〇〇〇年などが詳しい。

（11）Silvio Gesell,Die Natürliche Wirtschaftsordnung durch Freiland und Freigeld .4 Auflage,Berlin 1920, in:Silvio Gesell Gesammelte Werke, Bd. 11. 邦訳、シルビオ・ゲゼル著、相田愼一訳『自由地と自由貨幣による自然的経済秩序』第四版（一九二〇年）、ぱる出版、二〇〇七年。（以下、このゲゼルの主著をＮＷＯと略称する。）

なお、本章は本訳書の刊行よりもだいぶ前に書かれたために、本章における本訳書からの引用は、本訳書の文体と必ずしも一致していないが、その訳し方においてそれほどの内容上の相違があると思われないので、繁雑さを避けるという観点から、あえて本訳書の文体と一致させず、本章執筆時の文体のままにした。
(12) 森野栄一氏のゲゼル研究の代表的なものとしては、森野栄一「補完通貨と貨幣利子批判の論理」『情況』二〇〇〇年三月号、森野栄一「忘れられた思想家シルビオ・ゲゼル」『エンデの遺言』、森野栄一「ゲゼルに幻惑」『自由経済研究』第一号、一九九五年、森野栄一「ゲゼルに幻惑（2）」『自由経済研究』第二号、一九九五年などがある。
(13) Silvio Gesell,NWO,S.135. 邦訳、二四二頁。
(14) Ibid.,S.118−119. 邦訳、二一八−二一九頁。
(15) マルクス著、前掲書、四九頁。
(16) Sivio Gesell,NWO,S.123, 邦訳、二二五頁。
(17) Ibid.,S.124. 邦訳、二二七頁。
(18) Ibid.,S.12. 邦訳、二二〇頁。
(19) Ibid.,S.126. 邦訳、二三〇頁。
(20) Ibid.,S.152. 邦訳、二六七−二六八頁。
(21) Ibid.,S.128. 邦訳、二三二頁。
(22) Ibid.,S.326. 邦訳、五五七頁。
(23) Ibid.,S.240. 邦訳、四一四頁。
(24) Ibid.,S.178−179. 邦訳、三〇九頁。
(25) Ibid.,S.181. 邦訳、三一二−三一三頁。
(26) Ibid.,S.182. 邦訳、三一四頁。
(27) Ibid.,S.182−183. 邦訳、三一四−三一六頁。
(28) Ibid.,S.183. 邦訳、三一六−三一七頁。

(29) Ibid.,S.184. 邦訳、三一七頁。
(30) Ibid.,S.239. 邦訳、四一三頁。
(31) Ibid.,S.111. 邦訳、二〇八頁。
(32) Ibid.,S.324. 邦訳、五五四頁。
(33) Ibid.,S.324. 邦訳、五五五頁。
(34) Ibid.,S.324. 邦訳、五五五頁。
(35) マルクス著、前掲書、七三七頁。
(36) Silvio Gesell,NWO,S.325. 邦訳、五五五頁。
(37) Ibid.,S.324. 邦訳、五五五頁。
(38) Ibid.,S.325. 邦訳、五五五頁。
(39) Ibid.,S.325. 邦訳、五五五頁。
(40) Ibid.,S.325. 邦訳、五五五頁。
(41) Ibid.,S.325. 邦訳、五五五－五五六頁。
(42) Ibid.,S.325. 邦訳、五五六頁。
(43) Ibid.,S.325. 邦訳、五五六頁。
(44) Ibid.,S.325－326. 邦訳、五五六－五五七頁。
(45) マルクス著、前掲書、二一二頁。
(46) Silvio Gesell,NWO,S.326. 邦訳、五五七頁。
(47) Ibid.,S.326. 邦訳、五五七頁。
(48) Ibid.,S.327. 邦訳、六四九頁。
(49) Ibid.,S.328. 邦訳、五六一頁。
(50) Ibid.,S.334. 邦訳、五七〇頁。

(51) Ibid.,S.337. 邦訳、五七四頁。
(52) Ibid.,S.336. 邦訳、五七二–五七三頁。
(53) Ibid.,S.328. 邦訳、五六〇–五六一頁。
(54) Ibid.,S.329. 邦訳、五六一頁。
(55) Ibid.,S.329. 邦訳、五六一–五六二頁。
(56) Ibid.,S.329. 邦訳、五六二頁。
(57) Ibid.,S.330. 邦訳、五六二–五六三頁。
(58) Ernst Schoenmann,Karl Marx/Das Kapital.Schweiz 1952,S.240.
(59) Silvio Gesell,NWO,S.331. 邦訳、五六五頁。
(60) Ibid.,S.327. 邦訳、五五八頁。
(61) Ibid.,S.338. 邦訳、五七六頁。
(62) Ibid.,S.338. 邦訳、五七六頁。
(63) Ibid.,S.343. 邦訳、五八三頁。
(64) Ibid.,S.340. 邦訳、五七九頁。
(65) Ernst Schoenmann,Karl Marx,S.241.
(66) Ibid.,S.241.
(67) Silvio Gesell,NWO,S.358. 邦訳、六一五頁。
(68) Ibid.,S.358–359. 邦訳、六一〇–六一二頁。
(69) Ibid.,S.360. 邦訳、六一四頁。
(70) Ibid.,S.360. 邦訳、六一四頁。
(71) Ibid.,S.369. 邦訳、六三〇頁。
(72) Waltraud Schelkle,Motive ökonomischer Geldkritik,S.18.

（73）Silvio Gesell,NWO,S. XⅡ. 邦訳、七頁。
（74）Ibid.,S. XⅡ. 邦訳、七頁。
（75）Ibid.,S.238. 邦訳、四一一頁。
（76）Ibid.,S.238. 邦訳、四一二頁。
（77）Ibid.,S.239. 邦訳、四一五頁。
（78）Ibid.,S.239. 邦訳、四一三頁。
（79）Ibid.,S.240. 邦訳、四一六頁。
（80）Ibid.,S.241. 邦訳、四一七頁。
（81）Ibid.,S.255. 邦訳、四三八頁。
（82）Ibid.,S.314. 邦訳、五三五頁。
（83）Waltraud Schelkle,Motive ökonomischer Geldkritik,S.20.
（84）Silvio Gesell,NWO,S.253. 邦訳、四三五頁。
（85）Ibid.,S.253. 邦訳、四三六-四三七頁。
（86）Ibid.,S.253. 邦訳、四三六頁。
（87）Ibid.,S.255. 邦訳、四三八頁。
（88）Silvio Gesell Gesammelte Werke, Bd. 18,Hamburg 1997,S.249.

第五章　シルビオ・ゲゼルの「基礎利子」論

はじめに

シルビオ・ゲゼル（Silvio Gesell. 1862–1930）は、経済理論史の上では「スタンプ貨幣[1]」を構想した「異端の経済学者[2]」として知られる。このシルビオ・ゲゼルの生涯と思想を、ケインズは主著『雇用、利子および貨幣の一般理論』（一九三六年）の中で次のように簡潔に紹介している。

「ゲゼルはブエノスアイレスで成功したドイツの商人であった。彼はアルゼンチンにおいてとくに激甚であった八〇年代後期の恐慌が動機となって、貨幣問題の研究を始め、処女作『社会国家に架橋するものとしての貨幣制度の改革』を一八九一年ブエノスアイレスで出版した。貨幣に関する彼の基本的な考え方を同じ年に『事態の本質』という表題でブエノスアイレスで出版して以降、彼は、生活に追われない人のみに許された、著作と試験的農業という二つの最も楽しい仕事に余生を捧げることのできる裕福な人として、一九〇六年にスイスに隠遁するまで、数多くの著書と小冊子を相次いで出版した。

彼の代表的著作の第一部は、『貨幣改革と土地改革による労働全収益権の実現』という表題で一九〇六年スイスのレゾート・ジュネヴィーにおいて出版され、第二部は一九一一年ベルリンにおいて『貨幣と利子の新理論』

という表題で出版された。両者は合冊されて『自由地と自由貨幣による自然的経済秩序』という表題で戦争中(一九一六年)ベルリンとスイスで出版され、彼の生存中に六版を重ねた。その英訳(フィリップ・パイ氏によって翻訳)は『自然的経済秩序』と名づけられている。一九一九年四月ゲゼルはバイエルンにおける短命であったレーテ共和国に大蔵大臣として加わったが、後に軍法会議にかけられた。晩年の一〇年はベルリンとスイスで送り、自由地・自由貨幣運動の宣伝に努めた。

ゲゼルは、……世界中に数千人もの信奉者をもつ崇拝され敬愛された予言者となった。……ゲゼルの信奉者たちは、彼に予言者的な装いを与えたけれども、彼の主著は冷静な、科学的な言葉によって書かれている。ただし、その全体にみなぎっている社会正義に対する信念は、科学者として品位があると考えられる以上に激しく感情的である。……この著書の目的は全体としては反マルクス主義的社会主義の建設と見ることができよう。それは自由放任主義に対する一つの反動ではあるが、その拠って立つ理論的基礎が、古典派の仮説ではなくてその非認の上に立ち、競争の廃止ではなくてその解放の上に立っている点において、マルクスの基礎とはまったく異なったものである。将来の人々はマルクスの精神よりもこのゲゼルの精神からより多くのものを学ぶであろうと私は信じている。[3]」

このようなケインズの簡潔な紹介からもわかるように、ゲゼルはプルードンの影響を強く受けた[4]「反マルクス主義的社会主義者」であった。この「反マルクス主義的社会主義者」ゲゼルの貨幣=利子理論、とりわけそのコアを成す「基礎利子」論を主著『自由地と自由貨幣による自然的経済秩序』第四版[5](一九二〇年)の第五部「自由貨幣理論、利子理論、資本理論」を中心に考察するのが、本稿の主要な課題である。以下、見ることにしよう。

一 ロビンソン・クルーソー物語―利子とは何か―

『自由地と自由貨幣による自然的経済秩序』第四版（一九二〇年）第五部「自由貨幣理論、利子理論、資本理論」におけるゲゼルの「基礎利子」論は、まず「利子理論の試金石としてのロビンソン・クルーソー物語」[6]を語ることから始められる。彼は、この「ロビンソン・クルーソー物語」を語ることの意義を次のように述べている。

「私がロビンソン・クルーソー物語から始めるのは、ここで展開される利子理論の正しさを示すためであると同時に、利子問題に関して依然として根強く残っている古くさい偏見を取り除くためでもある。[7]」

つまり、ここで語られる「ロビンソン・クルーソー物語」は、彼の利子理論全体ばかりでなしに、その理論的コアとなっている「基礎利子」論の導入部[8]という重要な意義づけを与えられているのである。したがって、ゲゼルの「基礎利子」論についてのわれわれの研究も、この「ロビンソン・クルーソー物語」を紹介することから始める必要があるだろう。以下の引用は、『自由地と自由貨幣による自然的経済秩序』第四版の第五部第一章「利子理論の試金石としてのロビンソン・クルーソー物語」からのものである。

ロビンソンはひとつの運河の建設を計画し、三年間の運河建設の労働を継続させるのに必要な蓄えを用意しなければならなかった。彼は豚を屠殺し、その肉を塩漬けにした。また彼は、地面の穴に沢山の穀物を入れ、その穴を慎重に塞いだ。さらに彼は鹿皮をなめして衣服に仕立て、衣魚除けのスカンクの油を塗った後で、この衣服を木箱の中にしまい込んだ。

要するにロビンソンは、自分の見込みにしたがって、これから三年間のことを考えたのであった。

彼が、今や自分の「資本」がこの事業計画に十分であるのかどうか最後の見積もりをしている時に、向こうから一人の男が歩いてくるのが見えた。

「やあ」と、その見知らぬ男は声をかけてきた。

「私の乗っていた小船が難破してしまったので、この島に上陸したのです。私は耕作したいのですが、最初の収穫が得られるまで、あなたの蓄えを貸してもらえないでしょうか。」

　この申し出を聞くや、ロビンソンの頭の中で自分の蓄えが利子とレントナーの栄光をもたらしてくれるという考えが、咄嗟に閃いた。彼は直ちに、その申し出を承諾した。

「ありがたい」と、その見知らぬ男は答えた後、次のように言葉を続けた。「だが、あなたに言っておかなければなりませんが、私は利子を払いませんよ。利子を払うくらいであれば、狩猟や漁労でもなんでもして暮らしていきますよ。私の信仰は、利子を取ることも利子を払うことも禁じているのです。」

ロビンソン（以下、Rと略す）：「結構な宗教をお持ちのことですね。だが、あなたが利子をまったく払わないとすると、私の大事な蓄えをどうしてあなたに貸し付けるなどとお考えになるのでしょうか。」

見知らぬ男（以下、Ｆｒと略す）：「利己心からですよ。ロビンソンさん、あなたは、この取引によって誰にでもわかる利益を得るのです。あなたは単に利益を得るばかりか、相当大きな利益を得ることになるのです。」
Ｒ　：「そう言うなら、ぜひその計算をして見せて下さい。正直いって、私の蓄えを無利子で貸し付けて、どのような利益が得られるというのでしょうか。私にはわかりません。」
Ｆｒ：「では、全部計算してみましょう。ご自分で計算し直してみれば、無利子で貸し付けても、私にお礼まで言うことになりますよ。私はさしあたり衣服を必要としています。ご覧の通り、私は裸です。衣服の蓄えはありますか。」
Ｒ　：「その木箱の中には、上の方まで衣服が詰まっています。」
Ｆｒ：「だが、ロビンソンさん。あなたが本当に賢明であるといいんですけどね。いったい誰が木箱の中に衣服を三年間も釘付けのままにしておくといったようなことをしますか。衣魚の好むご馳走である鹿皮をですよ。そうでなくとも、衣服は絶えず風通しを良くして、油脂を擦り込んでおかなければなりません。そうしておかなければ、傷んだり、蒸れてしまいますよ。」

Ｒ：「おっしゃる通りですが、私にはこうする以外に何ができるというのでしょう。衣装棚にしまっておく方が良いなどと言うのではないでしょうね。むしろ反対に、衣装棚には鼠類なども来ますし、衣魚だって入り込んでくるのです。」

Ｆｒ：「でも、木箱にだって鼠は入り込んでくるでしょう。ほら、もう囓られていますよ。」

Ｒ：「本当だ。こういった被害というものは、まったく防ぎようがありませんね。」

Ｆｒ：「どうやらあなたは鼠から衣服を守る術をご存じないようですね。あなたが算術を学んだとはとても思えません。私たちの中であなたような境遇の人が、鼠類や衣魚、泥棒、破損、塵、黴から衣服を守る方法をお話しすることにしましょう。私にこの衣服を貸して下さるならば、私は、あなたが衣服を必要になった時には、あなたのために新しい衣服を作ることを約束します。あなたは、私に与えたのと同量の衣服を取り戻すだけではありません。この取り戻した衣服は新しい衣服になっているのですから、あなたが必要な時に木箱から取り出す衣服よりもはるかに良質のものを手に入れるのです。ましてや、スカンク油脂の悪臭など付着しているものでありません。どうです、貸してくださるでしょうね。」

Ｒ：「わかりました。あなたに木箱ごと衣服をお渡ししましょう。無利子で衣服を貸しても、私の利益になるということがわかりました。(原注1)」

Ｆｒ：「さて次に、あなたの小麦を見せてくれませんか。私は、種蒔きにもパンを作るのにも小麦が必要です。」

Ｒ：「その丘をくだったところに埋めてあります。」

Ｆｒ：「あなたは、三年間も小麦を土の穴に埋めておくというのですか。黴や虫のことを考えたことがないのですか。」

Ｒ：「もちろん考えました。けれども、どうしたらよいというのでしょうか。いくら考えても、これより良い貯蔵方法を思い付くことができませんでした。」

Ｆｒ：「かがんで、見て下さい。表面に虫が跳ね回っているのを見ることができるでしょう。塵も見えますか。そして黴がはえているのも見えませんか。すぐにでも小麦を掘り出して、風にあてなければなりません。」

R：「この資本は、もう絶望的です。自然のこうしたいくつもの破壊力から小麦を守る術があったならばよいのですが。」

Fr：「ロビンソンさん、私たちのところではどのように小屋を建てるのかをお話ししましょう。風通しがよく、湿気のない小屋を建てるんです。床は頑丈な板張りにして、そこに小麦を広げます。それからシャベルで全体をかき混ぜながら、三週間ごとに定期的に、しっかりと風にあてるんです。鼠を捕まえるために多数の猫を飼い、罠も仕掛けます。火災を防ぎ、毎年品質や量目の損失が一〇%を越えないようにします。」

R：「そうですが、そのための労働と費用とを考えますとね。」

Fr：「労働をほとんど必要とせず、費用もいらない方法があります。その方法をお話ししましょう。あなたの蓄えを私に貸してください。そうすれば、私が収穫を得られたら、新鮮な穀物で、ポンドだったらポンドで、袋なら袋で、渡されたものを返済します。あなたは、小屋を建てる労働を節約し、穀物をかき混ぜる必要もないし、猫を飼う必要もありません。量目の点でもあなたは何の損もせず、古くさくなった穀物の代わりに絶えず新鮮な味の良いパンを手に入れることができるのです。どうでしょうか。」

R：「それは、大変ありがたい。あなたの提案を受け入れましょう。」

Fr：「それでは、無利子であなたの穀物を貸してくれますね。」

R：「無利子で結構です。無利子でも、当方は感謝いたします。」

Fr：「でも、私はその一部しか使えませんので、全部引き取るつもりはありませんよ。」

R：「それでは十袋につき九袋を返却すればよいという条件で、あなたに私の蓄えの全部を提供したいのですが、いかがでしょうか。」

Fr：「いや、結構です。それではまるで利子付きで、しかもですよ、プラスの利子ではなく、マイナスの利子のために労働することになります。貸し手の代わりに借り手が資本家になるようなものです。私の信仰は高利を禁じていますが、また転倒した利子をも禁じています。では、こうしましょう。私の監督で小麦の蓄えを取り出し、小屋を建て、必要な作業を行うというのはどうでしょう。その労働の代わりに、毎年、十袋につき二袋を私に賃金として支払ってください。それで手を打ちませんか。」

Ｒ：「あなたのサービスを高利を隠蔽する行為と呼ぼうが、労働と呼ぼうが、私には同じことです。とにかく、あなたに十袋を与えましょう。そしてあなたは私に八袋を返済する。これで折り合いがつきましたね。」

Ｆｒ：「しかしまだ、別の物が必要です。鋤、荷車、手工具などです。これら全部を無利子で貸してくださいませんか。返却する時には、どれも変わらぬ品質で、つまり新しい鋤なら新しい鋤で、新しい鎖なら新しい錆びていない鎖で返却することを約束します。」

Ｒ：「もちろん、用意しましょう。今、私が所有しているこのような蓄えを保持するには、かなりの労力を必要としますから。この間などは、小川が氾濫して小屋が水浸しとなり、一切合切が泥だらけになってしまいました。次には嵐で、屋根は吹き飛び、全部雨でやられてしまいました。今の時季のように、乾燥した天気が続くと、風が砂や塵を小屋の中に運んでくるのです。錆や腐朽、倒壊、日照り、日光や日陰、木喰虫、白蟻といったことで仕事には絶え間がありません。泥棒や放火犯がいないことだけがましといえばましなのですが。それが、これらの物を手間隙かけず、また損失を被らず、しかも良好な状態に保ちながら、後で使用できるように保持できるのですから、何と嬉しいことでしょう。」

Ｆｒ：「それでは、蓄えを私に無利子で貸すことが、利益になるとわかってくれたのですね。(原注2)」

Ｒ：「率直にその事実を認めましょう。それでも、疑問が残ります。それは、なぜ海の向こうの祖国では、そのような蓄えが所有者に利子をもたらすのかということです。」

Ｆｒ：「その説明は、海の向こう側での取引を媒介している貨幣の中に求められるはずです。」

R：「なんですって。利子の源泉は貨幣の中に求められなければならないというのですか。そんなことはありえません。マルクスが貨幣と利子について述べているところを、聞いてみてください。『利子（剰余価値）の源泉は、労働力である。貨幣を資本に転化させる利子は、貨幣に起因することなどありえない。貨幣が交換手段であることが正しいならば、貨幣は商品価格を支払い、商品を購入する以外の何ものをもしない。貨幣がそのように不変のままであり続けるならば、貨幣は価値を付加することがない。それゆえ、剰余価値（利子）は、購入されそしてより高価に販売された商品に由来する。この変化は購買の際にも、また販売の際にも、発生しない。これらの行為においては、等価物が交換される。それゆえ、商品を購入し再び売却する前に、この変化が起こるということは、依然として単なる仮定のままなのである』（マルクス『資本論』）」、と。

Fr：「あなたはこの島に暮らして、もうどれくらいになりますか。」

R：「三〇年になります。」

Fr：「人間というものは、良く覚えているものですね。なおそのような価値論を引き合いにだすのですから。ああ、ロビンソンさん、もうこの問題は片付いているのですよ。価値論は、すでに片がついているのです。価値論を主張する人など、もはやどこにもおりません。」

R：「なんですって。マルクスの利子論はすでに死滅しているですって。そんなことは、嘘にきまっています。たとえ、もはや誰一人主張しなくても、私はそれを主張します。」

Fr：「よろしいでしょう。それなら言葉だけではなく、行為によっても主張するがいいでしょう。そのような行為を取りたいのであれば、あなたと私は対立することになります。私はたった今締結した取引から手を引きましょう。あなたはここに蓄えをもっています。この蓄えは、その本質と用途からもっとも純粋な形態と見なされるもの、すなわち一般に『資本』と呼ばれるものです。私はそうしたあなたの物を必要としていますが、あなたは私に資本家のように対峙しています。いかなる労働者も、私が今や直面しているほどあからさまに企業家に対峙しているようなことはないでしょう。私たちの対立関係のように、資本の所有者と資本を必要とする者との連帯関係が、これほどに破られようとは。さあ、私から利子がとれるのか、試してごらんなさい。それとも、われわれは、もう一度最初から取引をやり直しますか。」

R：「いや、あきらめます。鼠や衣魚、錆が私の資本家的精力を殺いでしまいました。でも、あなたはこの問題をどう説明するのですか。どうぞお話しください。」

Fr：「説明するのは簡単です。この島に貨幣経済が成立していると仮定しましょう。その場合、遭難者である私が貸付けを必要としているならば、たった今無利子であなたから借りた物を購入するために、資金提供者に頼み込む必要がでてきます。資金提供者は、鼠、衣魚、錆、火災そして屋根の損傷に苦しめられることがありません。ですから、私のような遭難者は、あなたに対するような態度で対峙することができません。商品の所有と結び付いている損失というものを理解してください。あっ、そこの犬があなたの物、いや今は私のものである鹿皮を引きずっていきますよ、気をつけて下さい。さて、商品を保管しなければならない者は、資金提供者ではありません。どのような配慮も、そして私があなたを納得させた十分な証明も、資金提供者には関係のないことなのです。私が利子の支払いを拒んでも、あなたは鹿皮の衣服の詰まった木箱を閉めませんでした。資本の特性があなたを更なる交渉へと向かわせたのですが、貨幣資本家は、私が利子を支払わないと言えば、素っ気なく私の目の前で金庫の扉をピシャリと閉めるでしょう。私は、貨幣そのものが必要だったわけではありません。貨幣で購入することのできる鹿皮の衣服が必要だったのです。それに対して、あなたは鹿皮の衣服を私に無利子で貸してくれます。なのに、私は貨幣に対しては利子を支払わなければならないのです。」

R：「そのように利子の源泉が貨幣に求められるとすれば、マルクスは間違っていたのでしょうか。マルクスは、どこかで次のように述べていますね。

『本来の商人資本においては、G—W—G'なる形態、より高く売るために買うということが、もっとも純粋に現れる。他方において、その全運動は、流通部面の内部で行われる。しかし、流通そのものから、貨幣の資本への転化、剰余価値の形成を説明することは、不可能なのであるから、商人資本は、等価が交換されるや否や、不可能になるように思われる。ただ買う商品生産者と、売るそれのあいだに、寄生的に割りこむ商人によって、これら商品生産者の双方が詐取されるということからのみ、商人資本は導き出されるのである。……商人資本の価値増殖が、商品生産者を単に詐欺にかけるということから説明すべきでないとすれば、このためには一連の長い中間項が必要である。』（マルクス『資本論』第一巻、第四版 S.127.）」

Fr：「ここでも、マルクスは完全に間違ってますね。国民経済学の重要な核心である貨幣について思い違いをしているのですから、彼は至る所で誤りを犯しているにちがいありません。マルクスや彼の信奉者たちは、貨幣制度を自らの考察外のこととしたために、間違いを犯しているのです。」

R：「そのことは、貸付けについての私たちの交渉が実証してくれました。貨幣はマルクスにとっては交換手段にすぎませんが、それは単なる『購入した商品の価格を支払う』以上の働きをしているんですね。利子を支払おうとしない時、銀行家が、商品（資本）の所有者が苦しむことなどお構いなしに、貸付けを待つ人の前で金庫を閉めることができるのは、貨幣それ自体が商品に対して権力をもつことに負っているというのですね。いやはやそこに商品の弱点があるとは。」

Fr：「鼠や衣魚、錆は、これほどの証明力を持っているのですね。」

(原注1) 事は自明でありながら、自明であればこそ、今日まであらゆる利子理論家は、このような利益を認めることがなかった。プルードンですら、この事を見逃したのである。

(原注2) 「しかるにベーム・バヴェルクは、現在財は必要とあれば将来のために『保存しうる』のであるから、少なくとも将来財と同等であると主張している。これはおそらく誇張のしすぎであるだろう。ベーム・バヴェ

ルクはこの法則の例外、すなわち氷や果物などの、損なわれやすい財に言及している。しかし、どのような食料品にも、そのことは程度の差はあっても例外なく妥当するのである。確かに、こうした財は、将来のための保管に特別な苦労や配慮を必要とせず、しかも危険にあうことが少ない貴金属や宝石類などの財とも違っている。しかし、そのような財にしても、火災やそれに類いする災難によって失われることもある。」(Knut Wicksell, Wert, Kapital und Rente, S.83.)（今日、銀行は金や宝石、有価証券などの保管用に、個人向けの特別な個室を用意している。しかし、それには賃貸料を支払わねばならない。その金額分だけ、「現在財が将来財に」及ぶということはないのである。[9]）

このゲゼルの「ロビンソン・クルーソー物語」は、貨幣の存在しない世界（自然経済）で物財の所有者ロビンソン・クルーソーとその借り手「見知らぬ男」との物財の貸借関係の事情を述べたものである。その寓意が示すのは、主として以下の三点である。（1）ロビンソン・クルーソーの所有する物財は、時間とともに自然の破壊的作用を受けて「減価」する。そればかりか、物財の保管と維持には莫大な労力と費用とを必要とする。したがって、物財の所有者ロビンソン・クルーソーは、その借り手「見知らぬ男」との物財の貸借関係において不利となり、「マイナスの利子」（減価分＋保管費の合計分の損害）を支払うことになる。（2）それに対し、貨幣は時間が経過しても「減価することがない」ばかりか、保管費もほとんど不要である。したがって、「待つことのできる」貨幣所有者は、貨幣の貸借関係において有利な立場に立ち、貨幣の借り手から「プラスの利子」を取ることができる。（3）利子の源泉を「労働力の搾取」に求めるマルクス利子論の根本的な誤りは、いわゆる「価値」論に基づいて貨幣を「商品の等価物」と見なした点にある。この三つの論点に依拠しながら、ゲゼルは自らの「基礎利子」論を展開することになる。

二　「基礎利子」論

「基礎利子」論を展開するにあたって、ゲゼルは、これまでの「市民的経済学者」と「マルクス経済学者」の利子理解を次のように総括する。

「市民的経済学者とマルクス経済学者の利子分析は、利子を生産手段の私的所有と不可避的に結び付いている付随現象であるとする点で、共通している。『共産主義や共同所有を拒否し、自由な経済生活を望む人々は、利子に基づいた経済制度（資本主義）を受け入れなければならない』と、このようにこれまで利子を研究してきた者は異口同音に言う。確かに、倫理的観点による利子評価の点では、両者の見解はかなり大きな対立を示している。社会主義者が、利子を暴力的略奪や不道徳な経済的権力の濫用の結果と見なすのに対して、市民的経済学者は、利子を秩序、勤労、倹約といった経済的徳への報酬と見なす、という対立である。だが、この対立は副次的意義しか持ちえない。この対立をいくら検討しても、『利子とは何か』という問題を明晰にすることができない。そればかりか、この対立は、利子を実際に支払わなければならない者、すなわち無産者（プロレタリア）にとって、どうでもよいことなのである。[10]」

利子の道徳的・倫理的評価の点では対立するにしても、利子を「生産手段の私的所有と不可避的に結び付いている付随現象」と見なす点で、「市民的経済学者」と「マルクス経済学者」の利子理解は共通しているというのが、ゲゼルの総括なのである。それに対し、ゲゼルはこのような利子理解の立場を取らない。彼の利子理解の基本的視座は、次のようなものである。

「今や私は、利子が生産手段の私的所有とはまったく関係がないということ、更にいかなる無産大衆（プロレタリアート）が存在しない、また存在しなかったところでも、利子が存在しているということ、そして節約、秩序、効率性といったことは利子に決定的な影響を及ぼすものでないということ、こうした点を示そうとするものである。[11]」

つまり、利子は「生産手段の私的所有とは全く関係のない」現象であり、「バビロニア人、ヘブライ人、ギリシア人、ローマ人の時代から今日まで伝えられた伝統的な貨幣にその起源を有しており、しかもこの伝統的貨幣の素材や法律的特権によって保護されている現象[12]」である。これがゲゼルの利子理解の基本的視座なのである。

こうした基本的視座に基づいて、なによりもまず「利子は剰余価値の単なる断片にすぎない」と主張するマルクスの貨幣＝利子理論が批判される。

ゲゼルはいう。「マルクスの利子論は、市民的経済学者のそれと同じように誤った軌道を辿っている。[13]」ゲゼルによれば、マルクスの貨幣＝利子理論の第一の誤りは、「科学的に不確かなもの[14]」である「価値」論に基づいて「貨幣と商品を完全な等価物」と見なした点にある。彼は、それを次のようにいう。

「マルクスも、自らの利子論研究を貨幣から始めている。けれども、彼は、（「価値」論という）誤った前提から始めたために、通俗的な資本擁護派の利子論研究者と同じように、貨幣と商品を完全な等価物として扱ってしまったのである。[15]」

その結果、「マルクスは、貨幣に非難すべき何ものをも発見しなかった。[16]」事実マルクスは、「古代バビロニア人、イスラエル人、ギリシア人、ローマ人から受け継いだわれわれの貨幣は、完全無欠な交換手段という役目を今日まで立派に果たしている[17]」と考えるのである。マルクスが『資本論』の中で、「金と銀は本性上、貨幣なのではなく、貨幣が本性上、金と銀なのであり、その自然的属性と交換の媒介者としてのその機能との間には調和がある[18]」といっているのは、その確たる証拠にほかならない。このように「マルクスはいかなる特別な貨幣権力といったものを認識することがなかった[19]」のであるから、「諸国民が投機家と高利貸しからなる黄金のインターナショナルによって搾取されている[20]」という事実も、存在しないのである。マルクスの場合、「権力を握っているのは、金融家でもなければ、取引所貴族でもなく、生産手段の所有者なのである。[21]」このように述べた後で、ゲゼルはマルクスの貨幣＝利子理論の果たしている客観的役割を次のように批判した。

「金と金本位制度への賛歌を歌うことによって、マルクスはプロレタリアートの注意を貨幣から完全に逸らしてしまい、無産者階級、すなわちプロレタリアートを投機家、高利貸し、詐欺師たちの直接的保護下に置いたのであった。それゆえに、今や世界のどこでも、マモンの寺院の守り神が赤い番犬に置換されるという痛ましい茶番劇が演じられているのである。[22]」

更にゲゼルによれば、マルクスの貨幣＝利子理論の第二の誤りは、「貨幣の資本への転化」論において「交換過程に関する定式（G—W—G'）」といういわゆる「資本の一般的定式の矛盾」の解決を「交換過程以外のところ」に求めたことである。ゲゼルはそれを次のようにいう。

「きわめて奇妙なのは、マルクスが交換過程に関する自分のG—W—G'定式の中に、彼が主張する等価性との矛盾を発見しているにもかかわらず、この矛盾を交換過程の外部の、しかも中間項の長い連鎖の中で立証しようとしていることである。

この『長い連鎖を経過して辿り着いた交換過程以外の場所』とは、生産過程のことである。この連鎖は、終始一貫して工場の内部である。企業家は、多数の搾取者の一人ではなく、唯一の搾取者である。そして搾取されるのは、例外なく賃金労働者階級なのである。[23]」

ゲゼルによれば、マルクスがG—W—G'定式の「矛盾」の解決を「生産過程」、すなわち労働力の商品化による剰余価値の生産に求めたのは、マルクスが「流通そのものから、貨幣の資本への転化を説明することが不可能である、つまり、商人資本の定式は、等価で交換される場合には不可能になる[24]」と考えていたからである。だが、ゲゼルはそのようには考えない。彼はいう。「マルクスがG—W—G'定式の中に発見した矛盾を完璧に解決するためには、そのような連鎖は、むしろ私には不必要なものに思われる。[25]」それればかりでなしに、G—W—G'定式の「矛盾」の解決を

「生産過程」に求めるマルクスの解決は、「貨幣の資本への転化」が「流通部面で行われなければならない」というマルクス自身の設問に答えるものになっていない。このようにゲゼルは、マルクスの解決を批判するのである。

ゲゼルにとって、マルクスのG―W―G'定式の「矛盾」の解決は、なによりもまずその設問通り「交換過程」の中に求められなければならない。そのためには、「古代から受け継いだ形態のわれわれの貨幣は、いかなる『等価物』でもなく、G―W―G'定式にしたがってしか流通しないということ、またこのような貨幣を使用したあらゆる国民は、利子に基づく経済、すなわち資本主義のために救いがたいほどの衰退を被るということ」[26]、このことが、まずもって認識される必要がある。こう述べた後で、彼は、「G―W―G'定式にしたがって貨幣を流通させる力、したがって貨幣の資本としての性格」[27]を次のような「商品と貨幣の物理的性格の相違」から説明している。
一、貨幣は、「発展した分業」の本質的条件である。「発展した分業」の下で生産された物財は、必然的に商品形態を取る。この商品の交換を確実に、迅速に、そして廉価に行なうのが、貨幣である。したがって、「発展した分業」の下では、貨幣は不可欠の存在になる。
二、伝統的な貨幣は、時間の経過とともに「減価」することもなければ、ほとんど保管費を必要としないというその物理的特性のために、いつでも随意に市場から撤退することが可能になる。それに対して、交換の媒介者としての貨幣に無条件に依存している商品（労働）は、商品の保管に関連した、絶えざる減価のために、貨幣への需要を絶えず強制されている。したがって、貨幣所有者は、「有利な市況」が到来するまで「待つことができる」のに対して、商品所有者は、「有利な市況」が到来するまで「待つことができない。」[28]こうした両者の物理的性格の相違が、商品と貨幣の関係を「不等価」にし「商品所有者を貨幣所有者に従属させる」「貨幣権力」を必然的に生んでいるのである。
三、二に見られるような商品と貨幣の物理的性格の相違から必然的に生まれる「貨幣権力」という特有な事情のために、貨幣所有者は、商品交換を恣意的に延期させたり、妨害したりすることができる。こうした事態を回避するために、商品所有者は貨幣所有者に「貨幣の使用」の代償として「貢租」を支払わなければならない。これが、「基礎利子（Urzins）」なのである。

以上の一―三をゲゼルは次のように総括する。

「供給は、需要、しかも即座の需要を必要とする。そして需要は、供給のこうした窮境ないし強制状態を熟知している。それゆえに、需要は、通例市場から自由に撤退できるという特権のために、特別な給付を要求することができるのである。……したがって、われわれは次のように言うことができる。『今日の貨幣が通例商品交換を媒介するのは、貢租が徴収される場合だけである』、と。市場において商品交換を媒介する貨幣は、通行税を支払った場合にだけ開かれる遮断機の如きものである。それが通行税、利潤、貢租、利子などのように呼ばれようとも、それらは、商品交換の全般的前提になる。この貢租なしには、いかなる商品交換も不可能となる。[29]」

このように貨幣が「商品の交換を恣意的に中断させる」ことから「基礎利子」を獲得するとすれば、この貨幣は資本（G―W―G'）そのものである。つまり、商品交換の際の「貨幣使用の報酬」として貨幣所有者が商品生産者から徴収する「基礎利子」が、マルクスのG―W―G'定式のG'－Gの差額△gであり、「貨幣の資本への転化」を説明するものだというのである。したがって、ゲゼルにとってマルクスのG―W―G'定式の「矛盾」は、「生産過程」の中ではなく、その設問通り「交換過程」の中で解決可能となるのである。

そのように理解した上で、ゲゼルは、利子の源泉を「剰余価値」に求めるマルクスの利子論は誤っていると結論づける。なぜなら、通常「貨幣利子」と呼ばれる「基礎利子」は、「交換過程」において貨幣所有者が直接商品所有者から徴収するものだからである。彼は、それを次のようにいう。

「貨幣利子（『基礎利子』）は、商品から、したがって、商品と貨幣の交換から直接徴収される。（冒頭で述べたように、マルクスはこの可能性を否定した。）貨幣利子は、労働手段を奪われたプロレタリアートの存在とはまったく関係がない。貨幣利子は、すべての労働者が労働手段の所有者になった場合でも、なくならないだろう。

そのようになった場合でも、貨幣利子は、労働者の生産物を商人（貨幣所有者）に引き渡す際に、労働者から徴収されるだろう。なぜなら、商人は、直接の被害を被ることなしに、貨幣を保持し続けることによって、すなわち生産物の交換を拒否することによって、労働者に転嫁不可能となる直接的な損害を加えることができるからである。つまり、このような生産物は、例外なしに日々量目や品質の点で減価し、しかもその際、保管や管理のために相当な額の費用を必要とするからなのである。[30]」

このように「基礎利子」は、「生産手段の私的所有と不可避的に結び付いた付随現象」ではなく、「商品と貨幣の不等価性」に基づいた商品交換における「貨幣の使用料」であるということ、したがって、「生産手段の私的所有」を廃棄しても、貨幣の「特権」を廃棄しないかぎり、「貨幣利子」はなくならないということ、この二点が、マルクス利子論に対するゲゼルの批判の基本的内容となっているのである。

ところで、ゲゼルによれば、貨幣所有者は「貨幣利子」（「基礎利子」）を「際限なく」要求することができない。なぜなら、貨幣もまた「競争相手」を有しているからである。彼がこうした「貨幣の競争相手」として指摘するのは、「自然経済」、「物々交換」そして「手形流通」の三つである。

まず、貨幣の第一の「競争相手」である「自然経済」について見てみよう。ゲゼルは、貨幣の「競争相手」としての「自然経済」を次のようにいう。

「世界の人口の四分の三は、今日なお自然経済を営んでいる。どうしてなのだろうか。その理由の一部としては、貨幣によって媒介される財の交換があまりに過重な利子を負担しなければならないからである。このような出費のために、生産者は、自らが活動する個々の生産部門においてはもとより、全体においても商品生産を放棄し、自然経済の下にとどまらざるをえないのである。自然経済か商品経済かという問題は、商品経済が負担する貨幣利子（『基礎利子』）がどの程度ならば、自然経済の優位に導くのかという経済問題に依存している。[31]」

したがって、貨幣所有者が「あまりに高い貢租（『基礎利子』）」を商品生産者に要求するならば、「分業の限界効用点を行きつ戻りつしている今日の商品生産部分[32]」は「自然経済」へと回帰する。その結果、「商品の供給が減少し[33]」、価格騰貴と貨幣利子の下落が生じる。

貨幣の第二の「競争相手」は、「自然経済」と同様に貨幣を不要とする「物々交換」である。彼は、この「物々交換」について次のようにいう。

「貨幣が存在するのは、一般には、物々交換が固有の困難さを抱えていることによっている。その困難さを克服するために、貨幣が生み出された。だが、貨幣が交換の媒介の報償としてあまりに高い報酬を要求するならば、多くの場合物々交換が再び台頭することになる。とくに、アジアやアフリカの多くの地域におけるように、生産者が場所や時間によって区別されていないところでは、そうなる。商品交換が負担する貨幣利子（『基礎利子』）が重圧的なものになるほど、それだけ一層物々交換は、貨幣経済の強力な競争相手となる。なぜなら、物々交換の方法によって取引される商品は、利子を支払うことなしに、消費者のところに届くからである[34]。」

したがって、「貨幣が物々交換と交代する可能性があるところでは、貨幣は、随意に高い貢租を要求することができないのである[35]。」

以上の「自然経済」や「物々交換」が、「未発展な国々」における貨幣の「有力な競争相手」になるのに対して、貨幣の第三の「競争相手」である「手形流通」は、「発展した商業国」における貨幣の「もっとも有力な競争相手」となる。彼は、この貨幣の第三の「競争相手」である「手形流通」を次のようにいう。

「貨幣の利子要求が法外なほどの高さになるや否や、手形流通も、自然経済や物々交換と同じような方向に作用する。なぜなら、手形と引き換えに交換される商品は、貨幣利子（『基礎利子』）を節約することができるからである。したがって高い利子は、手形流通の拡大への誘因になる。

もちろん、手形は、貨幣ほど便利でもなければ、安全でもない。手形は、多くの場合貨幣一般に取って代わることができない。そのことは、手形が銀行で貨幣と交換される際に、一定の控除を受けるということからも了解できるだろう。もし手形が至る所で現金に取って代わることができるならば、手形の割引といったことは起こらないであろう。それにもかかわらず、とくに大口の取引の準備金としては、手形は現金に比較してそれほど大きな不利を持たないのである。したがって、大口の取引の場合には、貨幣利子がわずかでも騰貴するならば、手形が選択されることになる。

貨幣利子の騰貴は、鉄道貨物運賃の上昇が水上運河輸送の利用に影響を与えるのと同じように、手形流通に影響を与える。利子が騰貴すればするほど、それだけ一層取引において手形がより多く使用され、貨幣が要求する貢租を逃れようとする誘因もまた、大きくなるのである。(36)」

ゲゼルによれば、「手形流通」は、「貨幣利子（基礎利子）」が騰貴するのに比例して増加する。そして「手形流通」が増加するのに比例して、「現金への需要」が減少する。その結果、物価の騰貴が生じる。そして物価の騰貴は、貨幣を市場へと誘因する。なぜなら、いかなる貨幣所有者も、物価の騰貴から生じる貨幣の購買力の損失を免れるには、商品を購入する以外にはないからである。したがって、物価の騰貴にともなって、市場に貨幣が溢れ、利子率が低落することになる。つまり、貨幣は、「手形流通」という「競争相手」が存在するかぎり、「自らの利子要求を随意に高く引き上げることができない」というのが、貨幣の「基礎利子」要求を制約する「手形流通」についてのゲゼルの理解なのである。

彼にとって、分業の原理に基づかない「自然経済」以外の、「貨幣」、「物々交換」そして「手形流通」という三者の関係は、生産者と消費者を結ぶ「道路」に譬えられる。「貨幣は、生産者と消費者の間の最短の、そしてもっとも節約的な道路である。(37)」それに対し、「物々交換」や「手形流通」は、「より長く、より経費のかかる道である。(38)」彼はいう。「貨幣所有者は、もっとも安価な、そして最短の道路を閉鎖することができる。そして曲がりくねった道路に対する直線道路の如き現金の有利さが彼に支払われる場合にだけ、彼はその道路を規則通り自由に通れるようにする。貨幣所有者がこのような差額よりも大きな利子を要求する場合には、商品はより曲がりくねった長い道を通ることになる。それに対し、貨幣所有者がこのような差額以下の利子しか要求しないならば、商品は最短の直線的道路を通るようになる。[39]」

以上のことから、ゲゼルは、「貨幣は、自らの利子要求を随意に高く引き上げることができないように配慮されており、基礎利子が一定の限界以上に騰貴するならば、この基礎利子を再び引き下げる力が自ずと作用する[40]」とした上で、「貨幣が商品から徴収する基礎利子は、数千年来の経験が教えるように、年々の全商品販売額の四―五％と見積もられる[41]」と結論づけたのである。

ゲゼルにとって、この「基礎利子」は倫理的観点からはもとより、経済的観点からも非難されるべきものである。なぜなら、この「基礎利子」を徴収する現行の貨幣は、「人民のプロレタリア化と窮乏化[42]」を必然的に引き起こすからなのである。ゲゼルは、その理由として次の三点を指摘している。

第一に、この「基礎利子」を徴収する現行の貨幣制度の下では、大多数の消費者である人民は、生活に不可欠な商品を購入する際に商品価格を上回る高価格（商品価格＋「基礎利子」）を支払わなければならないからである。第二に、この「基礎利子」を徴収する現行の貨幣制度の下では、何らかの理由で物価が下落し、「基礎利子」の徴収が不可能になると思われるや、貨幣（需要）が市場から一気に撤退するために、販売不振、恐慌そして大量失業が必然的に到来するからである。そのことに加え、現行の貨幣はその性質上蓄蔵しても「減価」しないために、各種の私的準備金が形成され、景気変動に伴う貨幣供給の増減を調節するという国家の適切な通貨政策の実施を不可能にするからである。第三に、この「基礎利子」を徴収する現行の貨幣は、家屋、工場、船舶といった国民的富裕に不可欠な「物財」（「利子経済」の下ではいわゆる「実物資本」）の形成を妨害し、その供給を絶えずその需要以下に保つ傾向を有しているからである。彼は、こうした「利子経済」の下での「実物資本（物財）」の供給が「基礎利子」によって規定される事態を次のような論理によって説明している。

現行の貨幣が工場、家屋、船舶、道路、鉄道、橋などの「実物資本（物財）」に投資されるとすれば、それは、この投資から生まれる「実物資本（物財）」のレントが、貨幣所有者が徴収する「基礎利子」と同じ程度かそれ以上の場合だけである。つまり、「貨幣が商品から年率五％の基礎利子を徴収することができるならば、家屋も借家人から、船舶も船荷運送業者から、そして工場も労働者から同じ五％の貢租を徴収することができなければならない。[43]」これが、「実物資本（物財）」への投資（供給）の絶対的条件になる。もし「実物資本（物財）」から「基礎利子」以下のレントしか獲得できないならば、貨幣は「実物資本（物財）」に投資されることがないだろう。「利子なしには、貨幣は出動しない[44]」という定理は、家屋、工場、船舶などの「実物資本（物財）」への投資にも妥当するのである。たとえば、「実物資本」のレントが「基礎利子」を上回っているならば、「実物資本」への投資が行われ、「実物資本」の供給が増加する結果、「実物資本」のレント収益は「基礎利子」以下になる。その場合には、「実物資本」への投資は行われない。他方、家屋、工場、船舶などの「実物資本」は、「人口の増加」、「大火災」そして「実物資本が晒される自然の破壊作用[45]」などのために、絶えずその供給を減少させる傾向にある。その結果、「実物資本」の供給がその需要を大幅に下回るような事態になるならば、「実物資本」からのレント収益は「基礎利子」と同じかそれを上回るものとなるだろう。この場合には、「実物資本」への投資が行われる。このように、いずれにしても「家屋、船舶、工場などの実物資本のレントは、何らかの理由によって基礎利子から一時的に乖離する場合でも、絶えず前者は後者に法則的に回帰するような形態で、基礎利子による規定を受けているのである。[46]」つまり、「基礎利子は、あらゆる実物資本のレントが変動する際の均衡点を成す[47]」ということである。そしてこのことが意味するのは、「基礎利子」を徴収する現行の貨幣制度の下では「実物資本の建設が絶えず人為的に制限され、実物資本への需要がその供給を上回った状態が維持される[48]」ということなのである。このように「基礎利子」が「実物資本」の供給を規定する結果、「実物資本」の供給不足の状態が常態化するというのが、ここでのゲゼルの理解なのである。

以上のことから、「基礎利子」を徴収する現行の貨幣は「経済的に見ても、原罪である。[49]」こうゲゼルは結論づけたのである。

最後に、ゲゼルは、「基礎利子」と「貸付利子」との区別を強調する。彼によれば、「基礎利子は、貸付利子とはいかなる関係にもない[50]。」彼は、その点を次のように述べている。

「基礎利子は、貸付利子とは異なる。……貸付利子は、需給によって決定される。それに対し、基礎利子は、需給によっては決定されない。……基礎利子は、商品生産の外部での商品交換の際に徴収される。基礎利子は、……交換手段としての貨幣の助力を必要とする商品世界全体の負担するものである。基礎利子は、すべての労働者が自己の労働手段を所有している場合でも、すべての債務が支払われた場合でも、すべての者が現金払いをし自分の持ち家に居住している場合でも、貸付市場が閉鎖された場合でも、すべての金銭的貸借が禁止された場合でも、そして利子の徴収が法律によって禁止された場合でも、徴収されることになるだろう[51]。」

「貸付利子」が貸付市場の「需給」関係によって決定されるのに対して、「基礎利子」は貸付市場の「需給」関係によってではなく、商品交換における商品と貨幣の「不等価性」によって規定される。また「貸付利子」の場合「給付と反対給付が時間的に分離している[52]」のに対し、「基礎利子」の場合「給付と反対給付は時間的に完全に一致している。」最後に、貸付業務は「債権者と債務者の関係を後に残す」のに対して、「基礎利子」を徴収する交換業務は、「後に何も残さない[53]。」これらの点で、両者は同じ「利子」という言葉を使用しても、全く異なったものであるというのが、ここでのゲゼルの主張なのである。

以上のようにゲゼルの「基礎利子」論は、(1)商品と貨幣の物理的性格の相違に基づく両者の「不等価性」(貨幣権力)という論点、(2)貨幣使用の代償としての「基礎利子」という論点、(3)「基礎利子」を徴収する貨幣は、本来資本としての性格をもつという論点、(4)「基礎利子」は二千年来年率四—五%に固定されているという論点、(5)「基礎利子」による「実物資本」の支配の常態化という論点、(6)「基礎利子」を徴収する現行の貨幣は、国民大衆の「プロレタリア化と貧窮化」をもたらすという論点、(7)「基礎利子」は「貸付利子」とは区別された利子概念であるという論点などから構成されたものであった。こうしたゲゼルの「基礎利子」論からどのような実践的課題が演繹されるのかを、次の「むすび」において明らかにしよう。

むすび

ゲゼルの「基礎利子」論が課題としたのは、商品と労働を支配する「貨幣権力」の問題である。ゲゼルの「基礎利子」論によれば、この「貨幣権力」は、時間が経過しても「不変であるという性質」や「市況」などを利用して、商品や労働から「基礎利子」を徴収するばかりでなしに、この「基礎利子」を媒介として「産業の世界」をも支配・従属させる傾向、すなわちいわゆる「資本主義」の「利子経済[54]」への転化の傾向を必然化させるものである。したがって、「搾取なき経済[55]」を目的とするかぎり、なによりもまず利子やレントなどの「不労所得」を得る「貨幣権力」（レントナー、投機家、高利貸し、金融家など）の支配と搾取からいかに「生産者」（企業家や賃金労働者などの自らの労働収益によって生活している人々）を守るのかという実践的課題が、ゲゼルの「基礎利子」論から必然的に演繹されることになる。

このような実践的課題にゲゼルはどのように立ち向かったのであろうか。

ゲゼルの方法は、彼と同じ「労働全収益」論の立場からこの実践的課題に立ち向かったプルードンの方法とは正反対のものであった。プルードンは、商品の地位を「貨幣の特権的地位」にまで引き上げるという方法によって、「生産者」を守ろうとした。それに対し、ゲゼルは、貨幣から「特権的地位」を奪い、貨幣を商品の地位に引き下げることによって、「生産者」を守り、「搾取なき経済」を実現しようとする。その際に、貨幣から特権を奪うものとして構想されたのが、商品と同じように時間とともに「減価する貨幣」（ゲゼルは、この時間とともに「減価する貨幣」のことを「改革貨幣」ないし「自由貨幣」と呼ぶ）なのである。このような「自由貨幣」導入が、ゲゼルの貨幣改革論の基本的内容を成すものとなる。

（1）河邑厚徳他著『エンデの遺言—根源からお金を問うこと—』、ＮＨＫ出版、二〇〇〇年、八七頁。

（2）Waltraud Schelkle,Motive ökonomischer Geldkriti, kin:Waltraud Schelkle,Manfred Nitsch（Hrsg.）, Rätsel Geld.Marburg 1996,S.12.

（3）J.M. ケインズ著、塩野谷祐一訳『普及版　雇用、利子および貨幣の一般理論』、東洋経済新報社、一九九五年、三五四–三五六頁。

（4）森野栄一「補完通貨と貨幣利子批判の論理」『情況』二〇〇〇年三月号、一二八頁。

（5）Silvio Gesell,Die Natüriche Wirtschaftsordnung durch Freiland und Freigeld.4 Auflage.,Berlin 1920, in:Silvio Gesell Gesammete Werke, Bd. 11. 邦訳、シルビオ・ゲゼル著、相田愼一訳『自由地と自由貨幣による自然的経済秩序』第四版（一九二〇年）ぱる出版、二〇〇七年。

以下、このゲゼルの主著をＮＷＯと略称する。

なお、本章も第四章と同様に、本訳書の刊行よりもだいぶ前に書かれたために、本章における本訳書からの引用は、本訳書の文体と必ずしも一致していないが、繁雑さを避けるために、本章執筆時の文体のままにした。

（6）Silvio Gesell,NWO,S.319. 邦訳、五四六頁。

（7）Ibid.,S.319. 邦訳、五四六頁。

（8）Ibid.,S.319. 邦訳、五四六頁。

（9）Ibid.,S.319−324. 邦訳、五四六–五五四頁。このゲゼルの「ロビンソン・クルーソー物語」の部分の訳は、森野栄一氏の訳を参考にした。森野栄一、前掲書、一二〇–一二六頁。

（10）Ibid.,S.324. 邦訳、五五四頁。

（11）Ibid.,S.324. 邦訳、五五五頁。

（12）Ibid.,S.324. 邦訳、五五五頁。

（13）Ibid.,S.325. 邦訳、五五五頁。

(14) Ibid.,S.124. 邦訳、二二七頁。
(15) Ibid.,S.324. 邦訳、五五五頁。
(16) Ibid.,S.325. 邦訳、五五五頁。
(17) Ibid.,S.325. 邦訳、五五五頁。
(18) カール・マルクス著、向坂逸郎訳『資本論』第一巻、岩波書店、一九六七年、一一七頁。
(19) Silvio Gesell,NWO,S.325. 邦訳、五五五頁。
(20) Ibid.,S.325. 邦訳、五五五–五五六頁。
(21) Ibid.,S.325. 邦訳、五五六頁。
(22) Ibid.,S.325. 邦訳、五五六頁。
(23) Ibid.,S.325–326. 邦訳、五五六–五五七頁。
(24) カール・マルクス著、向坂逸郎訳『資本論』第一巻、二一二頁。
(25) Silvio Gesell,NWO,S.326. 邦訳、五五七頁。
(26) Ibid.,S.326. 邦訳、五五七頁。
(27) Ibid.,S.326. 邦訳、五五七頁。
(28) Ibid.,S.182. 邦訳、三一四頁。
(29) Ibid.,S.182–183. 邦訳、三一四–三一六頁。
(30) Ibid.,S.336. 邦訳、五七二–五七三頁。
(31) Ibid.,S.328. 邦訳、五六〇–五六一頁。
(32) Ibid.,S.329. 邦訳、五六一頁。
(33) Ibid.,S.329. 邦訳、五六一頁。
(34) Ibid.,S.329. 邦訳、五六一–五六二頁。
(35) Ibid.,S.329. 邦訳、五六二頁。

(36) Ibid.,S.330. 邦訳、五六二–五六三頁。
(37) Ibid.,S.333. 邦訳、五六八頁。
(38) Ibid.,S.333. 邦訳、五六八頁。
(39) Ibid.,S.334. 邦訳、五六八–五六九頁。
(40) Ernst Schoenmann,Karl Marx/Das Kapital.Schweiz 1956,S.240.
(41) Silvio Gesell,NWO,S.327. 邦訳、五五八頁。
(42) Ibid.,S.342. 邦訳、五七九頁。
(43) Ibid.,S.338. 邦訳、五七六頁。
(44) Ibid.,S.338. 邦訳、五七六頁。
(45) Ibid.,S.343. 邦訳、五八三頁。
(46) Ibid.,S.341. 邦訳、五八〇–五八一頁。
(47) Ibid.,S.341. 邦訳、五八一頁。
(48) Ibid.,S.340. 邦訳、五七九頁。
(49) Ernst Schoenmann,Karl Marx/Das Kapital,S.241.
(50) Silvio Gesell,NWO,S.358. 邦訳、六一五頁。
(51) Ibid.,S.358–359. 邦訳、六一〇–六一二頁。
(52) Ibid.,S.360. 邦訳、六一四頁。
(53) Ibid.,S.360. 邦訳、六一四頁。
(54) Ibid.,S.326. 邦訳、五三七頁。
(55) Silvio Gesell Gesammelte Werke, Bd. 18.Hamburg 1997,S.249.

補論　経済理論史におけるゲゼルの『自由地と自由貨幣による自然的経済秩序』

ゲルハルト・ゼンフト

本稿は、Gerhard Senft, Weder Kapitalismus noch Kommunismus, Berlin 1990. の Zweiter Teil: Theorie und Programm der Freiwirtschaft. 6. Die "Natürliche Wirtschaftsordnung" im Spiegel der Theoriegeschichte der Nationalökonomie, SS. 125-152. を訳出したものである。

自らの理論的源流をまったくもたないような現代の経済理論家は、基本的にいない。この事実は、当然のことながらシルビオ・ゲゼルにも妥当する。だが、ゲゼルの場合、経済現象を有能な商業実務家の観点から検討しようとする特別な相貌が、そのことに加わる。そのために、ゲゼルの主著『自由地と自由貨幣による自然的経済秩序』（一九一八年。以下『自然的経済秩序』と略称する）は、全体として見るならば、体系化された整合的理論というよりも、むしろ若干の独自的理論——貨幣＝利子理論や地代理論——によって多数の個別的問題を分析しようとする試みといってよいだろう。

自由経済理論［ゲゼルやゲゼル主義者は、自らの経済理論を「自由経済理論」と呼称する］の理論的源流については、すでに本書で明らかにした。それゆえに、われわれの次なる課題としては、今やこの自由経済理論を経済学の主要な潮流と体系的に比較するという更なる目標が設定されねばならない。このように『自然的経済秩序』を経済学史上に位置づける場合、その方法としては、個々の経済学説と自由経済理論との交錯関係、すなわちその一致点と相違点とを探るという方法がもっとも有効なものになると思われる。それゆえ、以下、この方法にしたがって検討することにしたい。

第一章　古典派理論

私はすでに『自然的経済秩序』の哲学的基礎とその源流を論じた際に、自由経済理論と古典派経済理論との若干の本質的関連を指摘した。それを箇条書きにすれば、次のようになるだろう。

（1）自由経済理論は古典派の「ホモ・エコノミクス」（経済人）という仮説を拒否する。
（2）自由経済理論はいわゆる「古典派的二分法」の克服を要求する。
（3）自由経済理論はリカードゥ派地代理論を継受している。
（4）自由経済理論は労働と分業を賛美する古典派の観点を継受している。

ゲゼルが古典派経済理論と最初に対決したのは、彼が「価値」問題に対する態度決定を行なった時だった。そこでゲゼルは「価値」について次のように言った。「価値」とは、せいぜいのところひとつの商品が実現可能となる価格を評価するための基準になりうるにすぎない、と。[1] このような「価値」理解にもとづいて、ゲゼルは、労働価値説の立場から財のいわゆる「自然価格」（リカードゥ）を説明しようとする古典派的方法を否定したのであった。このゲゼルの見解が正しかったことは、古典派もまたこの「自然価格」論と並んで、需要と供給にもとづく「市場価格」論を自らの理論の中に組み入れることを余儀なくされたということからも示されるだろう。かくして、ゲゼルは次のように主張する。「『価値論』などといった特別な理論は、不要である。[2]」なぜなら、国民経済学にとっては市場での価格決定プロセスだけが考察されれば十分だからである、と。

だが、ここでひとつの誤解を避けるために、われわれは次のように言わなければならない。ゲゼルの場合、市場メカニズムそのものは、財と資源の最適配分へのいかなる保証をも与えるものとはならない、と。したがって、「見えざる手」というアダム・スミスの考え方を、ゲゼルはそれほど重要なものとは見なさなかったのである。この問題の議論を更に深めようとするならば、われわれは次の節のテーマに向かわなければならない。

第一節　セーの理論

セーの理論は、古典派におけるマクロ経済学の中核を成すものとなるがゆえに、古典派理論へのゲゼルの主要な攻撃目標になる。

ここで言うセーの理論とは、すべての財供給は同じ規模の購買力をもった需要を造り出すがゆえに、現存の生産機構と所与の資源の完全利用とが保証されるという見解のもっとも厳密な理論のことである。こうしたセー理論を支持する者たちは言う。「生産は所得を生み、所得は需要を生む。それゆえに、貨幣は、購買や販売の過程が商品相互の交換であるという事態の本質を覆い隠すヴェールにすぎない」、と。

このような経済理論を、古典派経済学者の中のもっとも重要な人物であるリカードゥはもとより、非自発的失業という現象を認めようとはしないあらゆる世代の経済学者たちも、[3]ジャン・バスティア・セーから継承したのであった。

このセー理論の支持者たちの見解は、ゲゼルにとって、純粋な物々交換経済の諸条件を貨幣経済のそれに転用している点で、決定的な誤りを犯すものである。なぜなら、もはや商品と商品が交換されるのではなく、商品と貨幣ないし貨幣と商品が交換されるからである、と。このようにセー理論の支持者たちを、ゲゼルは批判した。そして彼は、貨幣の様々な機能を検討した後に、伝統的な貨幣の全般的使用について次のように批判的に言及した。「伝統的な貨幣の全般的な使用が、『有効需要』不足という事態の前提条件になっている。たとえば、貨幣の使用を制限したり、消費決定よりも投資決定を過度に優遇する場合には、必然的に経済的需要の減少と販売の停滞が生じる」、と。

第二節　貯蓄と資本形成

古典派経済学の本質的特徴のひとつは、経済成長を促進するためにできるかぎり多くの節約を勧めることだった。事実、古典派は、投資向けの節約は国民経済の資本保有高を増加させるという研究成果から出発して、次のような確信に到達した。節約が多くなればなるほど、資本保有高の増加はそれだけいっそう急速になる、と。そのために、節約と資本形成という二つの概念が、古典派経済学者たちによって同義のものとして使用されることとなったのも、決して偶然のことではなかったのである。

ゲゼルは、こうした古典派の資本形成論が設備稼動効果だけを重視し、所得効果を軽視するものであると批判しただけではない。彼は、すでにフリードリヒ・リストが古典派の自由主義的体系に対置した理論的立場にも同調した。以下、このリストの理論的立場を「節約」問題に関係するかぎりにおいて見ることにしたい。

リストは、「節約」問題を論じるために、次のような具体的比喩を提出する。今、それぞれ五人の息子をもつ二つの農家がある。一方の農家が毎年何千ターラーもの利益を稼ぐのに対し、他方の農家はまったく何の利益も稼がない。前者の家族は一生懸命労働し、その節約分を利子と複利に投資した。だが、この前者の農場所有者の死後、全遺産は五人の息子に分割され、その各部分は、以前とまったく同様に経営された。この場合、その結果は明白である。以前の節約は費消され、そして家族は貧困に陥ってしまうというのが、それである。

それに対し、他方の農場所有者は賢明に行動した。彼は二人の息子だけを農家の後継者に残し、他の三人をそれぞれの能力に応じて手工業職人にした。そしてこの農場所有者の死後、農場所有は二つの部分に分割されたけれども、この二つの部分は、――これまでよりもより良い耕作方法の導入の結果――以前の農場所有が達成したのと同じ程度の収穫を達成している。また他の三人の息子たちも、その職業資格のお陰で豊かに暮らしている、と。(4)

この例が比喩するのは、節約は資本を破滅させるのに対し、正しい消費は資本の形成を促進するということである。したがって、資本の形成は節約によるよりも、教育、科学、芸術などの促進といった「生産的貢献」によって、また新しいイデー（たとえば、貨幣制度や信用創造などの改善計画）ならびに新しい組織形態の導入などによってより多く達成できるという認識がより重要になるというのが、ここでのゲゼルの理解なのである。

第三節　賃金鉄則

一九世紀の激烈なイデオロギー論争の中心点となったのは、古典派の賃金鉄則であった。したがって、ゲゼルもまたこの法則に対し詳細に自らの態度決定を行なった。(5)

リカードゥとマルサスに理論的起源をもつこの賃金鉄則という理論は、次のような内容に要約できるものであった。平均的賃金は、長期的に見るならば、人間が生存するための最低限の費用を決して越えることがない。なぜなら、労働者の賃金が騰貴するならば、人口の増加とそれに伴う労働の供給増加が起こり、その結果として賃金が再び下落するだろうし、また賃金の下落とともに生活水準が悪化するならば、労働の供給減少とそれに伴う賃金の騰貴が起こるだろうからである、と。

このようなリカードゥの「人間が生存するための最低限の費用」という概念は、すでにカンティヨン、チュルゴーそしてスミスなどによって主張されたところの、賃金ファンド理論と重畳するものである。「これらの賃金ファンド理論が主張するのは、労働に対する需要は、蓄積された賃金ファンド、つまり『労働者に支払われることを予定されているファンド』から提供されるということである。したがって、ある賃金額が一方の労働者に支払われるならば、他方の労働者にとってはその賃金額だけ自動的に控除されて支払われることになる(6)」、と。

このような賃金鉄則の意義は、その科学的内容にあるというよりも、むしろこの理論モデルが政治的日常闘争の非常に有効な武器として登場したという点にあるといってよいだろう。つまり、古典派の賃金鉄則は、一方では労働者のあらゆる形態の団結に反対する論拠として（労働組合はいかなる長期的な賃金引上げを達成することができないと主張するための論拠として）、また他方では当時の所得税に反対する論拠として（租税は賃金ファンド額を削減すると主張するための論拠として）利用されたのであった。

このような賃金鉄則に対して、ゲゼルは『自然的経済秩序』の中で多数の異論を提出している。その中でも、彼はとくに「人間が生存するための最低限の費用」が固定的であるという賃金鉄則の主張を疑問視する。したがって、彼は現実を詳細に観察し、賃金率が極度に変動的である（時には「人間が生存するための最低限の費用」以下に下落することすらある）という事実を確証したのであった。そして彼は、「現実の『不動の』賃金は変動しない[7]」と反語的に述べたのである。

さらに、労働市場での賃金水準を決定するのは、企業家サイドではなく、消費者セクターという需要サイドであるというのが、ゲゼルの立場である。この立場から、ゲゼルは賃金を次のように理解した。

まず、労働者は自らの生産した財を財市場で販売する。そしてこの財の販売価格から地代と資本利子とを控除したその残余が、彼の賃金となる。したがって、「賃金鉄則」などまったく問題にならない、と。また労働者の人数も、すべての労働者が潜在的な賃金ファンドの増加に寄与しているかぎりでだけ、重要となるにすぎない、と。

第二章　カール・マルクスとフリードリヒ・エンゲルス

自由経済理論とマルクス派理論の間に見られる若干の原理的争点については、すでに論及した。そこで問題になったのは、全体としてみれば、ヨーロッパ労働運動史の中での、重要で、しかも興味深い議論、すなわちシュティルナーやプルードンに対するマルクスやエンゲルスの体系的闘争とともに始まり、ファシズムの時代の到来とともに突然終焉してしまった議論である。

ちなみに、この議論のわずかな残り火は、第二次世界大戦後の時代にもなお見いだされる。たとえば、バーゼルの建築技師ハンス・シュミットは、一九四五年に出版したエンゲルスの『住宅問題』新版への彼の「序文」の中で次のように書いている。「利子の廃絶によって資本主義を無害なものにしようとするプルードンの思想」は、スイスでは「主として自由貨幣の支持者たちのプロパガンダのために、たえず資本主義体制への小ブルジョア的敵対者のもとで」きわめて大きな役割を演じ続けている、と。(8)

だが、本章でのわれわれの分析は、自由経済理論とマルクス派理論との間の論争(9)の経済学的側面に限定される。

第一節　剰余価値をめぐる論争

マルクスは、自らの剰余価値論を商品の分析から始めている。このようなマルクス商品論の中心的論理になっているのは、交換価値と使用価値の区別づけである。さらにこのような区別づけを、マルクスは「労働力」商品にも転用する。（その際、こうしたマルクスの交換価値と使用価値という概念が古典派の観念に依拠したものであるという事実については、すでに触れているので、ここではこれ以上述べる必要がないだろう。）

この労働力商品の交換価値と使用価値、これこそがマルクス体系では特別に重要な位置を占めるのである。マルクスは言う。労働力商品の交換価値が人間労働の再生産費に照応するのに対し、その使用価値は「生きた労働」の実現である。いわゆる「剰余価値」は、生産過程におけるこの二つの価値の差額から形成される。なぜなら、資本家は労働という要素（ここでは、労働力商品の使用価値と呼ばれる）が直接的に創出する価値以下のものしか労働者に支払わない（資本家が労働者に支払うのは労働力の交換価値だけである）からである。したがって、このような労働力商品こそ「剰余価値を創造する」唯一の商品である、と。

以上のように、搾取（剰余価値の創出）を多数の賃金労働者と生産手段を独占的に所有する少数の資本家という生産関係から説明するのが、マルクス剰余価値論の基本的構造なのである。その際、マルクスは、剰余価値の創出過程を説明するために資本の一般的定式G―W―G'（貨幣―商品―貨幣＋剰余価値）[10]を持ち出す。このマルクスの有名な定式G―W―G'は、外見的にはプルードンやゲゼルの見解と一致する。けれども、より深く考察するならば、この定式についての両者の見解は、まったく異なっていることが分かる。すなわちプルードンやゲゼルが剰余価値を資本利子や地代と見なすのに対し、マルクスは彼らとは異なり次のように主張するからである。

「地代、利子、産業利潤は、商品の剰余価値の、つまり商品に体現されている不払労働の、別々の部分に対するその別々の名称でしかないのであり、それらは一様にこの商品の剰余価値という源泉から、しかもこの源泉からだけ生まれてくる。それらは、土地そのものからも、資本そのものからも生まれてきはしないのであって、土地と資本が、それらの所有者に対して、産業資本家が労働者から搾取した剰余価値の中から、それぞれの分け前をもらうことができるようにするのである。労働者自身にとっては、こうした剰余価値、彼の剰余労働つまり不払労働の成果が、全部産業資本家の懐に入れられようと、また産業資本家がその一部を地代や利子という名目で第三者に支払わざるえなかろうと、どっちにしてもそんなことはあまり重要なことではない。かりに産業資本家が自分の資本だけを使い、しかも彼自身が地主であるとすれば、全部の剰余価値が彼の懐に入ることになる。[11]」

またエンゲルスも、資本利子にかんするこのマルクス派の理論的立場を次のように定式化している。

「貸し付けられた貨幣資本の利子は、利潤の一部にすぎない。そして利潤は、産業資本のそれにせよ、商業資本のそれにせよ、資本家階級が不払労働というかたちで労働者階級から奪い取った剰余価値の一部にすぎない。だが、利子率を規制する経済的諸法則は、一般に同一の社会形態の諸法則の間で起こるかぎり、剰余価値を規制する経済的諸法則から独立している。[12]」

したがって、マルクスとエンゲルスの場合、剰余価値は生産界から生まれた実物資本の利潤であるということ、そしてこの利潤はさらに資本家たち（産業資本家、貨幣資本家、土地地代取得者）のもとで分配されるということ、つまり資本利子は剰余価値の一部でしかないということなのである。[13]

第二節　「余剰」か「割増し」か

マルクスとエンゲルスは、剰余価値を説明する際に、剰余価値は商品の価格騰貴から生まれるというテーゼを執拗に拒否する。マルクスは『資本論』第一巻の中でその点を次のように述べている。「このような考えが全般化するや否や、この考えの馬鹿げていることがはっきりする。一方の者が販売者としてたえず獲得するものを、他方の者が購買者として同様にたえず失うからである。[14]」したがって、経済全体という次元から商品流通を考察する場合、そこには剰余価値のいかなる創造も観察されないのである、と。

エンゲルスもまた、この考えをたとえば自著の『住宅問題』に転用し、次のように主張する。伝統的な土地を対象とする貸借契約ないし購買契約の場合、「すでに現存の価値、つまり以前に生産された価値だけが移転するのであって、労働力という特殊な商品の販売によって引き起こされる特有な結果はそこでは生まれない[15]」、と。

こうしてマルクスとエンゲルスは、プルードンの見解（ならびにゲゼルの見解）を「市民的─社会主義的博愛家[16]」のテーゼにすぎないものとしてあっさりと退けたのであった。

マルクスとエンゲルスは、「価値論」から出発するがゆえに、このような結論に到達するのはある意味で必然的であるといってよいだろう。だが、われわれはこの事実から、貨幣資本部門に特有な構造がマルクスによってはもとより、すべてのマルクス派諸理論によっても軽視されてきたのではないだろうかという問題を提出することができるだろう。事実、マルクスが剰余価値の発生論を論じる場合、資本市場の動向は、――古典派の学説と同様に――経済的に無力な、法律的な構造にすぎないと見なされているのである。

マルクスは、商品と貨幣を完全な等価物として扱う。だが、彼は、貨幣資本部門に特有な構造を論じる場合には、それとは若干矛盾した見解を述べている。たとえば、彼は『資本論』第一巻の中で次のように書いている。

「歴史的には、資本は、土地所有に対して、どこまでもまず貨幣の形をとって、貨幣財産として、商人資本や高利貸資本として相対している。けれども、貨幣を資本の最初の現象形態として認めるには、資本の成立史を振りかえってみるまでもない。同じ歴史が、日々眼前で演じられているのだ。どの新たな資本も、最初に舞台に、つまり市場に、商品市場、労働市場、あるいは貨幣市場に現れるのは、やはり貨幣としてであり、一定の過程を経て資本に転化すべき貨幣としてである。[17]」

さらに彼は次のようにも書いている。

「商品流通の拡大とともに、貨幣権力が、すなわちたえず変化するところの、富の絶対的社会形態も増大する[18]」、と。

このようにマルクスは、貨幣を「あらゆる権力の中の最高の権力[19]」として語っているばかりでなしに、剰余価値の創出過程（G―W―G'）についての彼の叙述の中でも、貨幣は剰余価値を孵化させる「価値」であるとすら語っているのである。

このような貨幣権力についての萌芽的認識にもかかわらず、マルクスの理論は結局のところ貨幣を商品の等価物と見なす点では一貫しているといってよいだろう。

だが、その際にわれわれがとくに注目するのは、マルクスが、明確ではないにしろ、貨幣をその額面価値をもった購買力としてばかりでなしに、それ以上に流動的な価値をもった購買力としても配慮していることである。換言すれば、後者は、マルクスが貨幣をサービス市場や商品市場でよりも資本市場でより多くの価値をもつものと見なしているということをも意味している。このような貨幣の価値分裂という事態は、貨幣と商品が完全な等価物として等置できない関係にあるということから生まれたものなのである。

まさにプルードンとゲゼルの議論は、この点に関係しているといってよいだろう。

この両者は、貨幣はその他のあらゆる商品の中でトランプ・ゲームのジョーカーに似たような役割を果たすという認識から出発し[20]、次のような貨幣論を展開する。

貨幣が商品交換においてトランプ・ゲームのジョーカーに似たような役割を果たすことが、この貨幣商品を特権的地位に置く。他方、分業に基づく経済という条件のもとではこの貨幣だけが購買力をもつにすぎない。したがって、貨幣資本家は、貨幣を必要とする者たちとの貸借関係において一定の取引上の優位を与えられるがゆえに、後者の人々から利子——それは私的税の一種と特徴づけることができる——を強奪することができるのである。つまり、貨幣所有者が貨幣の貸与と引き換えに一定の所得を得られるという保証が与えられる場合に初めて、貨幣は流通するということなのである。このことを逆に言えば、相応の利子約束が与えられないならば、流通する貨幣は不足し、必要と供給の間を貨幣が媒介しなくなるということなのである。

かくしてプルードンとゲゼルは、この貨幣の支配する秩序の中に購買力のあからさまな簒奪とともに、人々が財を入手しようとすることへの妨害をも見た。それればかりか、彼らは、このようにして生まれる流通過程の停滞を恐慌の主要な原因と説明したのであった。(ちなみに、このような恐慌説明モデルは、マルクスによっても受容されている[21]。)とりわけゲゼルの場合、このような認識から貨幣の中立化ないし貨幣の流動性(現金の保持)への持越費用の付加が要求されたのであった。

今や、マルクスの剰余価値論とプルードンやゲゼルのそれとをきわめて容易に対比することができる。マルクスの場合、すでに述べたように、剰余価値は生産過程における価値増殖として、すなわち——いかなる等価の給付も与えられない——余剰として生まれる。それに対し、プルードンやゲゼルの場合、剰余価値は流通過程に特有な現象と見なされ、交換取引に際しての価格の上乗せ分、すなわち割増部分として生まれる。その際、プルードンとゲゼルは、剰余価値を商品の価値以上の販売から説明したフィジオクラート派の人々とは異なり、剰余価値形成の推進力ないし牽引力として決定的なものは、「貨幣権力」であると考えた。つまり、剰余価値は生産界ではなく、流通界——もっと正確に表現すれば、貨幣市場と資本市場の直接的作用――から生まれるというのが、プルードンとゲゼルの立場なのである。このような立場から彼らは、実物資本の利子率を規定する決定的原因を同じく貨幣利子に見たのであった。換言すれば、彼らは、貨幣資本の利子率が実物資本の「内的利子率」の基準になると見なしたのである。このような彼らの理解は、マルクスの理解とはまったく逆のものである。つまり、プルードンとゲゼルが、貨幣資本が利子を生むがゆえに、実物資本もまた利子を生まなければならないと理解するのに対して、マルクスは、実物資本が利子を生むがゆえに、貨幣資本もまた利子を生まなければならないというのである。それゆえ、マルクスの場合、資本利子は実物資本の「実際の剰余価値」の一分枝にすぎないことになってしまうのである。

第三節　利子と利潤

だが、マルクスとエンゲルスは、資本利子を企業家利潤と同一視したイギリス古典派経済学者の誤謬に陥っていない。むしろマルクスとエンゲルスは、資本利子、地代、利潤（そして場合によっては税）を慎重に区別し、これらの合計が剰余価値を構成すると理解した。ところで、剰余価値についてのマルクス派理論と自由経済理論とのもうひとつの対立点は、このような（マルクスの用語法で言うところの）利潤についての両者の見解の相違を基礎とするものである。

マルクスの利潤概念は、自由経済理論の概念規定では企業家利潤という概念に相当する。だが、後者の企業家利潤は剰余価値の一部を構成しないというのが、自由経済理論の見解である。この二つの利潤論のどちらが正しいのかという問題は、資本主義の最新の発展がすでに証明しているように、ほとんどもうどうでもよい問題になっている。一九世紀の最後の二五年間に進展した経済における集中化と独占化の傾向は、経営資本が自己資本かそれとも他人資本かという問題の確認をどうでもよいものにしてしまったからである。（だが、この確認はマルクスとエンゲルスによっても支持される確認であった。）たとえば、ルドルフ・ヒルファーディングは、彼の著書『金融資本論』――この著書はしばしば『資本論』第四巻と特徴づけられている――の中でこのような事態を次のような明確なかたちで表明している。

「産業の資本のうち、これを充用する産業資本家たちのものでない部分が、たえず増加する。彼らが資本の処理権を受け取るのは、銀行を通してのみであって、彼らに対しては銀行は所有者を代表する。他方、銀行はその資本のますます多くの部分を産業に固定せざるをえない。これによって銀行はますます多く産業資本家となる。このような仕方で現実に産業資本に転化されている銀行資本、したがって貨幣形態の資本を金融資本と、私は名付ける。(22)」

こうした組織資本主義の初期段階における金融資本――したがって「産業が利用し、銀行が処理権をもつ資本(23)」――の形成とともに、生産の決定権者の転移と資本の代理人としての経営者の意義の増大が生じたのである。またそれと同時に生じたオーナー経営者の意義の低下とともに、金融資本をその考察の中心におく自由経済理論の剰余価値論が、マルクス派理論のそれに比して現状分析としての価値を決定的なものにしたと言えないだろうか。

第三章　限界効用学派と新古典派

一九世紀の後半期における限界効用理論の発展は、多くの場合経済学史における「コペルニクス的転回(24)」として特徴づけられている。こうした古典派の労働価値説からの離反とともに、経済理論における行動主体も、ますます「主観的」かつ「合理的に行動し」、しかも「効用を最大化させる」消費者（最善の人々）という存在へと移行した。したがって、限界効用理論は、あらゆる点で経済的に行動する人々を、結局のところ限界効用が示す最適均衡にしたがいながら、資源の最適配分と最適生産成果とを作り出す需要者と規定する。

このような限界効用原理を体系的な理論にしたのは、大別すれば、次の三つの大きな学派であった。

（1）ウィーン学派（メンガー、ベーム・バヴェルク、ヴィーザー）
（2）ローザンヌ学派（ワルラス、パレート）
（3）イギリス学派（ジェボンズ、マーシャル）

マーシャルは、自らの「需要理論」の中で古典派的要素と限界効用理論的要素とを結合し、いわゆる新古典派の創始者になった。もっと明確に言えば、マーシャルは、古典派理論から「有効需要」を構成する二つの要素――財の効用性と希少性――を継承しながら、その第三の構成要素として「主観的必要」を加えたのであった。その結果、新古典派は第一次世界大戦に至るまでに、経済学の有力な潮流になったのである。

いわゆる「限界革命」は、まったく新しい原理を提出したというのではなかった。確かに、この「主観的価値論」が古典派の古くからの問題――価値の二律背反問題[25]――を解決したというのは事実であるが、限界効用理論そのものは、すでにリカードゥによって差額地代論として予め提示されていたからである。

こうした限界効用という思想が一八七〇年頃に国民経済学の分野で急速に普及したのは、多くの複合的原因によると思われる。わけても第一に、古典派の最後の末裔たちが、（マルクスの『資本論』第一巻（一八六七年）などの影響を受けた結果）、国民経済学の保守的・ブルジョア的主張者の眼にはあまりにも陰鬱的に見えるような思想的結論を提示していたからであった。また第二に、資本主義の発展状況自体が、所有問題や分配問題についての新たな正当化のためのイデオロギーを必要としていたからでもあった。

このような原因から誕生した新古典派の理論モデルは、資本主義的経済体制自体はもとより、個々人の財産分与の状態をも所与のものと見なすことで、それらについてのあらゆる批判的検討を封じたのである。そして効用を最大化させるための経済的行動を優先的に考察するという新古典派の手法も、利子を賃金と同格の道徳的水準に引き上げることを可能にさせるものとなったのである。――このような新古典派の手法には、明らかに一定の利害関係が認められる。[26]――こうした点で、新古典派は以前の古典派の理論的後継者と特徴づけてもかまわないだろう。

ところで、自由経済理論と新古典派は、同じ時期に誕生したにもかかわらず、ほとんど一致点をもっていない。このことは、なによりもまずゲゼルが当初経済問題へのアプローチを新古典派のそれとはまったく違ったやり方を選択した点に、その基礎をもつ。

ゲゼルは限界主義者の重要な著作を研究しなければならないと考えていたと思われるけれども（そのような推測を可能にするのは、彼が自らの主著でベーム・バヴェルク、マーシャル、ジェボンズそしてメンガーなどに言及していることである）、彼は限界効用原理をそれほど必要なものとは思わなかった。また彼は、「難攻不落の城を落とすのは実践的能力だけである」[27]という諺に忠実にしたがっているかのように、「主観的価値論か客観的価値論か」という議論にも関係しなかった。――そして彼は、いわゆる市場を唯一の「価格形成者」として受け入れたのである。――それゆえに、自由経済理論と新古典派の間にある一致点は、外見的なものでしかない。反対に、ゲゼルは、新古典派との対立の中で主観的効用概念と公正な社会秩序という彼自身の目標との矛盾を認識したばかりでなしに、その点を自分の著作の中で詳細に論じたのでもあった。[28]むしろこの点でのゲゼルの特別な功績は、――「権力」という要因を挿入させつつ――主観的価値論の基礎の上に「剰余価値」論ないし搾取理論を確立させることに成功したという点にあったといえるだろう。

上述した立場の相違から、国家干渉の問題についての両者の見解の相違もまた生まれる。

新古典派は、景気循環が稀にしか起こらないいわゆる均衡モデルの中で市場の動向を考察するために、恐慌を短期的かつ一時的な不均衡としか見なさない。したがって、経済への国家の干渉は、有害ではないにしても、有効でないというのが、新古典派の見解になる。それに対し、ゲゼルはそのような新古典派の見解を全面的に否定する。そればかりではなしに、ゲゼルは、経済的目標や社会的目標を実現するに際しての、国家の媒介機能をきわめて高く評価する。

だが、なんといっても、自由経済派と新古典派の間の最大の相違点は、貨幣セクターについての両者の評価の相違である。

古典派の理論モデルにおいてと同様に、新古典派の理論モデルにおいても、財経済の領域と貨幣経済の領域という二分化の仮定が貫通している。したがって、そのかぎりにおいて、「貨幣の中立性」という古典派の見解は、新古典派にも継承されているのである。(これは、時として生じる貨幣量の変化は、価格水準の変化だけをもたらすにすぎないという彼らの主張として示されている。)

ここでわれわれが確認しなければならないのは、古典派が提示した貨幣政策の非有効性というもっとも重要な命題が、新古典派によってもそのまま継承されているということなのである。[29] それゆえに、後にケインズが古典派理論と新古典派理論とを等置したことは、少しも不当なことではなかったのである。ケインズにとってと同様ゲゼルにとっても、問題は、財経済の領域を循環する貨幣がきわめて重要な役割を演じているという点にあったのである。

第一節 オイゲン・ベーム・バヴェルクの利子論

オイゲン・ベーム・バヴェルク(一八五一—一九一四)は、オーストリアで三度も大蔵大臣を務めた著名な経済学者である。彼の二巻本『資本と資本利子』[30]は、自らの利子論はもとより、主観的価値論に立脚する主要な利子論をも紹介している。

この著書の中で彼は、自らの利子論をどのように特徴づけているのだろうか。

すでに述べたように、ベーム・バヴェルクは、利子を現在の「より高い」財の価値と将来の「より低い」財の価値との打歩と見なす。この評価方法を正当化するために彼が持ち出すのは、心理的かつ技術的性格をもつ一連の根拠である。まず彼は、利子の心理的根拠として将来に対する不確実性や将来の必要に向けての配慮などを指摘する。さらに彼は、利子の技術的根拠を次のように説明する。――彼は、この自らの技術的説明を高く評価している。――生産手段を利用した生産は、「資本主義的生産」ないし「迂回生産」と特徴づけることができる。このような迂回生産の拡大と増加は、ますます資本需要への要求を増加させるようになる。それとともに現在財に対する急速な処分の必要性が、将来財の意義を減少させる。したがって、両者の交換比率は、現在財に有利に固定されることになる。かくてそのことから、利子を支払う必要もまた生まれることになる、と。

以上の論拠に基づいて、ベーム・バヴェルクはさらに次のように主張する。労働者と資本家の間に生まれる不平等という格差は、現在財と将来財の市況から生まれる。労働者は現在財を緊急に必要とするため、この現在財と引き換えに将来財としての彼の労働を提供せざるをえない。それに対し、資本家は、この将来財をいわば「享受するのに適切となる」時点で利子を初めて手に入れる、と。

ベーム・バヴェルクは、自らのエッセイ集『権力か経済法則か』[31]の中で「この利子という形態をとる利潤は、企業家にとって拒否しがたいものである」という命題を力説しつつ、自らの利子論をもう一度次のように総括している。利子は、永遠に続く将来財への過小評価から生じる。それゆえ、利子は廃絶不可能なものである。むしろ利子禁止の試みは、現在財の需要を著しく増加させるものとなるだろう。そして現在財の自由な処分が制限されるや、ただちに利子が再登場することになる、と。

以上のベーム・バヴェルクの利子論が公表されるや、この利子論をめぐって活発な論争が展開された。この論争に関しては、とくにストルツマンとツガン・バラノフスキーの名前が記憶されるべきである。

ゲゼルもまた、このようなベーム・バヴェルクの利子論を批判する潮流に棹さすものである。[32]だが、『自然的経済秩序』における彼のベーム・バヴェルク批判は、ベーム・バヴェルクの利子論の真意を幾分なりとも不正確に理解しているために、またベーム・バヴェルクの利子論の中の副次的意義しかもたないひとつの側面だけを検討しているために、その意義をいくらか減じるものとなっている。この点についての論証を省くために、ここでは『自然的経済秩序』における彼のベーム・バヴェルク批判の個所を引用しておきたい。

「現在財は将来財よりも高く評価されなければならないということは、ベーム・バヴェルクにとって自明なことである。事実、彼もまたこのような前提に立脚して新しい利子理論の基礎づけを行なっている。だが、本当にこの前提は自明なことと言えるのだろうか。その点について、ベーム・バヴェルク自身は次のような幾分奇妙な解答を与えている。『現在財は将来財よりも高く評価されなければならない。その理由は、人々が地下室の中で年々良質かつ高価になっていくワインを購入できるからである。』おそらくワインは、……労働や保管費などのなんらかの種類の費用もなしに、それ自体地下室の中で年々良質になっていくのかもしれない。だが、……その他の商品もまた、年々倉庫で良質かつ高価になっていくとでも言うのだろうか。もし……この基礎づけが正しいとすれば、われわれは社会問題を完全無欠に解決できるようになるだろう。なぜなら、われわれの商品を十分な数量集積させるだけで、全国民はいかなる種類の労働を行なうことなしに、倉庫の中でますます良質かつ高価になっていくこうした商品の収益によって生活できるようになるからである。(33)」

第二節　アービング・フィッシャーの固定通貨制度構想

アメリカ合衆国のエール大学教授だったアービング・フィッシャー（一八六七―一九四七）は、アカデミックな立場からシルビオ・ゲゼルのテーゼに深い関心を寄せた少数の国民経済学者のひとりである。

フィッシャーもまた、ゲゼルと同様貨幣論的景気変動論の擁護者と見なされている。このような彼が専門家の世界で脚光を浴びることになったのは、とりわけ彼が限界効用理論を完全に数式化することに成功したからであった。そして彼は、新貨幣数量説あるいは有名な流通方程式を定式化することに成功し、その研究の開拓者になった。

このように新古典派として輝かしい業績をあげる中で、フィッシャーはゲゼルの著作に注目し、そして賛美した。「なぜなら、ゲゼルは貨幣価格（貨幣の購買力）に影響を与えようとする目的でその流通速度の制御という問題を考えた最初の人のように思われるからである」[34]、と。とりわけフィッシャーが賛美するのは、「固定通貨制度[35]」を確立させようとするシルビオ・ゲゼルの努力である。そのため、彼は、自らを商人シルビオ・ゲゼルの拙い弟子であるとすら述べているのである[36]。

フィッシャーは、現行のドル通貨制度を研究した際に、金としてのドルそれ自体は、当時の指導的銀行家が誤って仮定していたような、「ジブラルタルの岩[37]」［不変的な存在］でないことを理解した。そして彼は、このような誤った仮定を「貨幣幻想」と特徴づけ、貨幣「価値」が変動することをも立証しようとしたのであった。それと同時に、彼は金本位制度テーゼを否定し、次のように主張したのである。「金は銅よりも価値が不変ではない[38]」、と。

以上のような基本的思想から出発したフィッシャーは、貨幣の購買力を保証するための固定通貨制度の創出という彼のイデーを発展させることになった。そしてゲゼルと同様フィッシャーもまた、あらゆる通貨政策の基礎となる物価指数という方法論的思想に辿り着いたのである。フィッシャーは、物価指数について次のように注釈する。

「物価指数は、単に異なった時期の包括的在庫価格の比率にすぎない。ドルの価値が不変的あるいは固定的になることができるとすれば、それは、たえず在庫の固定した部分がドルによって購入されている場合だけである[39]。」

このような物価指数に基づきながら、通貨量の調節と通貨の流通速度への干渉によって貨幣「価値」を安定化させようとするのが、ゲゼルとフィッシャーが「積極的通貨政策」と呼ぶところの彼らの通貨政策なのである。

ドイツとスイスでの自由経済運動の経験を学びつつ、アービング・フィッシャーもまた自らの活動範囲を科学的研究から実践へと拡大し、一九二一年五月にワシントンでいわゆる「固定通貨制度同盟」の結成を主導したのであった。さらに彼は、貨幣の購買力の問題や固定通貨制度のイデーを公衆の中に広めるために、一九二三年一月頃から『ニューヨーク・タイムス』に卸売物価の週間指数を公表するという試みを行なったのである。

第四章　オトマール・シュパンの普遍主義

一九三〇年代の初頭に始まった自由経済理論と普遍主義との論争は、もっぱらアカデミックな領域に限定されたものだった。こうした事情は、とりわけ普遍主義それ自体が独自の国民経済学体系を提示していないという事情から生まれたものといってよい。——この普遍主義を特徴づけるものとしてもっとも適しているのは、ヴェルナー・ゾンバルトの「正義の国民経済学[40]」という規定であるだろう。——われわれが、この論争、すなわちドイツの「自由経済派教授」ハンス・スヴェイシュトループとオーストリアの普遍主義者オトマール・シュパンを中心とした論争をここで取り上げるのは、この論争を考察するならば、これまで提供されてきたわれわれの自由経済像をより完全なものにすることができると、われわれが考えたからにほかならない。

普遍主義の思想は、今日では微々たる影響力しかもたず、ほとんどの人にとって知られていない思想である。そのため、この論争に立ち入る前に、まずこの普遍主義の思想を簡潔に明らかにしておく必要があるだろう。

普遍主義は、国民経済学のいわゆるロマン派の伝統を継承したものである。ロマン派と同様普遍主義者もまた、「コスモポリタンな」傾向をもつ古典派経済学ならびにとりわけ「原子論的—個人主義的」考察方法への断固たる反対者である。彼らは、競争経済や分業に反対し、身分制的な社会秩序という中世的世界観の意義を強調する。そして彼らは、次のようにも言う。「普遍主義にとっては、その本質上、至るところで部分よりも全体が優先される。なぜなら、『部分』ないし『分枝』という概念は、もっと高次のもの、すなわち個人を越えた社会を示唆しているからである[41]」、と。

その際、普遍主義者は、経済を全体性の中の部分と見なし、またもや経済を「下位の全体性」、「分枝」、「有機的器官」などに分類する。とりわけシュパンの場合には、このような有機体的観点と結びついたエリート思想ならびに極端な階層制的国家＝社会観がその特徴となる。

ウィーン大学教授オトマール・シュパンは、一九二〇年代と一九三〇年代になによりもまずドイツ国民派とカトリック保守派などの学生層に影響力を与えた。シュパンは、ツンフト的労働組織、ならびに「社会的協力に基づいた総労働契約」による労資対立の脱先鋭化を望むとともに、極端な反社会主義的かつ反民主主義的な姿勢を貫いたのであった。彼は言う。「民主主義は、結局のところ文化の死を意味する」(42)、と。このようなスローガンの普及に尽力したシュパンがオーストリアの祖国防衛運動に共感したのも、当然のことであるだろう。

シュパンは社会哲学上の個人主義の諸潮流を、慎重に（マキアヴェリが問題としたような）統治のための個人主義、（ケネー、スミスそしてリカードゥが問題としたような）自然権的な個人主義、そして（シュティルナーが問題としたような）アナーキズム的個人主義とに区別する。

それにもかかわらず、シュパンは、個人主義そのものを原則的に彼の普遍主義的見解の対極にあるものと見なし、次のように言う。

「個人主義のもっとも純粋な形態は、アナーキズムである。……その古典的代表者として、マックス・シュティルナーが挙げられるべきである」(43)、と。

そしてシュパンは、マックス・シュティルナーを詳細に考察した後に、シュティルナーの社会理論を非難する。なぜなら、社会的責任と「道徳」との否定に結び付いた全面的な自己実現の欲求は、不可避的に極端なエゴイズム、ニヒリズム、そしてさらには社会的不協和に導くにちがいないからである。彼は、そのことを次のように述べている。

「社会的責任や社会的『道徳』は、……個々人が自らの目的を達成するための不可欠な『迂回生産』以外の何ものでもない。というのも、社会的責任は至るところで個人的責任に立ち返らなければならないからであり、また同様に社会的道徳も個々人の合目的性に立ち返らなければならないからである(44)。」

このように述べることによって、シュパンは、個人的、人格的な責任の意義を否定する一方で、他方では社会内部の利害対立の痕跡を抹消する。したがって、スヴェイシュトループが、シュパンの民族および国家有機体説はただ支配体制にのみ役立つものでしかないと述べたのは、まったく正しかったのである。スヴェイシュトループは言う。「労働人民との激烈な闘争を遂行している強圧的支配体制は、オトマール・シュパンの中に新ロマン派的思想家、すなわち不屈の精神で臨んだメニウス・アグリッパを見たのであった。……平民たちが聖なる山に移住しようとした際に、ローマ貴族の使者となったメニウス・アグリッパが、国家有機体説に基づく感動的な作り話によって、平民たちに貴族支配の都市に再び戻るように口説いて以来、政治的かつ社会的な後退を叫ぶ有機体説は、つねに攻撃に晒されている支配体制を強化し、防衛するための口実に利用されざるをえないのである」[46]、と。それゆえに、シュパンが、「個々人は、(普遍主義の体系の中では)決して失われることのない自らの内的価値と倫理的自己規定とを保持する」[47]と述べても、スヴェイシュトループを宥めることはできないのである。なぜなら、この主張は、個々人が支配的イデーないし大きな社会の目標と一致している場合にだけ、有効となるにすぎないからである。

このような相違の中に、自由経済主義と普遍主義の(社会哲学的な)本質的な相違の核心を読み取ることができるのである。これだけを確認すれば、ここでは十分だろう。この両者の論争についてのもっと詳しい説明は、本書にとってそれほどの意義をもたないからである[48]。

ここでは、次の一点だけ述べておきたい。すなわち、シュパンは、絶対的個人主義者としてのシュティルナーもまた普遍主義の性向から自由になりえていないと述べているけれども[49]、この場合彼はシュティルナーを誤って理解しているといってよい。なぜなら、シュティルナーが共同社会を求めたのは、全体性の思想とは何の関係もなかったからである。むしろシュティルナーの場合には、分離—結合という契機(エゴイスト同盟)が強調されているのである。

第五章　ジョン・メイナード・ケインズ

一九三五年の元旦に、ジョン・メイナード・ケインズ（一八八三―一九四六）は、友人のジョージ・ベルンハルト・ショー宛ての手紙を書いた。この手紙は、ケインズ理論にとって重要な意義をもつ。なぜなら、ケインズがこの手紙の中で経済学の世界を革命するような経済理論を構築しつつあることを、初めて表明したものだったからである。(50)事実、このケインズの表明は、一九三六年に出版された彼の主著『雇用、利子および貨幣の一般理論』として結実化した。そしてケインズのこの主著は、今や二〇世紀のもっとも重要な経済学的著作という世間の評価を受けるに至っているのである。

ケインズ理論を構成するどのような重要なメルクマールも、ケインズ理論が世界経済恐慌の影響を受けて誕生したという痕跡を示している。とりわけケインズ・テーゼは、私的経済部門の不安定性という仮説を基礎とするものである。――だが、この仮説は、古典派と新古典派の人々によってたえず激しく攻撃されたのであった。――

ケインズ理論の中心的概念は、いわゆる「有効需要」――彼は、この「有効需要」を消費部分と投資部分とに分解する――である。ケインズは言う。雇用水準と国民所得水準を規定するのは、この「有効需要」である、と。また投資部門についても、彼は次のように言う。投資量は、貨幣利子率と「資本の限界効率」とに依存している、と。

ここで、ケインズが「資本の限界効率」という概念で述べようとしたのは、設備投資の有効収益率に一致する「内的利子率」のことである。(51)

さらにケインズは、次のように主張する。貨幣利子率と「資本の限界効率」の間には上述の関係とは逆の関係が存在する、と。換言すれば、資本投資グループは、その時々の予想収益に基づいて投資先を変更する、と。つまり、このような予想が投資を決定するというのが、ゲゼルと同様ケインズの見解なのである。したがって、ケインズの場合にも、投資家が予想収益を不確実なものと見なすかぎり、大きな投資は行なわれることがないのである。それゆえに、私的部門は投資活動と雇用水準のその時々の変動を内生的に均衡化させることができないということになる。

このような理解から、ケインズは不況の克服に有効となる公的な財政政策ならびに貨幣政策改革を提案するに至ったのである。

（労働という生産要因を投資家にとって魅力的なものにするために）賃金を引き下げるべきであるという新旧古典派の要求を、ケインズはまったく評価しない。彼が評価しない理由は、そのような政策は、有効需要の大幅な減少をもたらすからである。その上、彼が労働組合の存在を変更不可能な事実として想定していたということも、考慮されねばならないだろう。

ちなみに、ケインズの場合にも、ゲゼルと同様に貨幣の役割についての新たな定義がある程度なされているといってよい。そしてこの新たな定義に依拠しながら、彼もまた新古典派の貨幣中立性論に反論したのであった。

ケインズは、貨幣の意義を次の点に、すなわち貨幣が現在と将来の間を媒介するという点に見るがゆえに、恐慌と過少雇用の原因を財市場の領域にではなく、貨幣部門に見る。[52] だが、彼は、貨幣政策はそれ自体限界をもつことを認め、次のように言う。

「経済的な総需要の拡大を目的とした膨張的貨幣政策の場合とは異なり、投資家が利子率の変化に弾力的に対応するという前提があるならば、貨幣量を減少させる政策とともに経済的な総需要の制限という政策目標はたえず達成されるだろう。このように膨張的貨幣政策と緊縮的貨幣政策の作用が不均整である理由は、利子率の下方への下落が制限されているのに対し、利子率の騰貴には限界がないという点にその基礎を有しているのである。[53][54]」

このような認識から、ケインズは雇用政策の手段としては、貨幣政策よりも公共投資の方を優先すべきであるという勧告を行なったのである。

第一節　不動の大きさとしての資本利子

アービング・フィッシャーとともにジョン・メイナード・ケインズも、シルビオ・ゲゼルの経済理論を高く評価した著名な経済学者のひとりである。だが、このようなケインズの評価は、経済学の専門領域の世界では懐疑的なものと見なされているといってよい。たとえば、ジョージ・ガルヴィーは、『ケインズ以前のケインズ主義者』(55)という著書の中でゲゼルを「貨幣論的異端(56)」と特徴づけたし、またジョゼフ・アロイス・シュンペーターも、ゲゼルをマルクスと同格の経済学者に位置づけたケインズの評価に怒りをもって、次のように述べた。

「私はマルクス主義者ではないけれども、私は、マルクスの偉大さをためらうことなく認めるとともに、マルクスをシルビオ・ゲゼルと同格の存在にすることに侮辱を感じるものでもある(57)」、と。

このようなゲゼルへの攻撃に直面しても、ケインズは、ゲゼル評価を変えることがなかった。むしろケインズは、ゲゼルの『自然的経済秩序』、とりわけ彼の「オリジナルな努力」ならびに深い洞察力に裏付けられた彼の着想とを賞賛したのであった(58)。なぜなら、そこで展開されたゲゼルのテーゼは、ケインズにとってレッセ・フェールの原理に対するひとつの反動であるとともに、「その拠って立つ理論的基礎が、古典派の仮説ではなくてその否認の上に立つ点で、マルクスの理論的基礎とはまったく異なった(59)」社会主義の構想を提示しているからであった。

このような全体的評価の上に、ケインズはゲゼルの経済理論の意義を次のように要約した。

「貨幣および利子の理論に対するゲゼルの特有な貢献は次の通りである。第一に、彼は利子率と資本の限界効率とを明確に区別し、実物資本の成長率に限界を画するのは利子率であると主張する。次に、彼は、利子率は純粋に貨幣的現象であって、貨幣利子率に重要性を付与する貨幣の特異性は次の事実であると指摘する。すなわち、富を貯蔵する手段としての貨幣の所有は、所有者にとって無視しうるほどの持越費用しかかからず、そして持越費用を要する財貨貯蔵のような富の形態は、実は貨幣によって設けられる基準があるために報酬を生むという事実がそれである。[60]」

さらにケインズは、ゲゼルの『自然的経済秩序』中の第五部第八章「純粋の資本利子、その不動の大きさ[61]」を取り上げ、次のように述べた。

ゲゼルがこの章で表明したのは、純粋な資本利子あるいは基礎利子は、経済的、政治的そして社会的諸関係から独立した要素であり、しかもそれはほとんど同じ大きさを維持し続けているという認識にほかならない。このような基礎利子の、あらゆる時代を通じての不変性という事実は、ゲゼルにとって貨幣利子率は実物資本の利子水準に依存するものではないという彼の命題を立証するものにほかならない。その際、後者の実物資本利子は、彼によれば——貨幣利子率の上限の変動と比較しても——はるかに大きな変動を被る、と。

以上のようなゲゼルの議論を、ケインズは支持した。そして彼はその支持を次のような『一般理論』の用語に「翻訳した」のであった。

「恒常的な心理的性質に依存している利子率は、不変のままであるのに対して、資本の限界効率表を主として規定する大幅に変動する性質は、利子率を決定するのではなく、（多少とも）所与の利子率のもとで可能となる実物資本のストックの増加分を決定するのである[62]」、と。

けれども、ケインズにとってゲゼルの利子率の理論はなお不完全なものであった。というのも、ゲゼルは、事実に肉迫できるほどの理論を展開したけれども、なにゆえ利子は正であるのかという問題に依然として答えていないからである。ケインズは言う。「このことは、ゲゼルが流動性選好の考えを見落としているからである[63]」、と。

こう述べることで、ケインズは何を主張したかったのか。確かにケインズにとって流動性という概念が利子率とともに中心的概念になっているけれども、だが同時にその概念は、市場で利子と複利とをもって報いられる貨幣の利益を示す包括的術語でもある。その点を考慮するならば、『自然的経済秩序』におけるゲゼルは、流動性概念を欠如させていたために、その考察に際して、流動性を維持するための現金保持という重要な動機を無視していると、ケインズは主張したかったのではないだろうか。けれども、このようなケインズの批判によって、ゲゼルの理論が根本的に破壊されたのかどうかについては疑問である。なぜなら、ゲゼルにとって重要だったのは、（ケインズの概念で表現すれば）流動性をもつあらゆる貨幣形態に持越費用を賦課することで流動性プレミア（＝貨幣利子）を漸次ミニマムにしていくことだったからである。

第二節　「資本レントナーの安楽死」

ケインズは、ゲゼルの『自然的経済秩序』の基本的思想を次のようにきわめて正しく理解している。「ゲゼルは……次のように主張する。実物資本の成長は貨幣利子率によって阻止されるものであり、もしこの抑制が取り除かれるなら、実物資本の成長は現代の世界においてきわめて急速に行なわれ、そのためもちろん直ちにではないが、比較的短期間のうちにおそらくゼロの貨幣利子率が正当化されるであろう、と。そこで、なによりも必要なことは貨幣利子率を引き下げることであり、そのことは、彼の指摘にしたがえば、他の非生産的財貨の在庫と同じように貨幣に持越費用がかかるようにすることによって達成することができる、というのである。このことから、彼は有名な『スタンプ付き』貨幣という処方箋を書いたのであった(64)。」

そしてケインズは、このようなゲゼルの自由貨幣綱領について次のような評価を与えた。「スタンプ付き貨幣の背景をなす考えは健全なものである。もちろん、それを控え目な規模で実行に移す手段を見いだすことは可能である(65)」、と。

だが、ケインズはそれと同時に、スタンプ付き貨幣の実施にはゲゼルがなお把握していないような多数の困難が存在しているとも主張する。その理由としてケインズは、貨幣だけが流動性プレミアを作り出すという特性を持っているのではないということ、つまり、貨幣の流動性プレミアを廃止したならば、一連の貨幣代用手段――「銀行貨幣、要求払いの債務、外国貨幣、宝石、貴金属一般[66]」が生まれてしまうということを指摘するのである。

以上が、ゲゼルの自由貨幣綱領についてのケインズの評価である。だが、その論証方法は反論の余地のないほど確実なものではない。第一に反論すべきは、銀行預金残高はすでに貸与されている貨幣である（したがって、退蔵貨幣ではない）という点にほかならない。（だが、たとえ退蔵貨幣になった場合でも、それは恐慌要因とはならない。）同様のことは、外国貨幣、宝石そして貴金属についても妥当するだろう。なぜなら、国民経済の流通は発行貨幣量の流通に依存するのであって、個々の外国為替の流通ないし宝石や貴金属の流通に依存するのではないからである[67]。第二に反論すべきは、ケインズが指摘する一連の代用貨幣手段は、もっぱら投資用の代用貨幣手段を含むものではあっても、流動性をもった代用貨幣手段ではないということである。「それに対し、自由貨幣は流動性を保ち続けるとともに、法律的支払手段でもあり続ける。したがって、その流動性のために自由貨幣の調達には費用がかかる。それにもかかわらず、自由貨幣が導入された場合には、貯蓄目的あるいは投機目的のための貨幣蓄蔵は、通例、利益のないものになるだろう[68]。」だが、それだけではない。ここでケインズが、とくに自由貨幣を導入した場合の諸作用に危惧の念を抱いたのとは反対に、ゲゼルは自由貨幣を導入した場合の諸作用に大きな期待を寄せた。というのも、ゲゼルは、自由貨幣が導入された場合には、実物資本の利子率が低くても、この実物資本の形成が著しく促進されるために、生産力の全面的解放がなされると考えたからである。

剰余価値の廃絶を目指すゲゼルのビジョンも、このような文脈の中で考察されねばならない。ゲゼルは言う。「今日示されているような所有する側の優越性といったものが既存の家屋や工場とともに新しい家屋や工場を建設することによって、いとも簡単に無産者の側に移行してしまうということに想いいたらないのである[69]」、と。それに対しケインズも、「レントナーの安楽死」についての考察に際して、このゲゼルの主張と類似の主張を展開している。すなわち、実物資本の過少な供給比率が克服されるならば、資本家の権力と同時に利子もまた緩慢に消滅していくだろう、と。そしてケインズはさらに次のように述べている。

「かくしてわれわれが実際に目的とすべきことは、機能を喪失した投資家がもはや特別報酬を受け取ることがなくなるように、資本量を希少でなくなるまで増加させることである。……私は、資本主義の利子生活者的な側面を……過渡的側面と見なしている」[70]、と。

私見によれば、とくに最後の文章で述べられたケインズの主張は、彼の、あの簡潔なゲゼル評価、すなわち「私は、後世の人々は、マルクスの精神よりもゲゼルの精神からより多く学ぶであろうと信じる者である」という評価と結び付いていると思われる[71]。

第六章　マネタリズム

ゲゼルの理論は、マネタリズム学派のひとつの潮流として評価されねばならないと筆者は考えている。このような観点から「マネタリズムのシカゴ学派」との比較を行なう本章は、筆者にとってはもとより本書の読者にもとくに興味深いものになるだろう。

シカゴ学派のマネタリズム理論が産声をあげたのは、一九五〇年頃である。その後一九七〇年代に、この理論から最初の強力な反ケインズ主義的政治的潮流が誕生した。だが、その際に、二つの極端な立場、すなわち「純粋な」マネタリズムと「純粋な」ケインズ主義が対立したのは、経済学の教科書上においてでしかなかったということも、同時に付け加えておかなければならないだろう。むしろ今日の科学的論争について言うならば、ほとんどの経済学者は、この二つの「純粋な」理論の間で多様な立場を取っていると見ることができる。このことを証明するのは、たとえば「シカゴ学派」のもっとも著名な代表的経済学者ミルトン・フリードマンの次のような見解、すなわち「われわれは、今や皆ケインジアンである」[72]という見解であるだろう。

ところで、「マネタリズムのシカゴ学派」の本質的特徴とは何か。このような立場に立脚する人々は、市場の不完全性ということを無視して、民間部門の安定性を強調する。そして彼らは、ケインジアンの公共需要論ないし公共雇用政策をほとんど評価しないばかりか、一定の前提条件のもとでは有害なものとさえ見なすのである。このような「シカゴ学派」が自らの研究対象として取り上げるのは、ケインズの場合のような「雇用」ではなく、「インフレーション」にほかならない。

とりわけフリードマンは、「有効需要」は経済社会の現行の所得によって規定されるというケインジアンのテーゼを否定する。そしてフリードマンが到達した結論は、「有効需要」を規定するもっとも決定的なものは長期にわたる所得予想であるという認識だった。このような「フリードマンの長期的所得―仮説は、ケインズ主義が民間の支出行動についての大雑把な叙述に基づいて、財政的雇用政策の必要性とその作用を過大評価していることを非難するものであった。[73]」

フリードマンがケインズ派理論に対置するのは、再構成された貨幣数量説を基礎とした理論である。そして彼は、この理論的立場と関連させながら、自らの貨幣需要理論に基づく行動仮説を提示した。とりわけ彼が示そうとしたのは、経済社会全体の貨幣量と所得との直接的関連であった。なぜなら、彼にとって重要なのは、経済発展に決定的な影響を及ぼすのは通貨上の刺激であるという点にあったからである。かくして彼は、そこから演繹し、貨幣量についての法則を次のように定式化した。

「貨幣量の増加率が上昇する（低下する）ならば、雇用と社会的生産物の発展にとって一時的にだけ拡大的（収縮的）刺激が生じる。インフレーション率は、それに対して長期的に上昇する（低下する）。貨幣量の増加率が継続的に上昇する（低下する）時に初めて、雇用と現実の社会的生産物の発展が継続的に刺激される。だが、それは長期的なインフレーションの加速化という犠牲を伴わざるをえない[74]」、と。

一九七六年にミルトン・フリードマンは、ノーベル経済学賞を受賞した。それに対し、ゲゼル主義者たち[75]は、ストックホルムのノーベル賞選考委員会に抗議した。「フリードマンは、フリュールシャイムとゲゼルを引用していないのであるから、彼の研究は科学的に不正確である」[76]、と。だが、この抗議は、部分的にだけ正当であるにすぎない。なぜなら、フリュールシャイムの場合、その都度の必要に応じた貨幣量の調整が要求されたけれども、継続的な貨幣量の調整は要求されなかったからである。つまり、フリュールシャイムは、シカゴ学派のマネタリズム・モデルをただデッサンしたにすぎなかった。他方、自由経済主義者たちは、フリードマンのマネタリズムとゲゼルのマネタリズムとの相違を次のように強調した。

「このようなフリードマンの考えは、貨幣政策の自由裁量という観点からはひとつの進歩を意味するにしても、ゲゼルの、貨幣量調節という観点からはひとつの後退を意味する。なぜなら、ゲゼルが貨幣量を財サイドに接続させようとしたのに対して、フリードマンは生産を貨幣的鋳型にはめ込むことを強いるからである」[77]、と。

後者の文章を科学的に理解しようとするならば、補足が必要になるだろう。なぜなら、フリードマンとゲゼルの最大の相違点は、経済的かつ社会的目標の相違にあるからである。したがって、この点にかんしてわれわれは、次のようなズーアの見解に注目する必要がある。

「シカゴ学派がしだいに資本家的となるマネタリズムを代表するのに対して、ゲゼルに基礎をもつ理論と綱領は、すでにきわめて早くからポスト資本主義的マネタリズムを代表していたと特徴づけられる。[78]」

このズーアの見解は、相対的に正しいものである。だが、彼の「ポスト資本主義的」という用語は誤解されやすい。したがって、この「ポスト資本主義的」という用語は、「反資本主義的」という用語に置換されるべきだろう。

自由経済主義者は、こうした論争の中でシカゴ学派を「素朴なマネタリズム」[79]と呼んだ。なぜなら、シカゴ学派は貨幣政策的手段の中で貨幣量の調整だけを要求し、貨幣の流通速度の管理を無視しているからである。つまり、シカゴ学派の理論は、貨幣の国民経済的機能とその障害物（流通手段としての貨幣と貯蓄手段としての貨幣機能の分裂問題）にほとんど注意を払っていないからである。その結果、「有効需要」（ケインズ）に関係する貨幣管理をいかに行なうのかという特別な問題が彼らの前に生まれることになったのであるフリードマンは、自らの理論モデルに取り入れた変数を厳密に限定することで自らの理論体系を堅持することができたけれども、シルビオ・ゲゼルの「貨幣論的剰余価値シンドローム」を排除しようとした彼の理論的総括は、なお不十分なままであると言わざるをえない。このような確認から、ゲゼル主義者は、フリードマンのマネタリズムの弱点を次のように批判した。失業、不当な分配、そして需要の衰弱などの問題についての本質的な解答を、フリードマンは与えていないままである、と。[80]

以上、ここで確認できるのは、次のことである。自由経済主義者のマネタリズムは、なによりもまず雇用と分配の問題を解決するという目標をもつ。その点で、自由経済主義者のマネタリズムは、シカゴ学派のマネタリズムと対立関係にある、と。(後者の主要な説明目標はインフレーションという現象である。とりわけフリードマンの場合、セーの法則が厳格に貫徹すると仮定されているため、自由経済主義者のマネタリズムと大きな見解上の相違が存在する。)

マネタリズムという立場は、原理的には貨幣政策の優先を認める。だが、ゲゼル主義者の場合(ゲゼル自身の場合[81]も同様に)、この点にかんしていかなる教条的姿勢も知覚されない。このことは、「ヴェルグルの実験」に際しても明らかであるだろう。事実、その実験では、追加的な財政的干渉とともにプレ・ケインズ的な貨幣調整政策が遂行されたのである。

第七章　総　括

以上のような、シルビオ・ゲゼルの『自然的経済秩序』を経済理論史の中に位置づける試みは、彼の自由経済理論をよりいっそう明確に理解するのに役立つものとなるはずである。

価値論、「セーの法則」、資本形成論、「賃金鉄則」などの、経済学の中心的論点をめぐる古典派経済学と自由経済理論との簡単な比較から明らかになることは、ゲゼルの理論的立脚点が古典派経済学の仮説の拒否にあるという点である。この点は、部分的にはマルクス理論との比較に際しても示されているといってよい。他方、ゲゼル理論ではマルクス理論と同様に「剰余価値論」が特別な地位を占めているけれども、分配論の問題ではマルクス理論とまったく異なったアプローチが選択されている。つまり、マルクスが自らの分配論を展開する場合、古典派の価値論に依然として囚われたままであったのに対して、ゲゼルは、自らの分配論を展開する場合、その主観的契機を優先させたのである。

マルクスとゲゼルは、貨幣セクターについての評価の相違から更なる対立点を生む。つまり、その更なる対立点とは、剰余価値の取得者は産業資本なのかそれとも銀行資本なのかという問題である。ゲゼルは、貨幣利子がその他の利子所得の主導者であると見るがゆえに、実物資本の収益は貨幣利子の派生物にすぎないと理解する。この理解は、マルクスの理解とまったく逆の関係にある。

さらにゲゼル理論を新古典派や限界効用学派と比較することは、とりわけ次のような二つの理由から興味深いものである。第一に、ゲゼルはベーム・バヴェルク（主観的価値論のもっとも著名な学者のひとり）の利子理論への批判者のひとりだからである。また第二に、自由経済理論の重要な理論的構成部分（ゲゼルの貨幣数量説と「固定通貨制度」改革案）がフィッシャーによって高く評価されているからである。

このような新古典派との比較において重要な点は、自由経済派の新古典派批判がケインズのそれと広範囲にわたって一致しているということである。そしてさらに言えば、もっとも著名なアカデミックな経済学者としてのケインズがゲゼル理論を賞賛したということである。それと同時に、ケインズ理論の本質的要素（予想的態度の重視、需要要因の強調、貨幣利子率の主導性など）がすでにゲゼル理論の中に見られるということも指摘されなければならない。

他方、ゲゼルがシュパンの普遍主義体系を自らの主著『自然的経済秩序』の中に取り入れたのは、一九二〇年代の初頭に自由経済主義と普遍主義との鋭い論争が行なわれたという事情から説明することができるだろう。

最後に、自由経済理論とシカゴ学派のマネタリズムとを比較した場合、一致点よりもはるかに対立点の方が大きいということである。このことは、とりわけ理論的基礎ならびに経済政策的かつ社会政策的目標の点で全面的に妥当するといってよいだろう。

『自然的経済秩序』の全体を経済理論史の中に厳密に位置づけることはなお困難な作業であるという前置きをした上で、ゲゼルの理論をマルクスとケインズとを媒介するその中間に位置づけることがもっとも妥当であるように思われる。このような位置づけは、すべての者の無条件の承認が得られるような位置づけとはならないにしても、多数の者の承認が得られるような位置づけとなるだろう。

原　注

（1）Silvio Gesell, Die Natürliche Wirtschaftsordnung durch Freiland und Freigeld, 9 Aufl., Nürnberg 1949, S. 137. 邦訳、シルビオ・ゲゼル著・相田愼一訳『自由地と自由貨幣による自然的経済秩序』第四版（一九二〇年）、ぱる出版、二〇〇七年、二二五頁。

（2）Ebend. 136. 邦訳、二二六頁。

（3）古典派の中でも、たとえば、トーマス・ロバート・マルサスなどの若干の人々はこのセーの法則に反対した。こうした人々を度外視すれば、古典派はセーの法則を継承したと言えるだろう。

（4）F. List, Das nationale System der politischen Ökonomie, 1928, S. 227. 邦訳、フリードリヒ・リスト著・小林昇訳『経済学の国民的体系』、岩波書店、一九七〇年、二〇二頁。

（5）S. Gesell, a. a. O., S. 50, 68, 73, 76, 112. 邦訳、四〇・八五・八九・九三頁。

（6）L. J.Zimmermann, Geschichte der theoretischen Volkswirtschaftslehre, Köln 1954, S. 69.

（7）S. Gesell, a. a. O., S. 68. 邦訳、八六頁。

（8）F. Engels, Zur Wohnungsfrage, 1945（Erstauflage 1872）,S. 5.

（9）マルクスとエンゲルスの、シュティルナーとの論争は、G. Senft, Weder Kapitalismus noch Kommunismus, S.

60. を参照されたい。

(10) K. Marx, Das Kapital, 1. Band, 1981, S. 161ff. 邦訳、マルクス著・向坂逸郎訳『資本論』第一巻、岩波書店、一九六七年、一八九-二二九頁。

(11) K. Marx, Lohn, Preis und Profit, 1971, S. 49f. 邦訳、マルクス著・本間要一郎訳『賃金・価格・利潤』、岩波文庫、一九六三年、五九頁。

(12) F. Engels, a. a. O., S. 58.

(13) Dieter Suhr, Geld ohne Mehrwert, Frankfurt/M, 1983, S. 18.

(14) K. Marx, a. a. O., S. 38. 邦訳、四六頁。

(15) F. Engels, a. a. O., S. 34.

(16) Ebenda, S. 27.

(17) K. Marx, Das Kapital, 1. Band, S. 161. 邦訳、一八九頁。

(18) Ebenda, S. 145. 邦訳、一七〇頁。

(19) Ebenda, S. 746.

(20) D. Suhr, a. a. O., S. 8.

(21) K. Marx, a. a. O., S. 135. 邦訳、一四八頁。

(22) R. Hilferding, Das Finanzkapital, 1920, S. 301. 邦訳、ヒルファディング著・林要訳『金融資本論』、大月書店、一九五二年、三四六頁。

(23) Ebenda, S. 301. 邦訳、三四六頁。

(24) L. J.Zimmermann, a. a. O., S. 127.

(25) 古典派の場合、この価値の二律背反問題は、たとえば水のような生活に不可欠な財（使用価値度の高い財）は何ゆえ低い交換価値しかもたないのか、またたとえばダイヤモンドのような生活に必要のない財（使用価値度の低い財）は何ゆえ高い交換価値をもつのかという問題設定から派生する。

(26) Joan Robinson, zitiert in: J. Kromphardt, Konzeptionen und Analysen des Kapitalismus, 1980, S. 123.
(27) これは、中国の文化大革命時代のスローガンでもあった。
(28) S. Gesell, a. a. O., S. 13ff. 邦訳、二四頁以下。
(29) 貨幣数量説と財政政策についての新古典派の議論については、H. J. Jarchow, Theorie und Politik des Geld, Bd. 1., 1987, S. 192ff. を参照されたい。
(30) この二巻本の初版は、一八八四年と一八八九年にそれぞれ刊行された。
(31) E. Boem-bawerk, Gesammelte Schriften, 1924, S. 230-300.
(32) G. Senft, a. a. O., 5. 3. を参照されたい。
(33) S. Gesell, a. a. O., S. 337. 邦訳、六四七頁。
(34) I. Fisher, Feste Währung-Illusion und Wirklichkeit, 1948, S. 52f.
(35) フィッシャーは、とりわけこの著書の中でゲゼルの著書『積極的通貨政策』を引証している。I. Fisher, a. a. O., S. 53.
(36) I. Fisher, a. a. O., S. 6 の序文を参照されたい。
(37) フィッシャーは、ここで一九一二年の『商業・金融新聞』の若干の論説を引証している。
(38) I. Fisher, a. a. O., S. 28.
(39) Ebenda, S. 27.
(40) 「正義の国民経済学」は、「正義」についての認識を基礎としたその学説である。
(41) O. Spann, Gesellschaftsphilosophie, Werke, Band 11, 1968, S. 21.
(42) O. Spann, Der wahre Staat, Werke, Band 5, 1969, S. 125.
(43) O. Spann, Gesellschaftslehre, Werke, Band 4, S. 103.
(44) Ebenda, S. 102.
(45) H. Sveistrup, Stirners drei Egoismen, Freiburg 1983, S. 93.

（46）Ebenda, S. 92.
（47）O. Spann, Gesellschaftsphilosophie, Band 11, S. 19.
（48）スヴェイシュトループは、シュパンにファシズムの嫌疑をかけ、有機体理論を科学的なものというよりも詩的なものと主張した最初の人ではなかった。
（49）O. Spann, Der wahre Staat, Band 5, S. 26.
（50）K. Walker, Gesell, Keynes und die moderne Nationalökonomie, 1973, S. 4.
（51）ゲゼルは、実物資本の利子率のこのような関連を語っている。
（52）ここでは、投機的理由から投資家の（貨幣利子に関する）非弾力的反応が論じられている。
（53）膨張的貨幣政策の無作動という現象は、専門家の文献では「流動性のワナ」という用語で処理されている。
（54）H. J. Jarchow, a. a. O., S. 250.
（55）G. Garvy, Keynesianer vor Keynes, in: G. Bombach（u.a.）, Der Keynesianismus 2, 1976, S. 21-34.
（56）Ebenda, S. 22.
（57）J. A.Schumpeter（1936）, zitiert in:Bombach（u.a.）1976, S. 22.
（58）J. M. Keynes, Allgemeine Theorie der Beschäftigung, des Zinses und des Geldes, Berlin 1936, S. 298f. 邦訳、ケインズ著・塩野谷祐一訳『普及版　雇用・利子および貨幣の一般理論』東洋経済新報社、一九九五年、三五四–三五八頁。
（59）Ebenda, S. 300. 邦訳、三五六頁。
（60）Ebenda, S. 300. 邦訳、三五六頁。
（61）S. Gesell, a. a. O., S. 356-360頁。邦訳、六三六–六四七頁。
（62）J. M. Keynes, a. a. O., S. 301. 邦訳、三五六頁。
（63）Ebenda, S. 302. 邦訳、三五七頁。
（64）Ebenda, S. 301. 邦訳、三五七頁。

(65) Ebenda, S. 302. 邦訳、三五八頁。

(66) Ebenda, S. 302. 邦訳、三五八頁。

(67) K. Walker, in: Gesell. a. a. O., S. 376.

(68) D. Suhr, a. a. O., S. 33.

(69) S. Gesell, a. a. O., S. 33. 邦訳、二五頁。

(70) J. M. Keynes, a. a. O., S. 317f. 邦訳、三七九頁。

(71) Ebenda, S. 300. 邦訳、三五六頁。

(72) Milton Friedman, zitiert in: B. Felderer, S. Hamburg, 1985, S. 236.

(73) G. Bombach（u.a.）, Der Keynesianismus 1, 1976, S. 185.

(74) H. J. Jarchow, a. a. O., S. 276.

(75) とくにこのように主張したのは、Sozialwissenschaftliche Gesellschaft 1950 e. V., Hamburg. であった。

(76) F. Binn, Silvio Gesell–der verkannte Prophet, Hamburg 1978, S. 9.

(77) Ebenda, S. 9.

(78) D. Suhr, a. a. O., S. 11.

(79) F. G. Binn, Konsequenter Monetarismus, in: Mensch-Technik-Gesellschaft, Nr. 32, 1976. を参照されたい。

(80) D. Suhr, a. a. O., S. 79ff.

(81) ゲゼルの社会国家綱領を想起されたい。

Ⅲ　ゲゼルの思想

第六章　シルビオ・ゲゼルの反戦平和思想
――「自由地、平和の絶対的要求」（一九一七年）を中心に――

はじめに

戦争から直接利益を得られる人々（戦争前の利子の低落傾向に苦しんでいたレントナー、軍需産業とその関連産業）や戦争からなんらかの利益を得られると考えている人々（失業者、不況に苦しむ中小の経営者や従業員、いわゆる「愛国者」など）を別にすれば、多くの人々は通例平和を望み、戦争に反対の態度をとる。その意味で、彼らは無意識的であれ意識的であれ、反戦平和思想の持ち主といってよいだろう。

ところで、その際に彼らが抱く反戦平和思想は実に多種多様なものになる。だが、それらをあえて大別するならば、基本的に二つの類型に分類できるだろう。第一類型は、平和はそれ自体「絶対的価値」であると見なし、現存の社会体制の改革とは無関係に平和運動を推進しようとする平和主義型の反戦平和思想である。そして第二類型は、「恒久平和」の実現は既存の社会体制の改革なしには不可能であると見なし、社会改革運動の一環として平和運動を推進しようとする社会改革型の反戦平和思想である。

この二つの類型の反戦平和思想は平和を求めている点では共通しているけれども、その運動の目的や課題の点では大きく異なっているといってよい。けれども、現実の平和運動の場合、この両者は相互に協力し合い、渾然一体となって平和運動を推進する場合が多い。否、これまでの平和運動では多くの場合社会改革型反戦平和思想がそのコアとなり、その周囲を平和主義型反戦平和思想が取り巻くという形態をとってきたように思われる。

戦後日本の平和運動の場合も、その例外ではない。だが、戦後日本の平和運動は、ソ連の崩壊にともなうマルクス主義への決定的な不信とともに後退の一途を辿り、今日なお活発に展開されている欧米の平和運動との著しい対比をなすものとなっている。どうしてそのような事態が生まれたのだろうか。その主たる原因のひとつは、欧米の平和運動が平和運動のコアとなるべき社会改革型反戦平和思想をマルクス主義に独占させず、複数持っていたのに対し、戦後日本の平和運動は、そのコアとなるべき社会改革型反戦平和思想をマルクス主義に独占させていたことにあるというのが、筆者の理解なのである。

このような理解に基づき、マルクス主義とは異なる社会改革型反戦平和思想を展開したシルビオ・ゲゼル（Silvio Gesell, 1862–1930）のそれを紹介・検討することは、後退傾向にある日本の平和運動を再考する一つの契機になるのではないかと、筆者は考える。これが本稿でゲゼルの著書『自由地と自由貨幣による自然的経済秩序』第四版（一九二〇年）の第二部序章「自由地、平和の絶対的要求」における彼の反戦平和思想を取り上げようとする主たる理由なのである。

一　シルビオ・ゲゼルとは誰か

「シルビオ・ゲゼルの反戦平和思想」というタイトルを見た読者の多くは、きっと「シルビオ・ゲゼルとは誰か」という問いを投げかけることだろう。その意味で、ゲゼルという人物は日本では依然として「忘れられた思想家」にすぎない。そこで、われわれは彼の反戦平和思想の紹介・検討に立ち入る前に、この人物の生涯、著作、思想を簡潔に見ておくことにしよう。

この課題を果たすのにもっとも適していると思われるのは、二〇世紀最大の経済学者といわれるケインズの主著『雇用・利子および貨幣の一般理論』（一九三六年）中の次の一節であるだろう。ケインズはそこでゲゼルの生涯、著作、思想を次のように紹介している。

「ゲゼルはブエノスアイレスで成功したドイツ出身の商人であった。彼はアルゼンチンにおいてとくに激甚であった一八八〇年代後半期の恐慌が動機となって、貨幣問題の研究を始め、処女作『社会国家に架橋するものとしての貨幣制度の改革』は一八九一年にブエノスアイレスで出版された。貨幣に関する彼の基本的な考え方を同年に『事態の本質』という表題でブエノスアイレスで出版して以降、彼は、生活に追われない人にのみ許された、著作と実験的農業という二つのもっとも楽しい仕事に余生を捧げることのできる裕福な人として、一九〇六年にスイスに隠遁するまで、数多くの著作と小冊子を相次いで出版した。

彼の主著の前半部は、『貨幣改革と土地改革による労働全収益権』という表題で一九〇六年スイスのレゾート・ジュネヴィーにおいて出版され、後半部は一九一一年ベルリンにおいて『貨幣と利子の新理論』という表題で出版された。両者は合冊されて『自由地と自由貨幣による自然的経済秩序』という表題で戦争中（一九一六年）ベルリンとスイスで出版され、彼の生存中に六版を重ねた。その英語訳（翻訳者フィリップ・パイ氏）は、『自然的経済秩序』と名づけられている。一九一九年四月ゲゼルはバイエルンにおける短命であったレーテ共和国に大蔵大臣として加わったが、後に軍法会議にかけられた。晩年の一〇年はベルリンとスイスで送り、〈自由地・自由貨幣〉運動の宣伝に努めた。……

ゲゼルの信奉者たちは、彼に預言者的装いを与えたけれども、彼の主著は冷静な、科学的な言葉によって書かれている。……この著書の目的は全体としては反マルクス主義的社会主義の建設と見ることができよう。それは自由放任主義に対するひとつの反動ではあるが、その拠って立つ理論的基礎が、古典派の仮説ではなくその否認の上に立ち、競争の廃止ではなくてその解放の上に立っている点において、マルクスの基礎とはまったく異なっている。将来の人々はマルクスの精神よりもゲゼルの精神からより多くのものを学ぶであろうと私は信ずる。読者が『自然的経済秩序』の序文を参照するなら、ゲゼルの道徳的性質を知ることができるであろう。私の考えでは、マルクス主義者に対する回答はこの序文に示された線に沿って見出されるべきである。(1)」

以上のようにケインズは、ゲゼルがドイツ出身のアルゼンチン商人を経て社会改革家になったこと、またヨーロッパにおける「自由地・自由貨幣」運動の指導者として活躍し、一九一九年のバイエルン・レーテ共和国の大蔵大臣に就任したこと、そして彼の主著が一九一六年に出版された『自由地と自由貨幣による自然的経済秩序』であり、それは彼の生存中六版を重ねたばかりか、英語版、フランス語版、スペイン語版などの外国語訳でも出版されたこと、さらにゲゼルの主著を貫く思想が自由競争原理に立脚した社会主義、すなわち「反マルクス主義的社会主義」(「自由主義的社会主義」)であることなどを的確かつ簡潔に紹介した後に、「将来の人々はマルクスの精神よりもゲゼルの精神からより多くのものを学ぶであろう」と、社会改革家としてのゲゼルの思想を高く評価しているのである。

その際にここで問題になるのは、ゲゼルの「反マルクス主義的社会主義思想」(「自由主義的社会主義」)の内容、つまりマルクス主義の社会改革論とは異なるゲゼルの社会改革論の内容であるだろう。それは、とりわけ次の四点で大きく異なっている。

第一の相違点は、「資本主義」理解についての相違である。マルクス主義者と同様にゲゼルも現代経済を「資本主義」と見なし、この「資本主義」が搾取や貧困そして階級的分裂を引き起こすと認識する。そして「資本主義」の廃絶の必要性を主張する点でも、彼はマルクス主義者と共通する。けれども、マルクス主義者が「資本主義」の基本的原理を「産業資本主義」に求め、その搾取も本源的には「生産過程」における産業資本家とその労働者の「生産関係」(生産手段の私的所有関係)から生まれるものと考えるのに対し、ゲゼルは「資本主義」の基本的原理を「利子経済」に求め、その搾取も本源的には「流通過程」における貨幣所有者と商品生産者の関係(「商品に対する貨幣の優位性」）から生まれるものと考える。

第二の相違点は、社会主義思想における「個人的自由」[2]についての評価の相違である。マルクス主義者は「歴史的必然性」を強調するあまり、社会主義思想における「個人的自由」の問題に真剣に向き合うことがなかったばかりか、その後のマルクス主義の歴史が示すように「プロレタリアート独裁」のもとに「個人的自由」を無制限に抑圧する社会体制を確立した。それに対し、ゲゼルは、たとえ過渡期であろうともいかなる状況にあっても「個人的自由」を無条件に擁護しなければならないと考え、この「個人的自由」を社会主義思想における最高の徳目と見なし、平等や連帯といった徳目はそれに従属するものと位置づけたのである。この点を、ゲゼルの協力者のひとりだったベネディクト・ウーレマイルは次のように述べている。

「ゲゼルは、当然のことながら個人主義者として、さらには自由主義の支持者として特徴づけることができる。個人の全面的自由こそが彼の最高の徳目であると同時に、彼の社会主義思想とその意欲とを規定しているのである[3]。」

このように社会主義思想において「個人的自由」を最大限強調する点で、彼の社会主義思想は「自由主義的社会主義」と呼ばれ、組織や規律を重視するマルクス主義の社会主義思想の対極に位置するものとなっているのである。

第三の相違点は、社会改革論の方法的順序についての相違である。マルクス主義者は経済構造としての「下部構造」が「上部構造」を究極的に規定するという唯物史観を「導きの糸」としながらも、「政治権力の獲得」という政治改革を遂行した後に経済改革を行うという社会改革の方法論をとる。それに対し、ゲゼルは、マルクスの唯物史観と類似した歴史観、すなわち「経済的動機」こそが歴史の決定的要因であるとする歴史観に忠実にしたがって、まず最初に土地改革と貨幣改革という二つの経済改革を遂行し、その後政治改革ならびに社会改革を遂行するという社会改革の方法論をとる。その際、ゲゼルは前記の経済改革が遂行されるならば、その後「自然の摂理」[4]にしたがって自動的に政治改革ならびに社会改革が遂行されるものと考える。その意味で、ゲゼルの社会改革論の方法的順序の方がマルクス主義者のそれよりもはるかにマルクスの唯物史観に合致したものといえないだろうか。

第四の相違点は、「資本主義」を廃絶した後の未来の経済制度についての構想の相違である。マルクス主義者は「市場経済」は必然的に「資本主義」をもたらすという観点から「市場経済」を全面的に否定し、「中央集権的な計画経済」という「国家経済」の確立を目指す。それに対し、ゲゼルは、マルクス主義者の目指す「国家経済」を拒否する。なぜなら、「国家経済」はいかなる形態のものであれ、経済的効率性と自己責任の原則を蝕む官僚制化とそれにともなう「国家や官僚への市民の全般的隷属化」(「個人的自由」の抑圧化)とをもたらすからである。[5]

他方、ゲゼルは「市場経済」を次のように考える。「市場経済」が(国民の階級的分裂を引き起こす私的土地所有権とともに利子制度を生む伝統的な貨幣制度などによって)「資本主義的変質を遂げた」場合には搾取と貧困をもたらすけれども、「市場経済」そのものは「富裕」と「個人的自由」を促進する、と。したがって、「資本主義」を廃絶した後の社会主義的経済体制は、「アダム・スミスや新古典派経済学が依拠する資本主義的に改造された市場経済」でもなければ、また「カール・マルクスが依拠する中央集権的な計画経済」(「国家経済」)でもなく、「資本主義なしの市場経済」(ゲゼル自身はこのような経済制度のことを「自然的経済秩序」と呼んでいる)、すなわち「資本主義でもなく共産主義でもない」第三の道でなければならないというのが、ゲゼルの未来構想ということになる。[6]

以上の相違点からも明らかになるようにゲゼルの「反マルクス主義的社会主義思想」とは、「資本主義でもなく共産主義でもない」第三の道を求める社会主義、すなわち市場経済に依拠した「自由主義的社会主義」のことにほかならないのである。

二 自由地、平和の絶対的要求(一九一七年)

ゲゼルは、第一次世界大戦中スイスで反戦平和問題を論じた二つの重要な講演を行った。一つは、一九一六年四月二八日にベルンで行った「金と平和？」という講演⑦であり、もう一つは、一九一七年七月五日にチューリヒで行った「自由地、平和の絶対的要求」という講演⑧である。前者が彼の経済改革論の一方の軸となる貨幣改革論の観点から反戦平和を論じたものであるのに対し、後者は彼の経済改革論の他方の軸となる土地改革論の観点から反戦平和問題を論じたものである。このようにこの二つの講演は彼の経済改革論に立脚しながらも、異なった観点から反戦平和問題を論じたものにほかならない。この二つの講演が、一九二〇年に発行された彼の主著『自由地と自由貨幣による自然的経済秩序』第四版の第二部序章「自由地、平和の絶対的要求」と第三部終章「金と平和？」としてそれぞれ収録され、彼の主著における社会改革型反戦平和思想を構成するものとなっている。

したがって、ゲゼルの社会改革型反戦平和思想を明らかにするというわれわれの課題を果たすためには、本来この二つの章がわれわれの考察対象とならなければならない。だが、本稿では紙数の制約上、遺憾ながらわれわれの考察対象を第二部序章「自由地、平和の絶対的要求」に限定せざるを得ない。第三部終章「金と平和？」については後日を期することとしたい。

このように、本稿はその考察対象をゲゼルの主著『自由地と自由貨幣による自然的経済秩序』第四版の第二部序章「自由地、平和の絶対的要求」に限定し、そこにおける彼の社会改革型反戦平和思想を紹介・検討することをその主要な課題とするものである。以下、この「自由地、平和の絶対的要求」の内容構成にしたがって、（一）ゲゼルの反戦平和思想の基礎視角としての世界戦争の本質的原因論、（二）第一次世界大戦前後の時期に浮上してきた多種多様な平和主義型反戦平和思想への彼の批判、そして（三）「恒久平和」を実現するための「自由地」改革論という順序で考察することにしたい。

（一）ゲゼルの反戦平和思想の基礎視角としての世界戦争の本質的原因論

「自由地、平和の絶対的要求」の最初の構成部分をなすのは、ゲゼルの反戦平和思想の基礎視角としての世界戦争の本質的原因論である。
この世界戦争の本質的原因論の理論的基点となるのは、次のような彼の主張である。「国際平和は城内平和なしには獲得できない。[9]」どうして「国際平和は城内平和なしには獲得できない」のだろうか。それは、彼が世界戦争の勃発という事態を次のように理解しているからである。

「世界戦争は、すべての文明国の内奥で進行している階級闘争という名の経済的内戦が暴力的手段によって抑制されたために、その捌け口として勃発したのである。つまり世界戦争は、分裂した国民諸階級が国内で相互に経済的内戦を闘っていることとの付随的現象にすぎないのである。[10]」

このように彼は、世界戦争の勃発という事態は「国民の階級的分裂」とそれにともなう「経済的内戦」が国内で暴力的に抑圧されたために対外的に噴出したものと理解するのである。それゆえに、「国民の階級的分裂」とそれにともなう「経済的内戦」とを廃絶した真の「城内平和」が達成されないかぎり、「国際平和」は実現されないという冒頭の彼の主張が生まれるのである。
そこで次に問題となるのは、この世界戦争の勃発に導いた「国民の階級的分裂」とそれにともなう「経済的内戦」はどうして生まれたのかということである。
ゲゼルによれば、この「国民の階級的分裂」とそれにともなう「経済的内戦」を引き起こした真の原因は、「私的土地所有権」と「伝統的な貨幣制度」という二つの伝統的な経済制度にほかならない。彼はそれを次のように述べている。

「文明国の国民を階級的分裂と経済的内戦に追いやるのは、常に同一の経済制度、すなわち土地保有権ならびに金属貨幣（ないし兌換紙幣）などの太古以来の伝統的な貨幣制度なのである。[11]」

彼によれば、「私的土地所有権」は必然的に一部の特権的な大土地所有者と土地所有から排除された大多数の無産者、したがって大衆的貧困とプロレタリアートの形成という「階級的分裂」を引き起こす。それと同時に「経済的内戦」もまた生まれ、「大土地所有者を大衆の羨望や反抗そして攻撃から守ってくれる中央権力」、すなわち「階級国家」が誕生し、国内外に向けて発揮される「暴力、抑圧、嘘、欺瞞といった精神[12]」を育むことになる。

それに加えて、数千年以来続いている「伝統的な貨幣制度」も、「自らの活動条件として利子を要求するために、国民経済全体を利子制度のもとにおく」ことを通して「レントナーと駄獣の如く酷使される人々」への「国民の階級的分裂」とそれにともなう「経済的内戦[13]」を必然化させるように作用する。つまり、ゲゼルは、「私的土地所有権」と「伝統的な貨幣制度」が文明国の内部の「国民の階級的分裂」とそれにともなう「経済的内戦」を引き起こし、さらにはそれが「暴力、抑圧、嘘、欺瞞といった精神を育む階級国家」の形成とその発露という迂路を経て世界戦争を引き起こすと主張するのである。

このように世界戦争の本質的原因を「私的土地所有権」と「伝統的な貨幣制度」という二つの経済制度に求めるのが、「自由地、平和の絶対的条件」におけるゲゼルの反戦平和思想を貫く基礎視角なのである。したがって、彼が「われわれがこの二つの経済制度の改革運動を推進しその改革を断行しないかぎり、国内外の平和はありえない」と主張し、「国際平和は城内平和なしには獲得できない[14]」と言うのも、当然の論理的帰結なのである。

（二）多種多様な平和主義型反戦平和思想の批判

「自由地、平和の絶対的要求」の第二の構成部分をなすのは、第一次世界大戦前後に浮上してきた多種多様な平和主義型反戦平和思想を取り上げ、それらを上述の基礎視角に基づいて批判を行うことである。

多種多様な平和主義型反戦平和思想の中でゲゼルがまず最初に取り上げるのは、菜食主義者や禁酒主義者の平和論である。菜食主義者や禁酒主義者は次のような平和論を主張する。「戦争は、病的な身体的状態から生まれた病的精神状態のことである。したがって、菜食主義や禁酒主義によって健全な身体的状態になれば戦争はなくなるだろう[15]」、と。この主張に対し、ゲゼルはまず次のように言う。「彼らの主張には多くの正しさがある」、と。だが、彼によれば

「人類が菜食主義や禁酒主義という淘汰過程を経て『より良い』存在になるには、気の遠くなるほどの長い時間を待つ必要がある。[16]」つまり、菜食主義者や禁酒主義者の平和論を「正しいもの」と認めたとしても、その方法では平和の実現に余りにも長い時間がかかりすぎるというのである。だが、菜食主義者や禁酒主義者の平和論の問題点はそれだけではない。彼は言う。「戦争を推進する力が人間本性の改善よりも長足の進歩を遂げることはないという彼らの前提はもとより、この二つの力の闘争の中で前者の力が優位を占めることはないという彼らの結論も疑わしいものである。[17]」したがって、「菜食主義や禁酒主義といった些細な犠牲を払ったからといって、われわれは平和をえることができない[18]」というのが、菜食主義者や禁酒主義者の平和論へのゲゼルの批判なのである。

第二にゲゼルが取り上げるのは、出産ストライキ論者の平和論である。出産ストライキ論者は次のように主張する。「この出産しなければ、兵士も存在しないし、戦争もない[19]」、と。この主張に対し、ゲゼルはまず次のように言う。「この出産ストライキという手段が全般的に取られるならば、平和は確実に実現されるだろう[20]」、と。だが、彼によれば今日の状況で出産ストライキが完全に実施されるような事態は考えられず、必ず出産ストライキ破りが生じることになるだろう。したがって、もしこうした方法で平和が実現されたとしても、「その恩恵に与ることができるのは……出産ストライキ破りの子どもたちだけであり、それ以外の子どもたちは、彼らの犠牲になることを甘受しなければならないことになる。[21]」つまり、出産ストライキ論者の平和論は「人間の本性」を無視した平和論であるばかりでなしに、大多数の「生まれざる」子どもたちの犠牲の上に少数の「出産ストライキ破りの子どもたち」に「生と平和」の享受という特権をもたらす不平等な平和論でもある。こうゲゼルは出産ストライキ論者の平和論に批判を加えたのである。

第三にゲゼルが取り上げるのは、徴兵拒否論者の平和論である。徴兵拒否論者は次のように主張する。「すべての者が徴兵拒否をすれば、戦争は起こらないし、平和は即座に実現される」、と。この主張に対し、ゲゼルはまず次のように言う。「この徴兵拒否という方法も、出産ストライキと同様にすべての者が実行した場合には、平和を実現するための確実な方法になる[22]」、と。だが、彼によれば問題なのは、われわれ全員がこのような徴兵拒否を行う「英雄」たり得るのかということである。彼はこの問いに次のように答える。徴兵拒否という「自己犠牲的精神」が「人間の自己保存本能」と対立するものであるかぎり、大半の人々は後者を選択することになるだろう。事実、「過去数百年もの長きにわたって、われわれはひとりのアーノルド・フォン・ヴィンケルリード、ひとりのジョルダーノ・ブルーノ、ひとりのフスしかもてなかったではないか(23)」、と。このようにわれわれ全員が「英雄」になることができない以上、徴兵拒否論者の平和論は理想論でしかないというのが、ここでのゲゼルの批判なのである。

第四にゲゼルが取り上げるのは、平和を担保するものとしての供託金制度という提案である。この提案をする人々は次のように主張する。「すべての国は、平和への担保として一定量の金をどこかに供託すべきである。一国家が近隣国に宣戦布告をするや、この平和の撹乱者の供託金は没収される(24)」したがって、供託金制度に参加している国々は、あえて戦争を起こすような愚を犯さないであろう、と。この提案に対するゲゼルの反論はない。彼はただ「この提案はなんとすばらしく、なんと簡単かつ安上がりな提案であることか(25)」という皮肉な論評を加えているだけである。彼がこうした態度をとるのも、彼にとってこの提案が反論するに値しないほど空疎なものと思われたからではないだろうか。

第五にゲゼルが取り上げるのは、「爆発物製造の独占権を中立国に委譲すべきである(26)」という提案である。こうした提案を行う人々は、「火薬がなければ、戦争が起こらないから、平和を確保するのにこれ程簡単かつ安上がりな手段はない(27)」と主張する。だが、ゲゼルによれば、この提案は一定の水準以上の科学技術を有する文明国ならばいつでもその科学技術の利用によって秘密裏にほとんどの武器を製造できるという事実を無視した提案でしかない。否、この提案は平和にとって危険な提案である。なぜなら、この提案が実行されるならば、「戦争の準備を内密に行い、無防備の近隣国を攻撃するような平和の撹乱者(28)」が容易に生まれることになるだろうからである。その時、「無防備の近隣国」はどうしたらよいのだろうか。このようにゲゼルは、この提案がその目的とは反対の結果をもたらす危険性を指摘し批判したのである。

第六にゲゼルが取り上げるのは、軍人の平和論である。ゲゼルは言う。「軍人の平和は、打倒した敵の胸に足をかけながら、『お前は平和を望むのか』と尋ねることである。[29]」だが、彼によればこのような軍人の平和論は「一時的な平和」をもたらすものでしかない。なぜなら、「この種の平和を実現しても、敵を戦争に追いやったあらゆる原因をそのまま残す[30]」ために、「この種の平和の到来に勝者は満足するけれども、敗者は復讐を誓う[31]」という事態が必ず引き起こされるからである。「その結果、ある日、敗者は国境を越えて以前の勝者である敵に襲いかかる。そしてこの襲撃が成功した場合には、勝者と敗者とが入れ替わることになる。かくしてこの紛争はいっそう深刻なものになる[32]」、と。したがって、「軍事的勝利によってもたらされた平和はいつも一時的なものにしかならない。[33]」これが、軍人の平和論に対するゲゼルの批判の骨子なのである。

第七にゲゼルが取り上げるのは、政治家の平和論ともいうべき勢力均衡論である。勢力均衡論者は次のように主張する。「どの陣営の勢力も、決定的な勝利を見込めないかたちで均衡しているならば、どの陣営もあえて平和を撹乱しようとはしないだろう[34]」、と。この主張に対し、ゲゼルはまず次のように言う。「勢力が均衡しているかぎり、戦争を遂行しようと企てている人々も、干草の上に佇むブリアンのロバのように動くことがないだろう[35]」、と。だが、彼によれば、「どんな絶妙な勢力均衡も必ず瓦解せざるをえない[36]」運命にある。なぜなら、「国力」ないし「勢力」を構成する領土、人口、社会的状況、軍事技術、経済力などの「何千もの要因」は、「たえざる流動状態[37]」のもとにあるからにほかならない。したがって、「勢力均衡」を維持するためには、領土、人口、社会的状況、軍事技術、経済力などの無数の構成要因を人為的に固定化させなければならない。だが、これらの要因を人為的に固定化させることは不可能である。とするならば、勢力均衡とそれによる平和もまたいずれ瓦解せざるをえないというのが、政治家の平和論ともいうべき勢力均衡論に対するゲゼルの批判の基本的内容なのである。

第八にゲゼルの取り上げるのは、軍縮論者の平和論である。軍縮論者は次のように主張する。「すべての国々が武装解除するならば、勢力の均衡が生じる。また非武装であるならば、一〇〇人の人間も一〇人の人間と変わることがない。つまり、非武装の人間はいかなる人数であっても、軍事力の点では無に等しい。他方、軍事力の基礎である武器の優位性こそが戦争を引き起こす元凶になっているがゆえに、非武装にいたるための軍縮だけが平和を実現するための唯一の道になる[38]」、と。それに対し、ゲゼルは、軍縮論者の平和への熱意を認めつつ、次のように反論する。

「このように平和を担保するものとしての軍縮を要求する人々は、兵士の頭よりも堅いものであれば何でも武器になるという事実ばかりでなしに、一国の軍事力についての評価は敵の軍事力との比較によるものでしかないという事実、たとえば一方の国の剣がなまくらであっても、その敵の剣よりも多少とも切れ味が鋭いならば、それは優れた剣になるという事実を完全に見逃しているのである。事実、ドイツの農民戦争では農民の殻棹が騎士の武力に打ち勝ったし、パリ・コミューンでも人々は歩道の敷石を武器とした。またカインは棍棒で兄弟を打ち殺し、揺籠の中のヘラクレスも大蛇を素手で絞め殺したのであった[39]」、と。

それればかりでなしに、軍縮論者の平和論は、科学教育やその応用としての民需用製造技術がいつでも容易に武器製造技術に転換できるという事実をも無視しているのである。たとえば、「硝酸カリウムは田畑を肥沃にするばかりでなしに、手榴弾の中にも混入される[40]。」それゆえ、「完全な非武装」（「恒久平和」）にいたるような「完全な軍縮」を実行するには、たとえばこの硝酸カリウムを空気中から抽出する技術を教える工科大学や硝酸カリウムを製造する染料工場などを閉鎖しなければならない。だが、そのようなことは、文明国では絶対に不可能である。したがって、「人間がいつでも知識と学校教育によって武装できる以上、戦争の原因を廃絶しないかぎり軍縮を行うことは無意味でしかない[41]」、と。このようにゲゼルは、軍縮論者の平和論に対して終始一貫して悲観的態度をとるのである。

第九にゲゼルが取り上げるのは、「平和を強制するための国家連合構想」とそのもとでの「平和維持警察部隊の創設[42]」というアメリカのタフト大統領の構想である。この構想に対し、ゲゼルはまず次のように言う。このタフトの提案が実現されるならば、「不満分子の反抗を警察力によって押さえ付けている国々の内部に見られるような静謐さ」を国際社会に作り出すことが可能になるだろう。だが、「国民の階級的分裂」とそれにともなう「経済的内戦」が廃絶されないかぎり、「国内の不満分子」がその「静謐さ[43]」をたえず破るように、「国際社会の不満分子」もその「国際平和」をたえず破ることになるだろう。したがって、「平和を強制するための国家連合構想」とそのもとでの「平和維持警察部隊の創設」というタフトの提案は、「平和維持警察部隊」の軍事力が優位性を持つかぎりにおいて「国際平和」にある程度貢献するにしても、世界戦争の本質的原因を廃絶するものでないがゆえに、人類が求める「恒久平和」の実現には役立つものとはならないというのが、ここでのゲゼルの批判の骨子なのである。

それに加えて、ゲゼルは、このタフトの「平和を強制するための国家連合」とそのもとでの「平和維持警察部隊」が、同盟国内部の内乱を鎮圧するための相互援助組織、すなわちかつての「神聖同盟」に確実に変質せざるを得ないことを指摘し、次のような批判を加えている。

「われわれは、労働者階級が強大な資本家権力に対して一度蜂起したならば、この強制による平和なるものが実際にいかなる代物であるのかをまもなくいやというほど味わうことになるだろう。その際、国内の治安部隊では被搾取労働者の反抗に太刀打ちできないことがわかった場合、タフト氏は彼のいわゆる『平和を強制するための国家連合』に援助を求めないだろうか。否、彼はきっとそうするだろう[44]。」

最後にゲゼルが取り上げるのは、民族や国民の「自決権」を認める方向での「国際法の拡充強化による平和」という主張である。このような「国際法の拡充強化による平和」を要求するウィルソンなどの人々は、次のように主張する。「国際法による諸国民の軋轢の原因の除去、それこそがわれわれの願いなのである。こうしたわれわれの願いを達成するためには、諸国民の自決権が国家主権と同様に絶対的なものとならなければならない。それゆえにこそ、われわれは国際法の拡充強化を熱望しているのである[45]」、と。それに対し、ゲゼルは次のように反論する。「国際法の本質は、諸国民によって占有されている領土への国家主権の保障にある[46]」がゆえに、国際法などの「国民の権利は、一方の自由が他方の不自由に依存している場合のように、一方の権利が他方の無権利に依存している権利にすぎない[47]。」事実、アメリカ合衆国の移民入国制限措置、「土地の地下資源」をめぐる争奪戦、世界各地の民族や人種をめぐる紛争、貿易紛争などの多重的な国際紛争は、この「国家主権、国際法、自決権などに依拠しながら行われているのである。[48]」このことから明らかになるのは、「土地の地下資源にまで及ぶ国家主権」を認める「国際法は必然的に全地球に不和の種を撒き散らす」とともに、「諸国民から公正な判断を下すのに不可欠な安全感情を奪い、彼らの精神に不安を持ち込み[49]」、多数の国家や国民を「覇権思想」に駆り立てるということ、つまり「国民の権利を保障する国際法は、戦争を前提とするものでしかない[50]」ということなのである。こうゲゼルは、「諸国民の自決権」や国際法を「国家主権」や「国民主権」のもつ排他性という観点から批判したのである。

それに対し、ゲゼルは、国際法の拡充強化よりも個々人の権利としての「人権」の拡充強化の方がはるかに国際平和に寄与するものと考える。彼は言う。「人権は平和を前提とする。[51]」なぜなら、「人権の基本的条項のひとつは、『神が土地を与えたもうた者たちは、国際法が規定する国家や国民ではなく、人間たちである』とするものだからである。[52]」つまり、「人権」は地球上の土地の分割や排他的占有を認めず、「地球上の土地は例外なしにあらゆる人間のものである[53]」とするものだからである。したがって、「人権」の拡充強化は「協調、理性、愛、人間性といった精神」を育み、「階級国家が育む暴力、抑圧、嘘、欺瞞といった精神[54]」を一掃するように作用する。かくして、われわれは「集団の権利から個々人の権利への発展こそが歴史における進歩なのである」とする観点から、「国際法の拡充強化による平和[55]」という主張に「人権の拡充強化による平和」という主張を対置しなければならないというのが、「国際法の拡充強化による平和」論に対するゲゼルの基本的立場なのである。

以上、われわれは第一次世界大戦前後の時期に浮上してきた多種多様な平和主義型反戦思想に対するゲゼルの批判を詳細に見てきた。その結果明らかになったのは、ゲゼルが多種多様な平和主義型反戦平和思想に対して一貫した態度を取っているということである。こうした彼の態度は、次のような内容にまとめられるだろう。

「平和主義者が行うあらゆる運動は良きものであり、賞賛されるべきものである。」だが、彼らの平和のための武器は「おそろしく不十分なもの[56]」でしかない。とりわけその武器の多くは、「戦争の火種」を作り出す「国家主権」や

「国民の権利」に期待するという矛盾に満ちたものである。したがって、たとえ彼らの平和運動が成功をおさめたとしても、それは一時的平和をもたらすだけで、「恒久平和」を実現することは不可能であるだろう。なぜなら、彼らの平和のための武器が「戦争の経済的原因」にまで立ち入ってその廃絶を要求するものではないからである。したがって、「平和主義者がもっと戦争の経済的原因に注意を向けるとともに、とりわけ世界戦争についてだけでなく、三千年来途切れることなく猛威を振るってきた経済的内戦についてももっと注意を向けるならば、彼らの人道主義的な平和運動はもっと有効なものになるだろう[57]」、と。

このように平和主義型反戦平和思想に対するゲゼルの態度は、この平和主義型反戦平和思想が主導する平和運動を高く評価しつつも、「恒久平和」論の観点から「戦争の経済的原因」にまで深く立ち入らない彼らの平和論の理論的限界を批判するという、どちらかといえば原理主義的性格の強いものであった。むしろそのことは、彼の反戦平和思想が社会改革型以外の何ものでもなかったことを確証するものといえよう。

(三)「恒久平和」実現のための「自由地」改革

「自由地、平和の絶対的要求」における最後の構成部分をなすのは、「恒久平和」を実現するための経済改革のひとつである土地改革、すなわち「自由地」改革の概要を示すことである。

すでに述べたように、ゲゼルにとって世界戦争の本質的原因は、文明国の内部における「国民の階級的分裂」とそれにともなう「経済的内戦」とを引き起こす「私的土地所有権」と「伝統的な貨幣制度」という二つの経済制度であった。したがって、世界戦争の本質的原因を除去し「恒久平和」を樹立するためには、「伝統的な貨幣」を「利子経済」から解放するための「自由貨幣」改革、すなわち「時間とともに減価していく貨幣の導入」とともに、「私的土地所有権」を廃絶するための土地制度改革、すなわち「自由地」改革を必要とする。

こうしたゲゼルの「自由地」改革論の出発点となるのは、人類は地球上のあらゆる土地に対して「譲渡不可能な同権」をもっているという認識である。彼はそれを次のように言う。

「神が土地を与えたもうた者たちは、国際法に規定されているような国家や国民ではなく、聖書に述べられているような人間たちである。したがって、人類のひとりひとりが地球上のあらゆる土地に譲渡不可能な同権をもっている。[58]」

このようにすべての人間が地球上のあらゆる土地に「譲渡不可能な同権」をもつと認識するかぎり、地球上のあらゆる土地は国家や国民に分割されたり、排他的に所有されてはならず、人類全体が平等に、しかも自由に使用できる土地、すなわち「自由地」にならなければならないとする土地改革論の立場が生まれてくるのは、ある意味で当然のことだろう。

だが、ゲゼルの「自由地」改革論は、「土地の共同所有」だけを意味するものではない。この「土地の共同所有」に「公的入札」を通じての「土地の自由な私的利用」とが結びついているのが、ゲゼルの「自由地」改革論の大きな特徴なのである。そのことを、ゲゼルは次のような二つの命題で示している。

「[命題Ⅰ]平和のための大同盟に加入しているすべての国々では、土地の私的所有権が完全に廃絶される。今後これらの国々の土地はそれぞれの国民の共同所有となり、公的入札で最高値をつけた私的経営に賃貸される。

[命題Ⅱ]その際、この公的入札にはだれもがすべて平等に参加することができる。またこの公的入札で最高値を付けた私的経営から徴収される借地代は、出自や人格などとは一切関係なしにすべての婦人や子どもに全額均等に再分配される。[59]」

ゲゼルによれば、[命題Ⅰ]はなお「平和のための大同盟に加入した国々」に限定されるとはいえ、地球上の土地の、「私的土地所有制度」から「共同所有制度」への転換と同時に、「公的入札」を通じた「土地の自由な私的利用」を明示するものである。したがって、この[命題Ⅰ]が実施されるならば、それは「私的土地所有権を守るために誕生した階級国家を根源的に破壊し」、「家族、共同体、国民の中に平和と協調をもたらすものになる。[60]」さらにこの

［命題Ⅰ］が実施されるならば、「人為的な国境はほとんど無きに等しいものとなる」ため「封鎖的商業国家という恐るべき思想」（保護主義の思想）はもとより、「エルザス、セルビア、ポーランド、モロッコ、ジブラルタル、アイルランドなどの領土紛争[61]」もまた消滅する。こうゲゼルは主張する。

他方、ゲゼルによれば［命題Ⅱ］は人種、宗教、教養、そして身体的状態とは関係なしに、すべての人間が「自由地」の「公的入札」に平等かつ自由に参加できる権利を明示するものである。したがって、「この［命題Ⅱ］が実施されるや、土地資源への国家主権によって引き起こされる不和の種（石炭独占、綿花独占等々）が完全に根絶される」とともに、「土地や地下資源への主権」から排除されるのではないかという恐れから生まれる「覇権思想」もまた消滅し、「国際協調の精神」が芽生えてくるだろう、と。

このような主張を展開した後に、ゲゼルは「自由地」改革の二つの命題を平和論との関連で次のように総括している。

「自由地改革のこの二つの命題は、世界平和への命題でもある。……だが、こうして実現される平和は、高尚な帝国主義的本能を根絶しようとするものでもなければ、それを不道徳とか野蛮とかといって非難するものでもなく、むしろそのような本能に満足を与えようとするものなのである。つまり、自由地改革の目的とは、すべての健全かつ誠実な人々の高い目標となるような全地球の帝国化にあるといってよいのである[62]。」

かくてゲゼルの「自由地」改革は、「私的土地所有制度」から「土地の共同所有」および「土地の自由な私的利用」という「自由地制度」への転換を通じて「国民の階級的分裂」や「経済的内戦」の廃絶そして「城内平和」の実現という課題を果たすだけでなく、「自由地制度」の拡大を通じて「国家と国境」を自然消滅させて「全地球の帝国化」、つまり「国家なしのグローバリゼーション」の促進とそこから必然的に生まれてくる「国際協調の精神」を推進するという課題をも果たすものなのである。それゆえに、「自由地、平和の絶対的要求」におけるゲゼルの反戦平和思想は、経済改革（「自由地」改革）を通じての「恒久平和」論の立場とこの「恒久平和」を担保するものとしての「反国家主義的なグローバリズム」論の立場とに立脚した社会改革型反戦平和思想と特徴づけられるだろう。

むすび

以上のような「自由地、平和の絶対的要求」におけるゲゼルの反戦平和思想は社会改革による「恒久平和」を求める点で、マルクス主義のそれと同様に社会改革型反戦平和思想の潮流に棹さすものといってよいだろう。だが、このゲゼルの社会改革型反戦平和思想は、マルクス主義者のそれとは次の三点で微妙に異なっているように思われる。

第一の相違点は、「恒久平和」を実現するための社会改革の方法と内容が大きく異なっていることである。すでに繰り返し述べたようにマルクス主義者の社会改革論が「政治権力の獲得」という政治改革の優先論と「国家経済」としての「中央集権的計画経済」への経済改革論とを特徴とするのに対し、ゲゼルの社会改革論は、「自由地」改革と「自由貨幣」改革という二つの経済改革の優先論と「資本主義なしの市場経済」への改造論とを特徴としていることである。こうした社会改革論の相違は、平和運動への両者の位置づけの相違を生むことになる。

したがって、第二の相違点は、平和運動の位置づけについての相違である。マルクス主義の反戦平和思想がその社会改革論の観点から平和運動を社会主義革命にいたるための「政治的闘争」として位置づけるのに対し、ゲゼルのそれは自らの社会改革論の観点から平和運動を経済改革にいたるための「経済的闘争」として位置づける。だが、両者とも平和運動固有の論理を持たないために、平和主義型反戦平和思想によって推進される平和運動との関係は曖昧なままになっている。

第三の相違点は、第一次世界大戦の講和問題で提出された「民族や国民の自決権」についての評価の相違である。この点は、反戦平和問題における国家評価の問題に関連してくるものである。マルクス主義者は民族主義的潮流を味方につけるために「民族や国民の自決権」を早くから認め、第一次世界大戦の講和問題においてもこの自決権を支持した。それに対しゲゼルは、「民族や国民の自決権」は「国家主権」ないし「国民主権」を強め、国際紛争を引き起こす重大な要因になるために、それに「人権」を対置して反対しなければならないと主張した。こうした彼の立場は、国家の存在を「絶対悪」と見なし、「反国家主義的グローバリゼーション」こそ「歴史の進歩」と考える彼の「自由主義的社会主義思想」（アナーキズム的思想）の当然の論理的結果にほかならない。

このようにマルクス主義の社会改革型反戦平和思想とは異なるゲゼルの社会改革型反戦平和思想の存在、これこそがソ連の崩壊にともなうマルクス主義への全面的な不信にもかかわらず、ヨーロッパでなお平和運動が活発であることの理由のひとつではないだろうか。

（1）J.M. ケインズ著、塩野谷祐一訳『普及版　雇用・利子および貨幣の一般理論』、東洋経済新報社、一九九五年、三五四–三五六頁。

（2）Silvio Gesell,Die Natüerliche Wirtschaftsordnung durch Freiland und Freigeld. 4 Auflage.Berlin 1920, in:Silvio Gesell Gesammelte Werke, Bd. 11. 邦訳、シルビオ・ゲゼル著、相田愼一訳『自由地と自由貨幣による自然的経済秩序』第四版（一九二〇年）、ぱる出版、二〇〇七年、二一頁。以下、引用に際しては、邦訳の頁数のみを記す。

（3）Benedikt Uhlemayr,Persönlichkeit und Lebenswerke des Begründer der Freiwirtschaftslehre, in:H. Bleher,Silvio Gesell.Nürnberg 1960,S.50.

（4）NWO邦訳、五頁。

（5）NWO邦訳、一四–一九頁。

（6）Werner Onken,Zum Geleit, in:Silvio Gesell Gesammelte Werke, Bd. 1,Gauke Verlag 1988,S.9.

（7）NWO邦訳、三五四–三九一頁。

（8）NWO邦訳、一〇四–一三一頁。

（9）NWO邦訳、一〇四頁。

(10) NWO邦訳、一〇四頁。
(11) NWO邦訳、一〇四頁。
(12) NWO邦訳、一二三頁。
(13) NWO邦訳、一〇五頁。
(14) NWO邦訳、一〇四頁。
(15) NWO邦訳、一〇七頁。
(16) NWO邦訳、一〇七頁。
(17) NWO邦訳、一〇七頁。
(18) NWO邦訳、一〇七頁。
(19) NWO邦訳、一〇七頁。
(20) NWO邦訳、一〇七頁。
(21) NWO邦訳、一〇七－一〇八頁。
(22) NWO邦訳、一〇八頁。
(23) NWO邦訳、一〇八頁。
(24) NWO邦訳、一〇八頁。
(25) NWO邦訳、一〇八頁。
(26) NWO邦訳、一〇八頁。
(27) NWO邦訳、一〇八頁。
(28) NWO邦訳、一〇八頁。
(29) NWO邦訳、一〇八頁。
(30) NWO邦訳、一〇八頁。
(31) NWO邦訳、一〇九頁。

(32) NWO邦訳、一〇九頁。
(33) NWO邦訳、一〇九頁。
(34) NWO邦訳、一〇九頁。
(35) NWO邦訳、一〇九頁。
(36) NWO邦訳、一一〇頁。
(37) NWO邦訳、一〇九頁。
(38) NWO邦訳、一一〇頁。
(39) NWO邦訳、一一一頁。
(40) NWO邦訳、一一二頁。
(41) NWO邦訳、一一二頁。
(42) NWO邦訳、一一三頁。
(43) NWO邦訳、一一三頁。
(44) NWO邦訳、一一三頁。
(45) NWO邦訳、一一五―一一六頁。
(46) NWO邦訳、一一七頁。
(47) NWO邦訳、一一六―一一七頁。
(48) NWO邦訳、一一七頁。
(49) NWO邦訳、一〇六頁。
(50) NWO邦訳、一〇六頁。
(51) NWO邦訳、一〇六頁。
(52) NWO邦訳、一二〇頁。
(53) NWO邦訳、一二一頁。

(54) ＮＷＯ邦訳、一二三頁。
(55) ＮＷＯ邦訳、一二一頁。
(56) ＮＷＯ邦訳、一〇七頁。
(57) ＮＷＯ邦訳、一〇九頁。
(58) ＮＷＯ邦訳、一一七頁。
(59) ＮＷＯ邦訳、一二七頁。
(60) ＮＷＯ邦訳、一二七頁。
(61) ＮＷＯ邦訳、一二八頁。
(62) ＮＷＯ邦訳、一二七頁。

第七章　ゲゼルとアナーキズム思想
——経済改革論と「国家の漸進的解体」論との関連を中心に——

はじめに

シルビオ・ゲゼル（Silvio Gesell, 1862–1930）は、自らを「フィジオクラート Physiokrat」と規定し、「フィジオクラート同盟」や「フィジオクラート闘争同盟」という名称の政治組織を結成し、指導した。したがって、ゲゼルの思想は「フィジオクラティー思想」とも呼ばれる。だが、このゲゼルの「フィジオクラティー思想」は、ケネー（François Quesnay, 1694–1774）らの「古典的フィジオクラティー思想」とは、「自然的経済秩序」という用語の使用以外「いかなる共通点ももたなかった。」[1]むしろこのゲゼルの「フィジオクラティー思想」は、多くの点でアナーキズム思想[2]との共通点をもつものであったといってよい。そのことは、ゲゼルの主要な思想的源泉がマックス・シュティルナー（Max Stirner, 1805–1856）の「エゴイストの連合」論、プルードン（Pierre Joseph Proudhon, 1809–1865）の「交換銀行」論（無償信用論）、そしてゲオルク・ブルーメンタール（Georg Blumenthal）やグスタフ・ランダウアー（Gustav Landauer, 1870–1919）らの「自由主義的社会主義思想」（ドイツ・アナーキズム[3]）にあったことからも、容易に推測できるだろう。

ゲゼル自身も、たえずアナーキズム思想に親近性をもち続け、アナーキズム思想の諸要素を積極的に受容する姿勢を示していたが、その彼が、アナーキズム思想への本格的な傾斜を示したのは、とりわけ第一次世界大戦以降であった。事実、彼は、第一次世界大戦後の一九一九年に『人民支配導入後の国家の漸進的縮小（解体）』という著書を、[4]そして一九二七年には『国家の漸進的解体』という著書を執筆・公表し、[5]自らの目標とする「自然的経済秩序」が「国家の漸進的解体」と「自治主義的社会akratische Gesellschaft」という「支配なき秩序」をともなうものであることを明らかにしたのである。

だが、そのことをもってただちに、ギュンター・バルシュのように「ゲゼルは、フィジオクラティーと自治主義Akratieとを主張する新しい形態のアナーキストであった」[6]と言えるのだろうか。そのような疑問が生じるのも、ゲゼルの「フィジオクラティー思想」の理論的根幹を成す二つの彼の経済改革論、すなわち自由地改革論と自由貨幣改革論とが「必要悪」としての国家の存在を不可欠な前提とした経済改革論、つまり「国家の漸進的解体」を志向するアナーキズム思想と微妙に「相克」する経済改革論になっているからである。したがって、ゲゼルとアナーキズム思想との関連を全体的かつ客観的に評価するためには、まず自由地改革論と自由貨幣改革論という二つの彼の経済改革論の構造とその特質を明らかにした上で、さらにそれとの関連において彼の二つの「国家の漸進的解体」論を考察し、上述の「相克」がいかに解決されたのか、あるいは解決されなかったのかを見る必要があるだろう。本稿は、そのような課題を果たすための試論として執筆されたものである。

一　ゲゼルの経済改革論――非アナーキズム的・自由主義的側面

ゲゼルの主著『自由地と自由貨幣による自然的経済秩序』（初版一九一六年、第四版一九二〇年）[7]において体系的かつ理論的に論じられている自由地改革論と自由貨幣改革論という彼の二つの経済改革論は、sollen（当為）としての「自然的経済秩序」を実現するための具体的改革方法にほかならない。したがって、われわれは自由地改革論と自由貨幣改革論というゲゼルの二つの経済改革論を検討する前に、まずこの二つの経済改革論が達成すべき目標としてのゲゼルの「自然的経済秩序」とはどのような内容のものであったのかを見ておくことにしよう。

（一）sollenとしての「自然的経済秩序」

ゲゼルが自らの「自然的経済秩序」の内容を比較的詳細に論じているのは、彼の主著『自由地と自由貨幣による自然的経済秩序』（以下、ＮＷＯと略す）の「第三版序文[8]」（一九一八年）においてである。

その冒頭、ゲゼルはまず次のように述べる。

「ここで議論の対象となる［自然的］経済秩序は、人間の本性に合致するという意味においてだけ自然的であるにすぎない。したがって、たとえば自然の所産として自然発生的に生まれる秩序は問題にならない。またそのような秩序は、そもそも存在していない。なぜなら、われわれの秩序はひとつの行為、しかも意識的な行為の所産だからである[9]。」

このように、ゲゼルは、「自然的経済秩序」が「自然の所産」として自然発生的に生まれてくる経済秩序のことではなく、「人間の意識的行為の所産」として生まれてくる経済秩序のことであり、しかも「人間の本性」に合致した経済秩序のことであると主張する。

この場合、ゲゼルの言う「人間の本性」とは、各人がもつ「利己心」ないし「自己保存本能[10]」のことにほかならない。したがって、「自然的経済秩序はなによりもまず利己心の上に構築されねばならない[11]」ということになる。

その際、ゲゼルはこの「利己心」を次のように「我欲」と区別する。

「利己心を我欲と混同してはならない。近視眼的な者は我欲的であるにすぎない。それに対し、先見の明のある者は、通例自己の利益は全体の繁栄によってもっとも良く守られるということを洞察できる者のことなのである。[12]」

このようにゲゼルの「利己心」は、「近視眼的な自己の利益」だけを追求する「我欲」とは異なり、「長期的かつ本質的な自己の利益」を追求するものであるから、その不可欠の条件となる「全体の繁栄」をも必要とする。したがって、彼の「利己心」(自己保存本能)は「利他心」(種保存本能)を排除するのではなく、むしろそれを含むものになる。そのような関係を、彼は次のように述べている。

「利己心の上に構築された[自然的]経済秩序では、いかなる点においても種保存という高貴な本能が否定されることはない。反対に、このような経済秩序では、利他的行為への機会が提供されるばかりでなく、そのための手段も提供される。したがって、このような経済秩序では、そのような利他的行為を行なう可能性が与えられる結果、むしろ種保存の高貴な本能が強められるものになる。[13]」

だが、ゲゼルの「自然的経済秩序」は、「利己心」という「人間の本性」に合致した経済秩序であるというだけではない。さらに、このような「利己心」が最高度の業績を達成するための「平等な競争」原理が、その第二の構成要件になる。この点を、彼はダーヴィニズムの概念と用語を使用しながら次のように表現している。

「あらゆる生物の繁栄と同様に人類の繁栄も、なによりもまず淘汰が自然法則通りに生じることに依存している。だが、この法則が十全に作用するには、競争が必要になる。なぜなら、有益な発展や品種改良は、競争、それも主として経済領域での競争を通じてだけ可能となるにすぎないからである。したがって、自然の淘汰法則の奇跡的な作用を保持したいと望む者は、自然によって命じられる競争、つまりあらゆる特権の廃棄後にもなお自然によって与えられる装置をもって相互に競い合うような競争の上に経済秩序を確立しなければならない。[14]」

このようにゲゼルは「自然的経済秩序」の第二の構成要件として競争原理を指摘するのであるが、それは、もちろん単なる「自由競争」のことではなく、「あらゆる特権の廃棄後にもなお自然によって与えられる装置をもって相互に競い合うような競争」、つまり「平等な競争」のことである。このような「平等な競争」を通じて「自然的経済秩序」は、「誠実な人間が最高度の経済的成功を達成できる経済秩序[15]」になることが保証されるというのが、ここでのゲゼルの主張なのである。

その際、ゲゼルによればこのような「平等な競争」が可能になるためには、「あらゆる特権」が廃棄され、「労働全収益権」が実現されていなければならない。したがって、彼は、「利己心」や「平等な競争」とともに、「自然的経済秩序」の第三の構成要件として「労働全収益権」の実現という事態を指摘し、それを次のように言う。

「この利己心の上に構築された自然的経済秩序では、さらにすべての人々に自分の労働全収益権が保証されなければならない[16]」、と。

ゲゼルによれば、この「労働全収益権」が保証される事態とは、個々人が生産した「労働生産物」が土地地代や資本利子などの中間的搾取なしに、そのまま個々人の「労働収益」に等しくなる事態のことである。したがって、この「労働全収益権」が保証されるためには、土地地代や資本利子といった「不労所得」が廃絶されなければならない。そのための手段が自由地改革であり、自由貨幣改革なのである、こうゲゼルは主張する。

だが、ゲゼルの「自然的経済秩序」では「平等な」という条件が付くとはいえ、競争原理が貫くために、その「労働全収益権」もこの競争原理を排除するものであってはならない。それゆえに、ゲゼルは「自然的経済秩序」における「労働全収益権」を次のように理解する。

「われわれの目標は、競争を通じて分配されるような労働全収益権、すなわち集産的労働全収益権である。[17]」

この「集産的労働全収益権」とは、「土地地代や資本利子が廃絶された場合」でも、「競争原理」が作用する結果、「もっとも有能な労働者には、最高の労働収益が与えられる[18]」ために、「個々人の労働収益の均等化は起こらないし、たとえ起こっても部分的なものでしかない[19]」という「労働全収益権」、つまり「集産的労働収益［個々人の労働収益の総計］が集産的労働生産物［個々人の労働生産物の総計］に等しくなるにすぎない[20]」という「労働全収益権」のことにほかならない。

このようにゲゼルは、「自然的経済秩序」の第三の構成要件としての「労働全収益権」を競争原理を通じての個々人の労働収益の不均衡化を認める「集産的労働全収益権[21]」として理解するのである。

以上のような、「利己心」、「平等な競争」そして「集産的労働全収益権の実現」(=「不労所得」の廃絶)という三つの構成要件が、ゲゼルの「自然的経済秩序」の基本的内容となる。かくしてゲゼルは、自らの「自然的経済秩序」の基本的内容を次のように総括する。

「われわれは自然的経済秩序を、人間が自然によって与えられた装置でもって競争を平等に闘い抜くという秩序、それゆえに、経済上の指導権がもっとも有能な者に与えられるとともに、すべての特権が廃棄され、各人が利己心にしたがいながら、経済外的な配慮によって自らの活動力を衰退させることもなく、自らの目標にまっしぐらに向かっていくと同時に、経済生活の外部ではたえず十分な他者への配慮と奉仕を果たすことのできる秩序と理解するのである。[22]」

ところで、このような「自然的経済秩序」はゲゼルにとって実現すべき理想としての経済秩序にほかならない。したがって、それは、なおsollenとしての「自然的経済秩序」でしかない。だが、彼によれば、このようなsollenとしての「自然的経済秩序」は「われわれの経済の中に」部分的であるにしろ「成熟」しつつある。なぜなら、「現存の経済秩序は利己心の上に築かれている」からである。それに対し、「経済秩序の自然的性格のもっとも重要な条件をなす他の前提条件——経済競争を行なうための平等な装置——は、なお達成されていない」状況にある。それゆえに、この「経済競争を行なうための平等な装置」を作り出すために、「競争の成果を無効にするようなあらゆる特権を徹底的に廃棄すること」が必要になる。それが、「自由地改革と自由貨幣改革という二つの経済改革の目的なのである[23]」、と。このようにゲゼルはNWOの「第三版序文」において主張したのである。

以上のような、NWOの「第三版序文」におけるゲゼルの「自然的経済秩序」論の大きな特徴は、sollenとしての「自然的経済秩序」が「国家の漸進的解体」と「支配なき秩序」をともなうものであるのかどうかについてまったく触れていないことである。そのかぎりにおいて、ここでのゲゼルの「自然的経済秩序」論がアナーキズム思想に立脚したものかどうかの判断を、われわれは下すことができない。それにもかかわらず、このＮＷＯの「第三版序文」は、彼がアナーキズム思想への本格的な傾斜を示し始めた一九一八年に書かれているために、「国家経済」への彼の批判的態度が随所に見られることもまた事実である。たとえば、彼は、「国家経済」を「自然的淘汰過程を完全に排除する経済体制」[24]、また「万人の自由を奪い全世界を全般的奴隷状態の中に投げ込むような経済体制」[25]と呼び、その「経済的非効率性」を徹底的に批判している。そこに、われわれはここでのゲゼルの「自然的経済秩序」論とアナーキズム思想の関連を読み取ることができるのかもしれない。だが、ここでの彼の「自然的経済秩序」論がたとえアナーキズム思想との密接な関連をもっているにせよ、この「自然的経済秩序」を実現するための自由地改革論と自由貨幣改革論という彼の主著ＮＷＯを貫く二つの彼の経済改革論は、「国家機構」を通じての改革という性格をもつものであるがゆえに、アナーキズム思想とは明らかに異質な思想に立脚しているというのが、われわれの理解である。以下、その点を検証することにしよう。

（二）自由地改革論

ゲゼルにとってsollenとしての「自然的経済秩序」の実現を阻止しているのは、「伝統的な貨幣制度」（「不労所得」としての利子請求権をもつ貨幣特権）とともに、「排他的な私的土地所有制度」（「不労所得」としての地代請求権をもつ土地特権[26]）である。したがって、sollenとしての「自然的経済秩序」を実現するためには、なによりもまずこのような「排他的な私的土地所有制度」を廃絶し、ドイツ国内の土地はもとより全世界の土地を「自由地」（ゲゼルは、万人が平等な条件のもとで利用可能になる土地のことを「自由地」と呼ぶ。そして彼は、「自由地」で生まれる土地地代は「不労所得」とはならず、社会的に再分配されるものになると主張する）に改造するための土地改革、すなわち自由地改革が必要になる。

その際にゲゼルが依拠するのは、「排他的な私的土地所有は自然権に反する」[27]という「自然権」思想である。自由地改革論の理論的出発点となるこうしたゲゼルの「自然権」思想を、クラウス・シュミットは次のように要約している。

「土地、地下資源そして自然力は、地球のすべての人間への自然の贈り物である。したがって、このような自然の贈り物を特権的な少数の人々が所有する事態は、自然の所産を『われわれの惑星』のすべての人間が所有すべきであるとする自然権と矛盾する。[28]」

このようにゲゼルの自由地改革論は、土地への「自然権」思想に立脚するものであり、その観点から「私的土地所有と土地地代は、特別に深刻な社会的不公正に導くとともに、一方における借地人や農業労働者と他方における大土地所有者や国家との暴力的な対立にも導くものである」[29]と認識し、自由地改革の必要性を説くものである。

では、ゲゼルはどのような自由地改革論を展開したのだろうか。彼の自由地改革論の主要な内容は、彼の主著NWO第二部「自由地」の冒頭[30]に次のような箇条書きの形式で示されている。

「一、人間間の競争は、あらゆる土地特権――私的ならびに国家的土地特権――が廃棄された場合にだけ、公正な基礎の上で闘うことができるし、また高次の目標へと導くことができる。

二、すべての人間は、人種、宗教、教養そして身体的状態とは関係なしに、地球上の土地に対して例外なく平等な権利をもつべきである。そのためには、各人はそれぞれの意志や好みそして健康などにしたがって好きなところに移住できる権利と同時に、移住地の土地に対しても原住民と同等の権利をもつ必要がある。けれども、土地特権にかんしては、たとえ僅かであっても、いかなる個人、いかなる国家そしていかなる社会ももってはならない。なぜなら、われわれはすべてこの地球の原住民だからである。

三、自由地という概念は絶対的なものであって、この概念にいかなる制約条件も加えてはならない。したがって、自由地の場合、国際法、国家主権、国家の自決権などが土地に適用されることはない。つまり、自由地の場合、地球に対する主権は国民に属するのではなく、人類に属するものとなる。このような理由から、自由地のもとではいかなる国民も国境を設け関税を徴収する権利をもつことがない。それゆえ、全地球が自由地になった場合、商品の輸出入といったことは問題とならない。なぜなら、自由地は自由貿易、しかも全世界的な自由貿易の実現、すなわちあらゆる関税障壁の完全な撤去を意味しているからである。したがって、自由地のもとでは国境はたとえばスイスの各カントン間の境界のような単なる行政上の境界にすぎなくなる。

四、こうした自由地の説明からただちに演繹されるのは、『イギリスの石炭、ドイツのカリ、アメリカの石油』などといった表現は、これらの生産物の出自を示すものにすぎなくなるということである。つまり、自由地の場合、イギリス所有の石炭やドイツ所有のカリといったことは問題とならない。なぜなら、自由地の場合すべての個人がどのような国家に所属していようとも、彼らは『イギリス産の石炭』、『アメリカ産の石油』そして『ドイツ産のカリ』に対して同等の権利をもっているからである。

五、耕作者への土地の貸与は、地球に住むすべての人間がひとりの例外もなしに参加できるような公的入札という方法を通して行なわれる。

六、その後土地の貸与と引き換えに国庫に流入する借地料は、すべての母親に子供の人数に応じて毎月分配される。母親であるならば、その出自がどうであれ、その分配から排除されることがない。

七、土地の割当ては、耕作者の必要に応じて行なわれる。したがって、小家族には小農地が、また大家族には大農地が割り当てられる。また協同組合、共産主義的・アナーキスト的・社会民主主義的コロニーや教会共同体などには大きな土地が割り当てられる。

八、自由地概念を、たとえ僅かでも制限しようとする国民、国家、人種、言語共同体、宗教団体、経済団体は排除ないし追放され、非合法な存在と宣告される。

九、今日の私的土地地代の廃絶の際には、地代取得者はその補償として地代額に相当する国債証書を受け取る。(31)」

以上の内容をもつゲゼルの自由地改革論は、基本的に次の三つの部分から構成されているといってよいだろう。その第一の構成部分を成すのは、いわゆる土地の有償国有化論である。ゲゼルは、このような土地の有償国有化論を次のように説明している。

「自由地改革を遂行するために、国家はすべての私有地――農地、森林、建設用地、鉱山、上水道、砂利採集場などのすべての土地――を買収し、その売り手に購入代金を支払う。つまり、国家は、土地の収用と引き換えに土地所有者にその補償金を支払う。

その際、国家が土地所有者に支払う補償額は、その土地に対してそれまで支払われた、あるいは今後支払われるだろう借地料に基づいて決定される。それはこうである。まず国家がその土地の借地料を算出する。次いで国家は、この借地料を担保証券の利子率に基づいて資本化し、この資本化された金額をその金額通り利付きの国債証券で土地所有者に支払うのである。[32]」

このようにゲゼルの土地の有償国有化論は、土地の収用と補償を行なう主体を国家と見なしているのである。

ゲゼルの自由地改革論の第二の構成部分を成すのは、国有地の私的使用のための公的入札制度の導入である。ゲゼルは、このような国有地の私的使用のための公的入札制度を次のように言う。

「国家によって収用された土地は、農業用、建設地用そして工業用などの目的別に分類され、公的入札で最高値を付けた者に一年、五年、一〇年間あるいは終身にわたってそれぞれ貸与される。[33]」

その際、ゲゼルにとってこのような公的入札制度の導入のための絶対的条件となるのは、「公的入札に、だれもが無条件かつ平等に参加できる[34]」ことでなければならない。もしそのような条件が充たされないならば、「国有地」は「自由地」となりえず、彼の土地改革も「自由地改革」たりえないと、彼は考えるのである。

ところで、ゲゼルはこのような公的入札制度の運営主体をどのように考えていたのであろうか。ゲゼルは、この点を明確に述べていないけれども、「公的」という形容詞が付いていることからもある程度推測できるように国家がその運営主体と見なされていることは、ほぼ確実なことと思われる。その証拠のひとつになるのは、彼が公的入札で落札した借地人に対する「国家行政当局 Staatsverwaltung」[35]の義務を次のように規定していることである。

「国家行政当局は、借地人に対して以下の義務を負う。

一、借地人が自分の義務を履行しているかぎり、その農場についての借地契約を一方的に破棄してはならない。

二、借地人の死亡にともない借地人の寡婦やその直接的相続人がその農場経営の継続を望む場合には、公的借地入札の最高価格の一〇％引きの借地料を支払うという条件のもとに彼らの借地優先権が認められなければならない。

三、借地人が借地契約の解約を望む場合、彼が年借地料の三分の一を支払うならば、いつでも借地契約の解約に応じなければならない。

四、借地契約期間中、穀物の鉄道運賃率の変更は一切行なってはならない。

五、賃金についての正確な統計を算出しなければならない。そして賃金が騰貴した場合には、それに対応する借地料の減額に応じ、また賃金が下落した場合には、それに対応する借地料の引上げに応じなければならない。

六、必要と認められた場合には、建設費の利子分だけ借地料を引き上げるという条件のもとに新施設の建設を行なわなければならない。

七、事故、病気、雹、洪水、家畜の伝染病、火災、ブドウネアブラムシなどの害虫やその他の災害などから借地人と借地を無料で守らなければならない[36]。」

このようにゲゼルの自由地改革論では国家が「公的入札」を運営するばかりか、借地人を守る義務をも負っているのである。

さらにゲゼルの自由地改革論の第三の構成部分を成すのは、借地料の「母親手当」への再分配論である。彼は、それを次のように言う。

「公的入札で最高値をつけた私的経営から徴収される借地料は、出自とはまったく関係なしに、すべての母親や子供に平等に再分配されねばならない。[37]」

このような「母親手当」という思想が誕生した所以とその「母権論的[38]」意義を、ゲゼルは次のように語っている。

「わが『ドイツ自由地・自由貨幣同盟』(フィジオクラート派)は、子供を養育する母親の過重な負担を軽減させるために、自然状態の婦人たちが自由な土地利用を行なった場合にえられるであろう収益に見合った国家手当を、彼女たちに与えるべきであるという思想に到達したのであった。かくしてわれわれは、土地国有化後の土地地代をヘンリー・ジョージによって提案されたような租税の軽減のためにではなく、母親手当に使用されるべきことを提案するものである。

このようなわれわれの提案に多くの人々が賛意を表明している。そのことは、なによりもまず土地地代が生まれるのに不可欠な前提条件たる稠密な人口を造り出すのは母親であるという理由から、多くの人々が、土地地代を究極的には母親の功績と見なしているという事情に負うものである。『功績に応じて与えよ』という原理にしたがえば、母親は疑問の余地なく土地地代へのもっとも主要な請求権者である。……不確実なデータに基づいた試算によるものであるけれども、土地国有化後の土地地代を一五歳以下のすべての子供に分配するならば、彼ら一人当たりの月々の分配額は約四〇マルク程度になると思われる。一方でこうした母親扶助が行なわれ、そして他方では資本利子の廃絶がなされるならば、すべての婦人は男性の経済的援助に頼ることなしに、農村で自分の子供を養育することができるようになるだろう。したがって、婦人はもはや経済問題のために弱者になることがないばかりか、すべての両性間の問題においても彼女たちの好み、願望、衝動が決定的なものとなる。そして配偶者の選択に際しても、精神的、肉体的、遺伝的魅力が、貨幣収入に代わって決定的なものになる。かくして婦人は、再び選択権を保持するようになるだろう。しかもその選択権は、無内容な政治的選挙権の如きものではなく、偉大な淘汰権そのものにほかならない。[39]」

このようなゲゼルの借地料の「母親手当」への再分配論そのものは、「母性権」を復活・擁護しようとする現代の「アナルコ・フェミニズム思想」[40]を先取りする点で、彼のアナーキズム的側面を示すものといえるのかもしれない。事実、この「母親手当」論は、後に見るように彼の「国家の漸進的解体」論ないし「自治主義的社会」論の中心的論理に据えられているのである。だが、自由地改革論の第三の構成部分としての「母親手当」論を、そのように評価することができない。なぜなら、ここでの「母親手当」論は徹頭徹尾国家に依存する性格のものだからである。借地料を徴収するのも国家であり、またこの借地料を「母親手当」として再分配するのも国家であるという具合に。したがって、ここでのゲゼルの「母親手当」論を、われわれは彼のアナーキズム的側面を示すものとは見なすことができないのである。

［補　論］

ゲゼルの借地料の「母親手当」への再分配論については、なお指摘しておくべきことがある。それは、彼の借地料の「母親手当」への再分配論が経済学的にきわめて曖昧な内容になっているということである。というのも、彼は借地料の「母親手当」への再分配が土地国有化後ただちになされるかの如く記す一方、他方では次のように土地国有化後の借地料の全額は旧土地所有者の補償国債の利子の支払いに充てられるとも書いているからである。

「国家は、旧土地所有者の補償国債の債務利子を今後国庫に流入してくる借地料によって支払う。なぜなら、この場合の国家債務とは土地地代の資本化された額であるがゆえに、借地料からの国庫収入額は、国家が旧土地所有者に支払うべき利子額と完全に一致するからである。」[41]

このように借地料の全額が土地国債の利子の支払いに充てられるならば、国家が「母親手当」を支払うことが不可能であるのは、当然のことだろう。したがって、土地国有化後国家による「母親手当」の支払いが可能になるとすれば、それは、第一に借地料の固定化という条件のもとで（自由貨幣の導入によって）国債の利子が絶えず下落していく場合か、または第二に国債の利子が不変であるという条件のもとで（人口の増加や社会資本の整備などによって）借地料（差額地代）が絶えず騰貴していく場合であるだろう。事実、ゲゼルは第一の場合に注目し、次のように述べている。

「（第一の場合から）生まれる毎年の余剰額は、今や債務利子の支払いのためだけではなく、債務そのものの一掃のために使われる。……このような場合には、土地国有化から生まれる莫大な帝国債務も二十年以内に完全に一掃されることになるだろう。(42)」

このようなゲゼルの立場に立つかぎり、借地料の「母親手当」への再分配が行なわれるのは、少なくとも土地国有化後の二十年後からということになるだろう。つまり、ゲゼルの借地料の「母親手当」への再分配論は、その施行時点の問題を曖昧なままに残していると言わざるをえないのである。

以上のことからも明かなように、ゲゼルの自由地改革論はいかなる構成部分にあっても「国家機関」の存在を不可欠な前提とした土地改革論である。その点で、彼の自由地改革論は、「反国家・無政府」をその主要なメルクマールとするアナーキズム思想とは異質な思想、とりわけ国家を「必要悪」と見なす自由主義思想に立脚するものであったというのが、われわれの理解なのである。

（三）自由貨幣改革論

sollenとしての「自然的経済秩序」を実現するためのもうひとつのゲゼルの経済改革論は、自由貨幣改革論である。このゲゼルの自由貨幣改革論は、貴金属などの「伝統的な貨幣」が商品に対してもつ「流通上の特権」とそこから必然的に生じる「不労所得」としての「資本利子」とを廃絶するために、「伝統的な貨幣」に代わって「時間の経過とともに減価していく貨幣」（この貨幣は一般に「スタンプ貨幣」として知られているが、ゲゼルは、この貨幣が利子から「自由」になるという理由から、「自由貨幣」と呼ぶ）を導入しようとする貨幣改革論である。

ゲゼルは、「伝統的な貨幣」が商品に対してもつ「特権的地位」とそこから必然的に生じる「不労所得」としての「資本利子」を、「伝統的な貨幣」（＝需要）と商品（＝供給）の物理的性格の相違から次のように説明する。

「供給を構成する商品は腐る。商品は時間の経過とともに重量や品質を低下させ、生まれたばかりの生産物の価格をたえず下回るようになっていく。……したがって、供給は、例外なしに物質に付着した強力な強制力――それは日毎に成長していき、いかなる抵抗をもものともしない――、すなわち供給される商品に内在する強制力にしたがうと確実に主張することができる。つまり、供給は延期できないばかりか、商品所有者の意志とは無関係に日々市場に現れなければならない。……それに対し需要は、このような強制から自由である。需要を構成する金や貴金属は、すでにその特徴を示唆したように地球の物質の中で例外的地位を占め、いわばこの地上の異物と見なされているばかりでなしに、自然のあらゆる破壊作用にも抵抗力を有するものである。[43]」「その結果、需要は、通例市場から自由に撤退できるという特権のために供給に対し特別な給付を要求することができるのである。[44]」

このように「自然のあらゆる破壊作用にも抵抗力を有する」「伝統的な貨幣」と「時間の経過とともに減価していく」商品との物理的相違が「貨幣特権」を生み、そしてその「貨幣特権」が商品に対して貨幣の利用料ともいうべき「特別な給付」、すなわち「不労所得」としての「資本利子」を請求できる権利を貨幣所有者に与えているというのである。

だが、ゲゼルにとって問題なのは、このような「資本利子」が「労働全収益権」の実現を阻む「不労所得」であるというだけではない。それ以上に問題なのは、「このような利子付き貨幣が財の交換に使用されると、利子が商品生産一般の前提条件になってしまう[45]」ことにある。つまり、かつてプルードンが述べたように「貨幣が市場、店舗、工場の扉の前に立ちはだかり、利子を支払わぬ者あるいは支払うことのできない者にその扉を開こうとしない門になってしまう[46]」ことが、ゲゼルにとってはより重大な問題なのである。なぜなら、ゲゼルにとって「貨幣は本来『市場の扉を閉める門ではなく、市場の扉を開く鍵』でなければならない[47]」からである。もっと明確に表現するならば、「貨幣は商品交換を確実かつ迅速に、しかも低廉に遂行する交換手段とならなければならない[48]」からである。したがって、「利子付きの伝統的貨幣」を貨幣本来の交換手段という機能に戻すためには、「われわれは商品と同様に貨幣を劣化させなければならない[49]。」つまり、われわれは「貨幣特権」をもつ「伝統的な貨幣」に代えて商品の物理的性格と同じように「時間の経過とともに減価していく貨幣」（「自由貨幣」）を導入しなければならない。これが、自由貨幣改革の必要性を訴えるゲゼルの基本的主張なのである。

その際われわれは、ゲゼルが自らの自由貨幣改革論を次のようにプルードンの「交換銀行」改革論に関連づけていることに注目しなければならない。やや長文であるが、引用しよう。

「プルードンは、貨幣のこの門あるいはバリケードとしての性格を認識するや、次のことを要求した。『われわれは、商品と労働を現金の地位に引き上げることで、この貨幣特権と闘うのである。なぜなら、二つの特権が相互に対峙するならば、この二つの特権は相殺されることになるからである。したがって、われわれが貨幣と同じ特権を商品に与えるならば、この二つの特権は相殺されるだろう』、と。

これが、プルードンの思想であり、提案なのである。そしてこの思想と提案を実現するために、彼は交換銀行を設立したのであった。だが、それは、周知のように失敗してしまった[50]。」

それに対し、

「プルードンが未解決なまま残した問題に解答を与えたのが、自由貨幣理論である。この自由貨幣理論は次のように主張する。『貨幣が資本であるのは、その供給が商品の供給と同一の圧力を被らないからである。……それゆえ、われわれが商品供給に加えられている圧力を貨幣供給にも及ぼすように貨幣を改造する場合には、貨幣の優越性がなくなり、……貨幣は商品と等価になり、貨幣所有者は——交換の延期という行為を放棄する代償としての——特別な報酬を商品所有者から徴収できなくなるだろう。……』

自由貨幣はこのような思想を実践したものである。もしプルードンが生きていたならば、彼はきっと次のように言ったことだろう。

『諸君は、私の思想を逆転させた。私は、商品を現金と同じ地位に引き上げようとした。つまり、私は、金のもつあらゆる良き特性を商品に与えることによって、商品と貨幣を完全な等価物にしようと考えたのであった。だが、そのことに私は成功しなかった。……今や私の失敗は、諸君の自由貨幣によって克服されている。諸君は、商品を貨幣と同等の地位に引き上げたのではなく、逆に貨幣を商品と同等の地位に引き下げたのである。……今や私が実現に努めた目標は達成されている。なぜなら、自由貨幣は商品と同じように劣化するために、今や初めて貨幣は実際に商品と等価な存在になっているからである。[51]』」

このようにゲゼルは、プルードンの「交換銀行」改革が「貨幣特権」（利子）を廃絶するために「商品を現金と同等の地位に引き上げる」試みであったのに対し、自らの自由貨幣改革がプルードンと同じ目的を達成するために「貨幣を商品と同等の地位に引き下げる」試みであると位置づけることによって、自らの自由貨幣改革論がプルードンの「交換銀行」改革論を批判的に継承したものであると主張したのである。けれども、このようなゲゼルの主張から、結城剛志氏のようにゲゼルを「市場そのものを社会とみなすようなプルードン型に近い『個人的アナーキスト』であった」[52]とただちに規定するわけにはいかないのである。なぜなら、ゲゼルの自由貨幣改革論の中枢には自由貨幣を管理する「帝国通貨局」[53]という国家機関の存在が位置づけられているからである。したがって、われわれは、ゲゼルの自由貨幣改革論がどのような思想に立脚していたのかを明らかにするためにも、彼の自由貨幣改革論の具体的内容に深く立ち入っていく必要があるだろう。

ゲゼルは、主著ＮＷＯ第四部「自由貨幣—理想的な貨幣と可能な貨幣」において自らの自由貨幣改革論の具体的内容を次のように箇条書きの形態で書いている。

「一、一マルク紙幣、五マルク紙幣、一〇マルク紙幣、五〇マルク紙幣、一〇〇マルク紙幣、一〇〇〇マルク紙幣の計六種類の紙幣の自由貨幣が発行される。このような紙幣の外に、……小額印紙紙幣、つまり郵便切手と同じような印紙が発行される。この小額印紙紙幣は、必要な枡目を剥がすことによって一マルクまでの金額を支払うのに利用される。……またこの小額印紙紙幣は、公的機関での支払いに利用された後は、もはや流通に用いられず、新しい小額印紙紙幣に置換される。

二、自由貨幣は週ごとに額面価格の一〇〇〇分の一ずつ、すなわち一年に一〇〇分の五減価する。しかもその減価分は、自由貨幣所有者の負担になる。それゆえ、彼はすでに言及した小額印紙紙幣を貼ることによって紙幣の額面価格をたえず保持し続ける必要がある。……

三、年末にすべての紙幣が新しい紙幣と交換される。

四、自由貨幣導入の目的は、とりわけ商品に対する貨幣の優位性を打破することにある。このような貨幣の優位性は、例外なく、伝統的な貨幣が商品と比べて頑丈であるという長所から生まれたものである。労働生産物がその保存と維持に莫大な保管費ないし管理費――それらは、商品が漸次的に減価していくのを緩慢にするけれども、完全に阻止することができない――を必要とするのに対し、貨幣所有者は、貨幣素材（貴金属）が有するその物理的性質のために、そのような一切の減価損失や諸費用と無縁である。それゆえに、貨幣所有者（資本家）は、つねに取引に余裕をもつことができる。商品所有者がつねに取引を急ぐのに対し、貨幣所有者はじっと待つことができる。そのため、両者の価格交渉が不成立に終わるならば、その損害はつねに一方的に商品所有者、したがって、最終的には労働者によって負担されることになる。このような状況を資本家は利用して、商品所有者（労働者）に圧力を加え、商品所有者が労働生産物（労働力）を値引販売するよう強いてきたのである。

五、通貨局はこの紙幣の兌換を行なわない。……それに対し、通貨局に義務づけられていることは、商品の平均価格を固定するために貨幣発行を市況に適応させるという任務である。したがって、――物価はもっぱら貨幣供給量に依存しているがゆえに――通貨局は、商品価格が下落傾向にある場合にはより多くの貨幣を発行し、また反対に商品価格が騰貴傾向にある場合には貨幣を回収する。……通貨局は、これらのことに目的意識的な強力な介入を行なうことで、誠実な取引を行なう人々をあらゆる危険から守るための機関になる。

六、外国貿易の大きな意義を考慮するならば、われわれは、為替相場の固定化を実現するための国家間の協調を志向しなければならない。……

七、金属貨幣と自由貨幣との両替は、金属貨幣所有者の全面的な自発性に任されるべきである。したがって、金と縁を切ることのできない者は、金を保持し続けてもかまわない。だが、以前の銀がそうであったように、金も自由な鋳造権を奪われ、法律的支払手段としての性格を失う。そして両替期間の終了後は、国庫や裁判所での金貨による支払いが拒否される。

八、外国での支払いや外国による支払いのために利用されるのは、これまでと同様銀行や商人が外国に輸出した商品の代金ないし外国から輸入した商品の代金として振り出される為替手形である。それに対し、小額の場合には通例郵便為替が使用される。

九、通貨局は、国内生産物の輸出代金として金をえた者、つまり輸入為替を調達することのできなかった輸出業者から金を購入する。逆に外国商品の輸入代金を支払うために金を利用している者、つまり輸出為替を調達できなかった輸入業者に対しては、通貨局は輸入に必要な金を販売する。

十、貨幣価格が年五・二%減価するために、流通貨幣量は年々二、三億［マルク］ずつ減少するはずである。だが、そうなったからといって貨幣不足の状態に陥ることはない。なぜなら、通貨局はこの不足額をたえず新発行の貨幣によって年々補充するからである。そしてこの補充は、通貨局にとって規則的な収入の確保を意味する。

十一、通貨行政が確保するこうした収入は、貨幣改革の意図せざる副産物であり、相対的に低い意義しかもたない。この貨幣収入の利用にかんしては、特別な法律的規定が設けられるべきである。[54]」

以上のゲゼルの自由貨幣改革論の具体的内容は、すでに説明した「四、自由貨幣導入の目的」を別にすれば、基本的に次の三つの主張から構成されているといってよい。第一の主張は、「帝国通貨局」などの「通貨行政」は、「伝統的な貨幣」に代えて「週ごとに額面価格の一〇〇〇分の一ずつ、すなわち一年に一〇〇分の五減価する」自由貨幣、とりわけ一マルク、五マルク、一〇マルク、五〇マルク、一〇〇マルク、一〇〇〇マルクの計六種類の自由貨幣と小額印紙紙幣（この小額印紙紙幣は、一マルク以下の取引に使用されるとともに、自由貨幣の額面価格を維持するためにも使用される）を発行する義務とともに、これらの自由貨幣を公定支払手段として流通させる義務とをもつという主張である。また第二の主張は、「帝国通貨局」は、自由貨幣の導入後（貨幣数量説の観点から）「商品の平均価格を固定するために貨幣発行を市況に適応させるという任務」（絶対通貨制度）を遂行しなければならないという主張である。そして第三の主張は、「帝国通貨局」は対外的には「為替相場の固定化を実現するための国家間の協調」（「国際ヴァルタ同盟」の形成）に努めると同時に、外国の国々がなお金本位制度を採用しているかぎり、輸出入に必要な金の売買をも行なう必要があるという主張である。

このようにゲゼルの自由貨幣改革論を構成する三つの主張のいずれもが、「帝国通貨局」や「通貨行政」などの国家機関が担うべき貨幣改革上の任務に関するものである。それゆえに、彼の自由貨幣改革論は、「帝国通貨局」や「通貨行政」などの国家機関の存在を前提とし、その果たす役割に期待した貨幣改革論であると言わざるをえないだろう。

その際にわれわれが注意しなければならないのは、自由貨幣導入後の「通貨行政」の主役を演じる「帝国通貨局」の組織機構についてのゲゼルの理解であるだろう。ゲゼルは、自由貨幣の導入後「帝国通貨局は、交換手段の供給を完全に制御し、貨幣製造ならびに貨幣供給の独占的支配者になる[55]」としつつ、その組織機構について次のように言う。

「われわれは、帝国通貨局を、たとえば帝国銀行のような何百人もの職員を擁する大規模な組織と考えてはならない。なぜなら、帝国通貨局はいかなる種類の銀行業務も行なわないからである。したがって、帝国通貨局はいかなる窓口業務もなければ、ひとつの金庫ももたない。紙幣の印刷は帝国印刷所で、その発行と両替は国庫機関で、そして価格算出作業は統計局で、それぞれ行なわれる。それゆえに、紙幣を帝国印刷所から国庫機関に引き渡したり、通貨技術上の目的のために税務署職員によって回収された紙幣を焼却するには、ひとりの人間で十分である。これが帝国通貨局の全機構である。……簡素、低廉、効率性、これが帝国通貨局を特徴づけるものになる[56]。」

このような「帝国通貨局」についての理解からも分かるように、ゲゼルの自由貨幣改革論は、「帝国通貨局」のような国家機構の存在とその役割を前提にすると同時に、「簡素化された小さな国家」をも目指す貨幣改革論でもある。ゲゼルの自由貨幣改革論がそのような性格のものであるかぎり、それは「反国家」を志向するアナーキズム思想とはもとより、「強大な国家」を志向する国家主義思想とも異なり、「簡素化された小さな国家」を志向する自由主義思想に立脚するものであったと、われわれは理解せざるをえないのである。

ゲゼルが自らの主著NWOで体系的かつ理論的に展開した自由地改革論と自由貨幣改革論という二つの経済改革論は、いずれも国家の存在を前提とする経済改革論という性格をもつものであった。その点で、彼の経済改革論は、「反国家」を志向するアナーキズム思想に立脚するものではなく、「簡素化された小さな国家」を志向する自由主義思想に立脚するものであったと言ってよいだろう。それだからこそ、ゲゼルの理論は「自由経済理論」と呼ばれ、ゲゼルの経済改革論を支持する人々も多くの場合「自由経済主義者」と呼ばれているのではないだろうか。

二　ゲゼルの「国家の漸進的解体」論—アナーキズム的側面

おそらく彼がアナーキズム思想に特別な関心を寄せるようになったのは、いつ頃からなのだろうか。おそらく彼が「自由主義的社会主義者 libertär Sozialist」（ドイツ・アナーキスト）のゲオルク・ブルーメンタール[57]と知り合いになった一九〇四年頃と思われる。『資本主義でもなく、共産主義でもなく—シルビオ・ゲゼルと自由経済の自由主義的モデル—』（一九九〇年）の著者ゲルハルト・ゼンフトも、その点を次のように述べている。

「一九〇四年頃、ゲゼルにとってゲオルク・ブルーメンタールとの出会いという重要な出来事があった。『ブルーメンタールは、国民経済学と自由主義的社会主義の文献、たとえば哲学者マックス・シュティルナーの著作に取り組んでいた。それと並んで、彼は、国民経済学者のベネディクト・フリートレンダー、文化哲学者ならびに社会主義者のグスタフ・ランダウアー、文筆家のブルーノ・ヴィレ、そしてドイツ自由派の詩人ヘンリー・マッケイらと接触していた。』したがって、ゲオルク・ブルーメンタールは、いわばシルビオ・ゲゼルと自由主義的社会主義の陣営の間を初めて架橋したという特別な功績を受ける権利をもつ[58]。」

かくして一九〇四年以降ゲゼルは、彼のもっとも重要な協力者のひとりとなる「自由主義的社会主義者」ブルーメンタールを通じてたえずアナーキズム思想の影響を受けることになる。

一九〇九年にゲゼルは、ブルーメンタールとともに「資本主義経済を搾取なき自由な国民経済に改造する[59]」ことを目的とした政治団体「フィジオクラート同盟」を結成した。このゲセル主義者の「同盟」をとりわけ特徴づけるものは、アナーキズム的な「自由連合[60]」を原理とした次のような組織規約であった。

「一、フィジオクラート同盟は、グループおよび個人党員から構成される。どのグループも、党員の意志の代弁者たる代議員を有する。

二、その他の労働者組織に所属しても、この運動を阻害するものにならない。
三、同盟の会費額は、それぞれのグループが決定する問題である。
四、各グループは自立的に存在し、自分たちの判断にしたがって運動を行なう。
五、各グループの多数派ばかりでなしに、その少数派も代議員を選任できる。このような代議員が各提案ごとに行なう決議だけが、有効となるにすぎない。
六、グループ間ならびに多数派と少数派の間の自由な競争だけが、この運動の成功を保証する。
七、同一の要求に集約するには、共通地域の全グループの大会を開催することが望ましい。[61]」

このような「自由連合」を原理とする「フィジオクラート同盟」の組織規約を、『シルビオ・ゲゼル―彼はアナーキストの〈マルクス〉か?』（一九八九年）の編著者ギュンター・バルシュは次のように評価している。

「これは、きわめてアナーキスト的な規約である。各グループは自立的である。つまりこの同盟は指導部をもたず、各グループの代議員をもつにすぎない。したがって、幹部会は存在せず、ただ運動の調整者として各グループ間の調整を行ない、そして情報を伝達する代議員だけが存在するにすぎない。それゆえに、懲戒処分などはない。また多数派と少数派のたえざる交代によってたえず新しいイデーがもたらされる。その結果、どのような中央集権主義も阻止され、その構成員は特定のイデオロギーや世界観に固定されることがない。[62]」

このようにゲゼルは、一九〇四年以降実践的には「自由主義的社会主義者」ブルーメンタールの影響のもとに「フィジオクラート運動」という名称の、ほとんどアナーキズム運動といってもよいような運動を推進しつつあったのである。

こうしたゲゼルが理論的かつ思想的にアナーキズムに本格的に傾斜するのは、第一次世界大戦と「アナーキズムの偉大な実験[63]」と呼ばれた一九一九年のバイエルン・レーテ共和国の体験を経た後のことである。その理論的・思想的起点に位置するのは、一九一九年に公表された彼の著書『人民支配導入後の国家の漸進的縮小（解体）』である。

「ワイマール国民評議会への覚書[64]」という副題の付いたこのゲゼルの一九一九年の著書『人民支配導入後の国家の漸進的縮小（解体）』は、第一次世界大戦の敗北にともなって「帝政支配」から「人民支配」に構造転換したドイツ帝国には「国家の強化」による再建の道が閉ざされ、「国家の漸進的縮小ないし解体」による再建の道しか残されていないということをワイマール国民評議会に示そうとして執筆されたものである。

同書にとってまず最初に問題になるのは、同書の表題となっている「Der Abbau des Staates」中の「Abbau」という用語をどのように訳すのかということである。「Abbau」という用語そのものが「解体ないし廃絶」という意味と「縮小ないし簡素化」という二重の意味をもっている。だが、難しさはそれだけではない。というのも、同書の場合、ドイツ帝国の再建問題という当面の課題では国家を「必要悪」と見なす観点からの「国家の漸進的縮小」論が中心的に展開されながら、それと同時に国家を「絶対悪」と見なす観点からの「国家の漸進的解体」論もまた展開されるという二重の構造になっているからである。したがって、ここでは「Der Abbau des Staates」を「国家の漸進的縮小（解体）」と訳すこととした。

すでに指摘したように、ドイツ帝国の再建問題という当面の課題を論じた本書におけるゲゼルの中心的論理は、国家を「必要悪」と見なす観点からの「国家の漸進的縮小」論である。ゲゼルは、そのような「国家の漸進的縮小」論を次のように言う。

「国家は、しばしば必要悪と見なされてきた。今やわれわれも、国家をそのような存在として取り扱い、その中で現実に必要と思われるものだけを保持しよう。つまり、われわれは、二つの国家、すなわち強化された国家と縮小された国家という二つの中でより小さな悪と見なす方を選択し、そこから必ずしも中央集権的に、そして全人民を包括する観点から管理される必要のないすべての国家制度を撤去しよう[65]。」

この場合、「中央集権的に、そして全人民を包括する観点から管理される必要のない」国家制度として彼が指摘するのは、学校、教会、大学、通産省、社会保険庁、外務省、厚生省、国防省、司法省、戸籍局などである。彼によれば、これらの国家制度は「民間や地方共同体に任した方がはるかに有利になる。[66]」それに対し、「中央集権的に、そして全人民を包括する観点から管理される必要のある」国家制度として彼が指摘するのは、「交通制度――貨幣、郵便、鉄道、電信、海運[67]――」である。彼は、それを次のように言う。

「われわれが副次的目的に奉仕するあらゆる国家的覆いを剥いだ後に、国家の中に認識するのは、交通を促進するための組織だけである。[68]」

したがって、学校、教会、大学、通産省、社会保険庁、外務省、厚生省、国防省、司法省、戸籍局などといった「副次的目的に奉仕する」国家制度は解体・撤去＝「民営化」されるべきであるにしても、「交通制度――貨幣、郵便、鉄道、電信、海運――」は最後の国家制度として残さなければならないというのが、ここでのゲゼルの国家＝「必要悪」論➡「国家の漸進的縮小」論の基本的内容なのである。

他方、同書では国家を「絶対悪」と見なす観点からの「国家の漸進的解体」論も同時に展開されている。その論理の出発点となるのは、国家は人間にとってもっとも必要な「個人的自由」を抑圧する「絶対悪」そのものでしかないとする観点である。ゲゼルは、このような国家＝「絶対悪」論を次のように表明する。

「人間はなによりもまず自由と自立を希求し、それらを守ろうとする。……国家がわれわれに与えてくれるすべてのものは、少量の自由とすら釣り合わない僅かな価値しかもたない。人間は、個人的自由の抑圧によって善行を強制するような国家に反抗する。[69]」

したがって、国家が「個人的自由」を抑圧する「絶対悪」であるかぎり、当面は「国家の漸進的縮小」が課題になるにしても、最終的には「国家の漸進的解体」をも実現しなければならないというのが、彼の結論になる。事実、彼は、ここで次のように言っている。「国家、汝は怪物であり、偉大な売春婦、領土略奪、私的土地所有の子供にほかならない。だから、われわれはお前を踏み潰したいのだ[70]」、と。

このようにゲゼルは、同書のドイツ帝国の再建問題という当面の課題に対しては国家＝「必要悪」論➡「国家の漸進的縮小」論を中心的論理としながら、それと同時に国家＝「絶対悪」論→「国家の漸進的解体」論をも主張しているのである。後者の場合、ゲゼルは最後の国家制度として残る「交通制度——貨幣、郵便、鉄道、電信、海運——」をいかに解体しようとするのか。彼がここで提出するその解答は、国家を越えた「唯一の帝国」の実現（「帝国主義」）という方法である。彼は、それを次のように言う。

「いずれ国家は、その土台である交通制度——貨幣、鉄道、運河、電信、航路、航空——に至るまで解体されるだろう。……交通制度は、たえず自らの交通網を全世界に結び付けることを志向する。それとともに、帝国主義思想の真の本能、すなわち唯一の気高い政治的特質の本能もまた現出してくることになるだろう。なぜなら、交通にとってあらゆる境界は一時的性質しかもたず、交通はたえず境界の突破を志向するからである。この真に偉大な解放者としての帝国主義は、たえず交通から生まれてくる。それゆえ、結局はひとつの国家、すなわちその国家は世界に及ぶものであるがゆえに、それ自体いかなる国境ももたない汎帝国だけが存在しうるにすぎない。[71]」「そのような汎帝国が誕生した時、国家制度としての交通制度も解体され、それとは異なった制度としての交通制度もまた形成されることになるだろう。」

かくして「唯一の帝国」の誕生により最後の国家制度としての「交通制度」が解体されるとともに、「国家の漸進的縮小」は「国家の漸進的解体」へと転化することになるというのが、ここでのゲゼルの解答なのである。

だが、ゲゼルのこの解答が「窮余の一策」であり、この問題の本質的解決を果たすものでなかったことは、一九二七年の彼の著書『国家の漸進的解体』の「序文」において彼自身が告白している通りである。したがって、われわれは、一九二七年の彼の著書で再びこの問題の解決に挑戦するゲゼルに出会うこととなるだろう。

以上のように、ゲゼルの一九一九年の著書『人民支配導入後の国家の漸進的縮小（解体）』は、ドイツ帝国の再建問題という当面の課題に対しては国家＝「必要悪」論→「国家の漸進的縮小」論を中心的論理としつつ、それとは異質な国家＝「絶対悪」論→「国家の漸進的解体」論をも含むものであったといってよい。そのかぎりで、ここでのゲゼルの思想的立場は、「国家の縮小」という「小さな政府」を志向する自由主義思想とともに、「反国家・国家の解体」を志向するアナーキズム思想にも同時に立脚するものであったと規定できるように思われる。

この二つの思想の「併存」にこそ、ゲゼルがアナーキズムに本格的に傾斜した最初の一歩を記す同書の大きな特徴があるといえよう。

ここでわれわれは、一九二七年のゲゼルの著書『国家の漸進的解体』を検討する前に、一九一九年から一九三三／三四年までの「フィジオクラート派」ないし「自由経済派」の運動史の簡単な概略とゲゼルの政治的立場に触れておく必要があるだろう。その知識なしには、一九二七年のゲゼルの著書『国家の漸進的解体』がどのような思想的、実践的文脈の中で書かれたのかが理解できないからである。したがって、以下、ゲゼル全集の主任編集者ヴェルナー・オンケンの研究[72]に依拠しながら、一九一九年から一九三三／三四年までの「フィジオクラート派」ないし「自由経済派」の運動史の簡単な概略とゲゼルの政治的立場を述べることにしよう。

オンケンによれば、一九一八年の時点までの「フィジオクラート派」ないし「自由経済派」の運動には主要に三つの潮流が存在した。ゲゼルが所属したといわれる左派の「フィジオクラート同盟」、中間派の「自由地・自由貨幣同盟」そして右派の「自由経済同盟」が、そのような三つの潮流である。オンケンによれば、左派の「フィジオクラート同盟」が「個人主義的―アナーキズム的傾向」をもち、主として「プロレタリアート」に依拠した運動であったのに対し、中間派の「自由地・自由貨幣同盟」が「自由主義的傾向」をもち、主として「新中間層」に依拠した運動であり、さらに右派の「自由経済同盟」が「民族主義的傾向」をもち、主として「旧中間層」に依拠した運動であった。

だが、一九一九年に、中間派の「自由地・自由貨幣同盟」と右派の「自由経済同盟」が合併し、「ドイツ自由地・自由貨幣同盟」が結成された。そしてさらに一九二一年にはこの「ドイツ自由地・自由貨幣同盟」と左派の「フィジオクラート同盟」が合併し、「フィジオクラート派」ないし「自由経済派」を総結集する組織「自由経済同盟ＦＦＦ」が結成された。この総結集組織の「ＦＦＦ」は「自由地 Freiland、自由貨幣 Freigeld、自由貿易 Freihandel」

の頭文字からとられたと言われる。だが、総結集組織「自由経済同盟ＦＦＦ」が存続したのは、わずか三年間にすぎなかった。一九二四年にこの「自由経済同盟ＦＦＦ」は、またもや左派の「フィジオクラート闘争同盟」、中間派の「自由経済同盟」（その後この組織から「ドイツ自由経済党」が分裂する）そして右派の「恐慌なき国民経済同盟」という三つの組織に分裂したからである。こうした「フィジオクラート派」ないし「自由経済派」の分裂状態は、一九三三／三四年のナチスによる禁止あるいは自主解散に至るまで続くことになる。

この一九二四年の分裂に際し、ゲゼルは左派の「フィジオクラート闘争同盟」に加わり、この同盟のために次のような綱領を執筆した。

「一、国家による慈善、国家による保護そして国家による福祉などの強制に反対。
二、愛の生活や家族生活への官僚のあらゆる介入に反対。戸籍に反対。人間の登録制に反対。婚姻法に反対。
三、国立学校、国教会、国立大学、芸術と科学の国家アカデミー化に反対。
四、就学強制、強制接種などの国家公務員によるあらゆる強制に反対。
五、戦争に反対。国家による武器独占に反対。独裁やクーデターに反対。階級経済や階級国家に反対。あらゆる後見制度に反対。共産主義に反対。
六、あらゆる国家的司法に反対。国家の側からの、犯罪についてのあらゆる道徳的判断に反対。民間の契約法や民間の仲裁裁判の支持。国家の強制手段や強制執行に代わる、市民によるあらゆる契約違反者の追放と保護剥奪の支持。
七、個々人の生の喜びの支持。国家による生の喜びに反対。[73]」

ギュンター・バルシュは、このゲゼルの綱領について次のような評価を与えている。

「これは、急いで新たに付け加えられた『独裁反対』という命題に至るまでアナーキズム的綱領である。……当初は国家を肯定した者も、漸進的にだけ国家の根本的解体と支配なき秩序への積極的な運動への道に向かったのであった。……バクーニンはきっとこの綱領を承認したことだろう。……〔なぜなら、この綱領は、アナーキズムの主要なメルクマールを保持しているからである。〕」[74]

このようなゲゼルの「フィジオクラート闘争同盟」の綱領から明らかになるのは、一九二四年の時点のゲゼルがこれまで以上に深くアナーキズム思想に傾斜していったという事実であるだろう。そのことは、一九二七年においても基本的に変わらない。否、それ以上に深くアナーキズム思想に傾斜していったと思われる。それゆえにこそ、彼は「支配なき人間社会」[75]とそのための「国家の漸進的解体」の姿を具体的に描く必要に迫られ、一九二七年の彼の著書『国家の漸進的解体』を執筆したのである。以下、この著書におけるゲゼルの「国家の漸進的解体」論を一九一九年の彼の著書のそれと対比させながら検討することにしよう。

まず最初に指摘しなければならないのは、一九一九年の著書と一九二七年の著書はともに「国家の漸進的解体」を論じているけれども、その議論の仕方が大きく異なっているということである。一九一九年の著書がドイツ帝国の再建問題という当面の課題を論じるというきわめて時論的性格の強いものであったために、そこでの「国家の漸進的解体」論も「現存のドイツ帝国」の改造論として展開されていたのに対し、一九二七年の著書は「フィジオクラートの土地への研究旅行」と題された「ユートピアへの旅行記」という形態をとっているために、そこでの「国家の漸進的解体」論もsollenとしての「自然的経済秩序」が実現されていることをその前提とするものである。そのことは、一九二七年の著書の末尾における次のような解説からも明らかだろう。

「〔本書で対象とする〕国家の漸進的解体論は、いかなる搾取もない社会秩序、したがって、いかなる不労所得も存在していない社会秩序〔自然的経済秩序〕をその前提とするものである。」[76]

このように一九二七年の著書におけるゲゼルの「国家の漸進的解体」論は、「現存のドイツ帝国」の改造論として展開された一九一九年の著書の「国家の漸進的縮小（解体）」論とは異なり、sollenとしての「自然的経済秩序」が実現された「ユートピア的状態」の中での「国家の漸進的解体」論として展開されている点に、その大きな特徴がある。

第二に指摘しなければならないのは、一九二七年の著書では一九一九年の著書にはなかった「Akratie」ないし「Akrat」というゲゼルに特有な概念が、「支配なき秩序への導きの糸[77]」として、すなわち「支配なき秩序」への「志向」を示す概念として随所に使用されていることである。「自治主義」ないし「自治主義者」とも訳しうるこれらの概念は、ギュンター・バルシュによれば「(1) 利己心、(2) 自然的淘汰、(3) 自由な競争、(4) 相互扶助、(5) 自由な合意形成、(6) 自由恋愛[78]」という六つの構成要因を含む概念にほかならない。このようなバルシュの理解にしたがえば、「Akratie」ないし「Akrat」という概念は、sollenとしての「自然的経済秩序」に関係した概念、もっと正確に言うならば、「自然的経済秩序」という基礎の上での「国家の漸進的解体」と「支配なき秩序」への「志向」を示す概念ということになるだろう。だが、この一九二七年の著書にはこの「Akratie」ないし「Akrat」という概念についてのゲゼル自身の説明は、ほとんどない。ただ彼は、その「序文」で次のように述べているにすぎない。

「Akratieへの道は、自ずから資本主義の死体を通っていく。なぜなら、資本主義は搾取を意味し、搾取機構は、自らを守るために国家と呼ばれる中央集権的権力を必要とするからである。[79]」

この場合の、「Akratieへの道が、資本主義の死体を通っていく」というのは、ここでの「国家の漸進的解体」が、すでに指摘したように「資本主義の死体」の上に構築される「自然的経済秩序」の中でのそれであるということを単に示すにすぎない。このような不十分な説明にもかかわらず、ゲゼルは「Akratie」ないし「Akrat」という概念を使用することによって、自らのsollenとしての「自然的経済秩序」が「国家の漸進的解体」と「支配なき秩序」というアナーキズム的理想と不可分に結びついていることを明確に示そうとしたのである。

そこで問題となるのは、なぜゲゼルは「アナーキズム」ないし「アナーキー」という概念を使用せずに、「Akratie」ないし「Akrat」という概念を使用したのかということである。ギュンター・バルシュによれば、それは、ゲゼルが自らの「フィジオクラート」運動をこの当時のアナーキズム運動を特徴づける「破壊的なテロリスト的アナーキズム」[80]運動から区別したいという意図が働いた結果であると言う。このバルシュの説明は順当なところであるだろう。

第三に指摘しなければならないのは、一九二七年の著書では、一九一九年の著書に見られた国家＝「必要悪」論→「国家の漸進的縮小」論が完全に消滅し、そこでのゲゼルの論理が国家＝「絶対悪」論→「国家の漸進的解体」論に一元化されていることである。それにともない、一九一九年の著作では「国家の縮小」後にもなお残されるべき国家制度とされていた「交通制度」、とりわけ「貨幣制度」についてのゲゼルの見解もまた、大きく変更せざるをえなくなった。彼は、そのような見解の変更を一九二七年の著書の「序文」の中で次のように触れている。

「私の最初の試み（『人民支配導入後の国家の漸進的縮小（解体）』、一九一九年）では、私は国家の残滓ないし国家というシルエットをなお保持しなければならないと考えた。なぜなら、私は、貨幣問題の自治主義的akratisch解決のための十分満足のいく形態を見いだすことができなかったからである。したがって、私は、通貨制度を通貨局に委ねなければならなかった。そのことは、アナーキストのサークルから多くの非難が私に浴びせられることになり、私の詳論の宣伝力を損なった。今や、このような欠点（それは本来きわめて小さな欠点でしかないのだが）は、あらゆる自治主義者Akratを満足させるにちがいない方法で取り除くことができると、私は考えている。[81]」

では、ここでゲゼルが考える「あらゆる自治主義者を満足させるにちがいない……貨幣問題の自治主義的解決」とは、どのようなものなのか。それは、民間団体である「母親同盟」が発行する「私的通貨ムヴァMuwa」[82]が「自然的経済秩序」における通貨として流通するという事態である。彼は、そのような事態を次のように述べる。

「漸進的に解体された国家、そこでは女性によって管理されている私的貨幣が流通し、世界の信用を勝ち得ている。だが、その私的貨幣はまったく保証されていない。その記載文は支払約束を含まず、ただ簡潔に一〇〇ムヴァMuwaと記載されているにすぎない。そのような貨幣、そのような紙幣が、今やドルを自由な競争の中で打ち負かしているのである。[83]」

つまり、私的貨幣の発行とその管理の民営化、これこそがここでのゲゼルの「貨幣問題の自治主義的解決」なのである。だが、「ムヴァ」のような民間の私的貨幣が自由な競争を通じて「単一の通貨」になった場合、その発行と管理を担当する「母親同盟」のような民間団体は、「通貨局」のような国家機関を意味しないのだろうか。それればかりでなしに、このような私的貨幣の発行とその管理の民営化論は、彼の主著NWOにおける次のような主張、すなわち「交換手段は、たえず国家制度の刻印を帯びたものにならざるをえない。……かくして、われわれの選択肢は国定貨幣か無貨幣かの二者択一しかない。つまり貨幣製造における営業の自由などといったものは絶対に不可能なのである[84]」という主張と矛盾しないのだろうか。

ゲゼルの私的貨幣の発行とその管理の民営化論は、このような疑問を残すものである。だが、彼は、こうした私的貨幣の発行とその管理の民営化によって最後の国家制度としての「交通制度」、とりわけ「貨幣制度」の漸進的解体が可能になると主張したのである。かくして、ここでの「国家の漸進的解体 Der Abbau des Staates」は、学校、大学、教会、外務省、社会福祉省、通産省、司法省、文化省、植民地省、国防省、厚生省などの国家制度の漸進的解体＝「民営化」に限定された「国家の漸進的縮小」ではなく、国家の全面的廃絶というアナーキズム的理想としての「国家の漸進的解体」を意味するものになっているのである。

第四に指摘しなければならないのは、一九二七年の著書では一九一九年の著書では触れられることのなかった議会主義に対する明確な否定的態度が打ち出されていることである。ゲゼルは、この一九二七年の著書の前半部で「帝国議会での母親手当[85]」の審議ならびに採決の過程を具体的に描いているけれども　その中で彼は、次のような議会主義に対する否定的な評価を与えている。「議会制度は、原理的問題を解決する能力をもたなくなっている。[86]」したがって、「議会制度はもはや終焉しなければならない[87]」、と。

このような議会主義へのゲゼルの否定的姿勢もまた、アナーキズム思想への彼のより本格的な傾斜を示すものといえよう。

第五に指摘しなければならないのは、一九二七年の著書の後半部「フィジオクラートの土地への研究旅行」ではゲゼルの志向する「漸進的に解体された国家」、すなわち「支配なき秩序」(「自治主義的社会」)が具体的に描かれていることである。以下、その要点だけを列記しよう。

(1)「解体された国家」では「民間のイニシアチブが至るところで国家に取って代わる。[88]」そしていかなる大臣も、いかなる国家官僚もそこには存在する余地がない。[89](2)「有能な労働者は解体された国家に移民する。[90]」というのも、そこでは「われわれの国家制度のもとでよりも幸福がより良く保証される[91]」からである。(3)「解体された国家では、労働者と企業家は共通の利害をもつ。[92]」(4)「解体された国家では、賃労働者は自由な人間である。[93]」(5)「解体された国家ではいかなる資格証明書も必要としない。[94]」(6)「解体された国家では、土地地代は母親手当として再分配される。[95]」(7)「解体された国家では、自助と相互扶助が原理となる。[96]」(8)「解体された国家では、すべての市民は自力防衛権をもち、犯罪者に対しては民間のリンチ裁判が行なわれる。[97]」(9)民間団体としての「母親同盟」は、「母親手当」の再分配、「私的貨幣ムヴァ Muwa」の発行と管理、そして道路、橋梁、運河などの社会資本の投資と整備などを行なう。[98]その際、通貨の管理に際しては「指数本位制度[99]」が採用される。(10)「解体された国家では、領事館、国旗、軍艦なしに海上貿易が行なわれる。[100]」(11)「解体された国家」では、両性間の恋愛はすべて「自由恋愛」になり、「女性の淘汰権[101]」が無条件に尊重される。(12)「解体された国家では、学校、国民学校、大学、国教会、外務省、社会福祉省、通産省、司法省、文化省、植民地省、国防省、厚生省、通貨局、運輸省、郵政省、交通制度(貨幣制度)などのあらゆる国家制度が全面的に解体され」、そして「民営化」される。[102](13)「解体された国家には、いかなる国境もない。[103]」

このように、ゲゼルは一九二七年の著書の後半部で「フィジオクラートの土地への研究旅行」という形態をとりながら「解体された国家」という「支配なき秩序」の具体的姿を描いたのである。だが、このような「解体された国家」という「支配なき秩序」の具体的姿は、彼にとっては「単なるユートピア」ではなく、「自由な市場経済」を遂行する「われわれの市民的生活」の中にすでにその萌芽を有するものなのである。彼は、それを次のように述べている。

「そのような漸進的に解体された国家に驚く者も、次の事実を静かに受けとめるだろう。

今日われわれが営んでいる市民的生活は、生産と交換、すなわち人間がその主要な力を注ぐ活動が国家の干渉から自由であるのと同様に、ほとんどの場合国家の干渉から自由である。農民、手工業者、商人そして大多数の労働者は、自らの資金の限界内で自由な職業選択をしながら活動している。この点では、だれも国家の指示を受けない。……したがって、われわれはそこに国家の漸進的解体とともに熱望する支配なき秩序への十分な萌芽を見いだすのである。[104]」

以上、一九二七年のゲゼルの著書『国家の漸進的解体』の内容を一九一九年の彼の著書『人民支配導入後の国家の漸進的縮小（解体）』と比較しながら検討してきた。そこで明らかになったのは、次の四点である。（1）ゲゼルの目指すべき「自然的経済秩序」は「国家の漸進的解体」や「支配なき秩序」というアナーキズム的思想と不可分の関係にあるということ、（2）「国家の漸進的解体」というゲゼルのアナーキズム的理念が「Akratie」ないし「Akrat」という彼の特有な概念によって表現されているということ、（3）ゲゼルの「国家の漸進的解体」論は本質的には「国家制度の民営化」論であるということ、（4）一九二七年のゲゼルの著書では国家＝「必要悪」論→「国家の漸進的縮小」論が一掃され、国家＝「絶対悪」論→「国家の漸進的解体」論というアナーキズムの「反国家」思想が一元的に展開されているということ。つまり全体として見るならば、ゲゼルの思想は一九二七年の著作においてよりアナーキズム思想に近づいているということである。したがって、一九二七年の著書における「フィジオクラート」ゲゼルの思想は、「Akratie」ないし「Akrat」という概念的覆いのためにやや鮮明さを欠くにしても、ほとんどアナーキズム思想と断定してもかまわないほどになっているのである。

それにもかかわらず、われわれは一九二七年の時点の「フィジオクラート」ゲゼルの思想をアナーキズム思想と規定できるのだろうか。このような疑問が生じるのも、この時点でも彼は、自らの主著NWOにおいて体系的かつ理論的に展開した経済改革論、すなわち「国家」の存在とその役割を不可欠の前提とした自由地改革論と自由貨幣改革論を放棄したという兆候がまったく見られないからである。事実、一九二七年の著書の巻末にはNWO第四版（一九二〇年）の内容をそのまま継承したその第五版（一九二二年）とその第六版（一九二三年）とが宣伝されており、またゲゼルとフィリップ・パイの共同作品として一九二九年に出版されたNWOの英語版初版でも、先述した第四版の内容がそのまま翻訳されているのである。したがって、われわれは、一九二七年の時点でのゲゼルはアナーキズム思想に深く傾斜しながらも、依然自由主義者であり続けたと見なすべきであると考える。つまり「アナーキズムに傾斜した自由主義者」、これが一九二七年の時点の「フィジオクラート」ゲゼルの思想的立脚点を特徴づける規定になるのではないだろうか。

むすび

「フィジオクラート」ゲゼルがアナーキストであったのか否かという問題は、今日のゲゼル主義の運動にとっても無視できない重大な問題のひとつである。というのも、今日のゲゼル主義の運動には、アナーキズム的潮流と自由主義的潮流とが併存し、ゲゼルと彼の理論の解釈をめぐって対立しているからである。

アナーキズム的潮流は、「フィジオクラート」ゲゼルを当然のごとくほぼ無条件に「アナーキスト」として評価する。そしてその根拠となるのは、すでにわれわれが見たような、彼の一九二七年の著書における「国家の漸進的解体」論である。さらに彼らは、ゲゼルの主著NWOを「アナーキズムの〈資本論〉」と見なし、その意義を次のように言う。

「ゲゼルの資本分析によってアナーキズムはマルクス主義の資本分析から独立できるようになった。もっと正確に言うならば、アナーキズムがこのゲゼルの学説を受容するや、アナーキズムはマルクス主義から自立することが可能になったのである」[105]、と。

他方、自由主義的潮流はゲゼルを「個人主義と自由主義の支持者」[106]と見なす。そして彼らは、さらに次のように言う。「ゲゼルを特徴づける本質的構成要素は、彼の冷徹な現実感覚である。これは、ゲゼルがしばしばユートピアンないし夢想家とみなされるがゆえに、とくに強調しなければならない」[107]、と。彼らによれば、「冷徹な現実感覚をもつ」「自由主義者」ゲゼルは、国家論においても単なる「反国家の立場」を取らず、次のような二重の国家論の立場を取っているというのである。

「ゲゼルは、主権や権力といった付属物をもった今日の意味の国家を否定する。それに対し自然的国家は、彼によれば、二つの課題をもつ。第一の課題は、個人の経済的確実性と全般的自由を保証すること、つまり人為的権力手段や特権によって条件づけられたところの、他人の自由への個々人の不当な干渉を阻止し、自然的競争を保証するのに適切な方策を取ることである。したがって、国家はこのような課題の実現のために必要となるかぎりにおいてだけ、その権力を行使すべきである。……第二に、国家は、個々人の生活の確実性のために必要かつ促進可能となる課題、たとえば、大集団の人間を結合させるあらゆる種類の交通制度の改革や運営のように、個々人だけの力では行なうことのできない課題を実現しなければならない。[108]」

このような「現存する国家」と区別される「自然的国家」が果たす役割は、ゲゼルの経済改革論における国家の役割に対応するものである。それゆえに、自由主義的潮流が、ゲゼルを「自由主義者」と規定する主要な根拠は、彼の主著NWOにおいて展開された自由地改革論と自由貨幣改革論という二つの経済改革論にあることは、ほぼ間違いのない事実であるだろう。

したがって、問題は、ゲゼルの理論と思想においてNWOの経済改革論と「国家の漸進的解体」論のどちらを重視すべきかということである。筆者は、今のところ前者を重視すべきと考えている。いずれにしても、ゲゼル評価をめぐるこうした対立が今日なお続いているということは、ゲゼルが多面的な相貌をもった複雑な思想家ないし理論家として、なおアカデミックに研究されねばならないということを意味しないだろうか。

（1）Gerhard Senft, Weder Kapitalismus noch Kommunismus. Silvio Gesell und das libertäre Modell der Freiwirtschaft. Berlin 1990, S. 71.

（2）筆者は、「アナーキズムとは、内的にはあらゆる神と権威を否認する姿勢であるとともに、外的にはあらゆる国家と政府を否定する姿勢のことである」と規定し、その最大のメルクマールを「反国家」に求めた。

（3）G. Senft, a. a. 0., S. 33. 20世紀初頭の頃の、ランダウアーらのドイツ・アナーキズムの一潮流は、自らを「自由主義的社会主義 libertär Sozialismus」と呼んでいた。

（4）Silvio Gesell, Der Abbau des Staates nach Einführung der Volksherrschaft. Denkschrift an die zu Weimar versammelten Nationalräte. 1919.

（5）Silvio Gesell, Der abgebaute Staat. Leben und Treiben in einem gesetz-und sittenlosen hochstrebenden Kulturvolk. Berlin 1927, in : Silvio Gesell Gesammelte Werke, Bd. 16.

（6）Günter Bartsch, Silvio Gesell, Die Physiokraten und die Anarchisten, in : Silvio Gesell — 〈Marx〉 der Anarchisten ?. Berlin 1989, S. 28.

（7）Silvio Gesell, Die natürliche Wirtschaftsordnung durch Freiland und Freigeld. 1. Auflage 1916, 4. Auflage 1920, in Silvio Gesell Gesammelte Werke, Bd. 11 相田愼一訳『自由地と自由貨幣による自然的経済秩序』第四版（一九二〇年）、ぱる出版、二〇〇七年。なおこの相田訳は、第四版（一九二〇年）を翻訳したものである。以降、『自由地と自由貨幣による自然的経済秩序』からの引用の場合、ＮＷＯ相田訳と略し、その頁数のみ記す。

（8）ＮＷＯ相田訳、四|一九頁。

（9）ＮＷＯ相田訳、四頁。

(10) NWO相田訳、五頁。
(11) NWO相田訳、六頁。
(12) NWO相田訳、七頁。
(13) NWO相田訳、七頁。
(14) NWO相田訳、四-五頁。
(15) NWO相田訳、五頁。
(16) NWO相田訳、七頁。
(17) NWO相田訳、三八頁。
(18) NWO相田訳、三九頁。
(19) NWO相田訳、三九頁。
(20) NWO相田訳、三九頁。
(21) NWO相田訳、三九頁。
(22) NWO相田訳、七頁。
(23) NWO相田訳、八頁。
(24) NWO相田訳、一五頁。
(25) NWO相田訳、一五頁。
(26) NWO相田訳、一〇五-一〇六頁。
(27) Klaus Schmitt, Geldanarchie und Anarchofeminismus, in : Silvio Gesell–"Marx" der Anarchisten ?, S. 117.
(28) A. a. 0., S. 117.
(29) A. a. 0., S. 117.
(30) このNWO第二部「自由地」の冒頭とは、第一章「自由地という言葉の意味」である。
(31) NWO相田訳、一三一-一三二頁。

(32) NWO相田訳、一三三頁。
(33) NWO相田訳、一三九頁。
(34) NWO相田訳、一二七頁。
(35) NWO相田訳、一四八頁。
(36) NWO相田訳、一四八―一四九頁。
(37) NWO相田訳、一二七頁。
(38) Klaus Schnitt, a. a. 0., S. 135.
(39) NWO相田訳、一六五―一六六頁。
(40) Klaus Schmitt, a. a. 0.. S, 129.
(41) NWO相田訳、一三三―一三四頁。
(42) NWO相田訳、一三八頁。
(43) NWO相田訳、三〇九頁。
(44) NWO相田訳、三一四頁。
(45) NWO相田訳、三七七頁。
(46) NWO相田訳、三七七―三七八頁。
(47) NWO相田訳、三三四頁。
(48) NWO相田訳、四一一頁。
(49) NWO相田訳、四一六頁。
(50) NWO相田訳、三〇―三一頁。
(51) Silvio Gesell, Die Ausbeutung, ihre Ursachen und ihre Bekämpfung. Potsdam 1922. 相田愼一訳「シルビオ・ゲゼル『搾取とその原因、そしてそれとの闘争』」、相田愼一訳『カウツキー・レンナー・ゲゼル『資本論』の読み方』、ぱる出版、二〇〇六年、二七三―二七四頁。

(52) 結城剛志「S．ゲゼルの資本理論」国士舘大学『アジア・ジャパン・ジャーナル03』、二〇〇八年、七三頁。
(53) NWO相田訳、四一八-四三八頁。
(54) NWO相田訳、四一八-四二三頁。
(55) NWO相田訳、四二八頁。
(56) NWO相田訳、四二八頁。
(57) ギュンター・バルシュは、ゲオルク・ブルーメンタールについて次のように述べている。

「ゲオルク・ブルーメンタールは、彼が魅了されたゲゼルの学説を工業的かつ知的なプロレタリアートの中に持ち込もうとした。……ブルーメンタールは、アナーキズムの近くにいた。手工業職人であった彼は、すでにアナーキストのビラや独立系社会主義者の新聞を配布していた。また彼は、フリートレンダーを通じてランダウアーやマッケイなどと知り合いになっていた。」(Günter Bartsch, a. a. 0., S. 17.)

(58) Gerhard Senft, a. a. 0, S. 33.
(59) Günter Bartsch, a. a. 0.. S. 18.
(60) A. a. O., S. 18.
(61) A. a. O., S. 18.
(62) A. a. O., S. 20.
(63) A. a. O., S. 24.
(64) Silvio Gesell, Der Abbau des Staates nach Einführung der Volksherrschaft. Denkschrift an die zu Weimar versammelten Nationalräte.
(65) A. a. O., S. 11.
(66) A. a. O., S. 11.
(67) A. a. O., S. 11.
(68) A. a. O., S. 29.

(69) A. a. O., S. 4.
(70) A. a. O., S. 25.
(71) A. a. O., S. 27–28. なお［　］の部分は、筆者が読者の理解を容易にするために追加したものである。
(72) Werner Onken, Silvio Gesell und die Natürliche Wirtschaftsordnung. Gauke Verlag 1999. S. 117.
(73) Günter Bartsch, a. a, 0., S. 20.
(74) A. a. O., S. 21–22.
(75) Silvio Gesell, Der abgebaute Staat, S, 253.
(76) A. a. O., S. 344.
(77) Günter Bartsch, a. a, 0., S. 25.
(78) A. a. O., S. 25.
(79) Silvio Gesell. Der abgebaute Staat, S. 254.
(80) Günter Bartsch, a. a, 0., S. 25,
(81) Silvio Gesell, Der abgebaute Staat, S. 255.
(82) A. a. O., S. 308.
(83) A. a. O., S. 308.
(84) NWO相田訳、二三九–二四〇頁。
(85) Silvio Gesell, Der abgebaute Staat, S. 257–293.
(86) A. a. O., S. 260.
(87) A. a. O., S. 276.
(88) A. a. O., S. 295.
(89) A. a. O., S. 295.
(90) A. a. O., S.. 297.

(91) A. a. O., S. 297.

(92) A. a. O., S. 298

(93) A. a. O., S. 300.

(94) A. a. O., S. 301.

(95) A. a. O., S. 302.

(96) A. a. O., S. 303,

(97) A. a. O., S. 304.

(98) A. a. O., S. 306.

(99) A. a. O., S. 312.

(100) A. a. O., S. 322.

(101) A. a. O., S. 326.

(102) A. a. O., S. 332.

(103) A. a. O., S. 296.

(104) A. a. O., S. 296.

(105) Günter Bartsch, a. a. 0., S. 30.

(106) Benedikt Uhlemayr, Persönlichkeit und Lebenswerk des Bergünders der Freiwirtschaftslehre, in : H. Bleher, Silvio Gesell. Zeitgenössische Stimmen zum Werk und Lebensbild eines Pioniers. Nürnberg 1960, S. 49.

(107) A. a. O., S. 45.

(108) A. a. O., S. 52–53.

〔著者〕**相田愼一（あいだ・しんいち）**
1946年　神奈川県生まれ。
1969年　早稲田大学第一政治経済学部経済学科卒業。
1978年　大阪市立大学大学院経済学研究科博士課程満期退学。
専修大学経済学部教授　経済学博士（大阪市立大学）
主要な著書　『カウツキー研究―民族と分権―』昭和堂、1993年、『経済原論入門』ナカニシヤ出版、1999年、『言語としての民族―カウツキーと民族問題―』御茶の水書房、2002年、『経済学の射程―歴史的接近―』（共著）ミネルヴァ書房、1993年、『ドイツ国民経済の史的研究―フリードリヒ・リストからマックス・ヴェーバーへ―』（共著）御茶の水書房、1985年、『ポスト・マルクス研究―多様な対案の探求』（共著）ぱる出版、2009年など。

ゲゼル研究―シルビオ・ゲゼルと自然的経済秩序―

2014年3月20日　　初版発行

著　者　相　田　愼　一
発行者　奥　沢　邦　成
発行所　株式会社　ぱる出版

〒160-0003　東京都新宿区若葉1-9-16
電話　03(3353)2835(代表)　振替　東京　00100-3-131586
FAX　03(3353)2826　　印刷・製本　中央精版印刷(株)

ISBN978-4-8272-0796-5　C3033